Susanne Härtel · Magdalena Köster (Hrsg.)
»Ich werde niemand zu Füßen liegen«

Susanne Härtel · Magdalena Köster (Hrsg.)

»Ich werde niemand zu Füßen liegen«

Acht Künstlerinnen und
ihre Lebensgeschichte

Susanne Härtel lebte mehrere Jahre in den USA, in Algerien und England, bevor sie sich in München niederließ. Dort arbeitet sie als freie Lektorin, Herausgeberin und Übersetzerin. Ihre Schwerpunkte sind fremde Völker und Lebensweisen überall auf der Welt.

Magdalena Köster hat die Deutsche Journalistenschule in München absolviert, lebt dort mit ihrer Familie und ist als freie Journalistin für Zeitschriften, Zeitungen und Hörfunk tätig. Außerdem arbeitet sie als Autorin und Herausgeberin. Sie ist eine überzeugte Netzwerkerin und engagiert sich im Journalistinnenbund.

Ebenfalls von Susanne Härtel und Magdalena Köster herausgegeben, erschienen im Programm Beltz & Gelberg die Anthologien *Die Reisen der Frauen. Lebensgeschichten von Frauen aus drei Jahrhunderten* (Auswahlliste Deutscher Jugendliteraturpreis) und »*Sei mutig und hab Spaß dabei*«. *Acht Künstlerinnen und ihre Lebensgeschichte.*

© 1999 Beltz Verlag, Weinheim und Basel
Programm Beltz & Gelberg, Weinheim
Alle Rechte vorbehalten
Einband von Dorothea Göbel
Bildnachweis im Anhang
Neue Rechtschreibung
Gesamtherstellung
Druckhaus Beltz, 69494 Hemsbach
Printed in Germany
ISBN 3 407 80860 7

Inhalt

Vorwort 7

»Ich werde die Großen der Welt kennenlernen«
Elisabet Ney (1833–1907), Bildhauerin
Von Magdalena Köster 13

»Vor Frau Münter wollen wir den Hut ziehen«
Gabriele Münter (1877–1962), Malerin
Von Magdalena Köster 59

»Die Klänge lösen sich aus ihrem Herzen«
Lili Boulanger (1893–1918), Komponistin
Von Charlotte Kerner 103

»Ihnen gebe ich meine Lieder nicht«
Anna Achmatowa (1889–1966), Lyrikerin
Von Eleonora Bourmistrov 141

»Non, je ne regrette rien«
Edith Piaf (1915–1963), Chansonnière
Von Heide Platen 178

»In Leonora lebt eine sehr alte Seele«
*Leonora Carrington (*1917), Malerin, Schriftstellerin*
Von Christine Wolfrum 212

»In die Schönheit der Erde weiß ich nur Dunkles zu sagen«
Ingeborg Bachmann (1926–1973), Lyrikerin, Schriftstellerin
Von Maren Gottschalk 253

»Ich bin als Griechin geboren und werde als Griechin sterben«
Melina Mercouri (1925–1994), Schauspielerin, Politikerin
Von Christine von dem Knesebeck 291

Quellenverzeichnis 328
Autorinnenverzeichnis 344

Vorwort

Was zeichnet eine erfolgreiche Künstlerin, einen Künstler aus? Selbstbewusstsein und eine tüchtige Portion Egoismus scheinen dazuzugehören – das wird in den meisten Biografien deutlich. Viele Künstler verteidigten mit sicherem Gespür die eigene Begabung, ließen sich nicht von jeder modischen Strömung verunsichern und verstießen bewusst gegen die Spielregeln der Gesellschaft, um sich ganz ihrem Werk widmen zu können. Da schreibt etwa der gerade mal 19-jährige Maler Max Beckmann seiner Verlobten Minna, dass sie seinetwegen das Malstudium aufgeben müsse und auch sonst nicht viel von ihm zu erwarten habe: »Ich habe schwer mit einer Lebensaufgabe zu ringen und kann daher nicht immer zu deinen Füßen liegen.« Leider hat sich die begabte junge Frau auf dieses Spiel eingelassen und auf eine eigene Karriere verzichtet. Da haben die Künstlerinnen, die wir in diesem Buch vorstellen, eine andere Durchsetzungsfähigkeit bewiesen und wahrscheinlich selbst so manchen Verehrer vorgewarnt: »Ich werde niemandem zu Füßen liegen«.

Denn sie waren früh von ihrem besonderen Talent überzeugt und konzentrierten sich mit aller Kraft auf ihre beruflichen Pläne. Die deutsche Bildhauerin Elisabet Ney hat bereits mit Anfang 20 Berühmtheiten wie Alexander von Humboldt und Arthur Schopenhauer porträtiert und gewann selbst den schwierigen bayerischen Märchenkönig Ludwig für ihre Kunst. Die Malerinnen Gabriele Münter und Leonora Carrington haben sich ebenfalls früh aus ihrem sozialen Umfeld befreit, wobei Carrington in besonderer Weise gegen einen allmächtigen, reichen Vater zu kämpfen hatte. Ihr Vaterhass war denn auch einer der Motoren ihrer Kunst und inspirierte sie noch in ihren späteren Arbeiten als Theaterautorin. »Koch ihn, brat ihn, zerhack ihn«, heißt es in einem ihrer surrealistischen Stücke.

Die Lyrikerin Ingeborg Bachmann schrieb bereits mit 18 ihr Gedicht »Ich bin immer ich« und musste sich schon bald gegen abschätzige Bemerkungen über »den Bachmann« wehren. Dennoch war sie bald der Star der deutschsprachigen Lyrikszene. Ein ähnlich glänzendes Entree hatte ihre russische Dichterkollegin Anna Achmatowa, ebenso wie die preisgekrönte französiche Komponistin Lili Boulanger, die mit 16 fünf Instrumente beherrschte und dezidiert Komponistin und nicht Musiklehrerin als Berufsziel angab. Edith Piaf tingelte in ihrer Jugend als Straßensängerin durch Paris, ohne dabei ihr ehrgeiziges Ziel aus den Augen zu verlieren, bald auf einer großen Bühne zu stehen. Ihr Aufstieg war legendär, wenn auch von Drogenexzessen und Skandalen überschattet. Sie wurde einer unserer ersten Medienstars und pokerte eifrig mit beim Spiel um Macht und Liebe.

Ein gemeinsames Merkmal erfolgreicher Frauen scheint zu sein, dass sie entweder allein leben oder sich einen toleranten Partner suchen, der auch Mitverantwortung für mögliche Kinder übernimmt. Elisabet Ney fand so jemanden in ihrem »besten Freund« Edmund Montgomery, ein kluger Lebensgefährte, der sich – wie sonst oft die Frau – bescheiden im Hintergrund hielt und Ney ein Leben lang bei ihrer Arbeit begleitete. Was wäre aus ihrer Karriere geworden, hätte sich die 20-jährige in einen Patriarchen à la Max Beckmann verliebt? Sie wäre wohl rechtzeitig davongerannt, denn die Bildhauerin wusste genau, was sie wollte, und nutzte ihre große Wirkung auf Männer stets zu ihrem eigenen Vorteil.

Ein Glücksfall war sicher auch die Verbindung zwischen der Schauspielerin und späteren Politikerin Melina Mercouri und dem Regisseur Jules Dassin. Er trieb dem verwöhnten Mädchen aus bestem griechischen Hause ein paar Exaltiertheiten aus und drehte mit ihr filmische Welterfolge wie »Sonntags nie«. Ebenfalls bereichernd für beide Seiten war die Verbindung zwischen den Malerpaaren Leonora Carrington und Max Ernst, Gabriele Münter und Wassily Kandinsky sowie den Schriftstellern Ingeborg Bachmann und Max Frisch. Auch wenn das Ende dieser Beziehungen eher traumatisch war, so wurden die Frauen doch als gleichwertige Partnerinnen anerkannt, die ihr eigenes Werk schufen, ihre Partner inspirierten und umgekehrt von ihnen profitierten.

Auch die oft in die Opferrolle gedrängte Edith Piaf

hat unter ihren häufigen Affären keineswegs nur gelitten, sondern etwa in Yves Montand einen lebenslangen Bewunderer und Freund besessen. Auf diesem Gebiet sah es schon eher düster für Anna Achmatowa aus, geriet die Russin doch immer wieder an missgünstige Lebensgefährten, die sie als »Dichterin von nur lokaler Bedeutung« klein halten wollten. Doch die Kraft ihrer lyrischen Sprache überlagerte solche Bosheiten ebenso wie die demütigenden Pamphlete der kommunistischen Parteiideologen gegen das »verrückt gewordene Dämchen, das sich hin und her wirft zwischen dem Schlafzimmer und dem Gebetszimmer«. Jedes neue Buch der Achmatowa wurde in noch größerer Auflage verkauft, sofern die »dekadente« Dichterin nicht gerade wieder unter einem Schreibverbot zu leiden hatte. Noch heute besitzt sie in Russland Kultstatus.

Mit viel Energie und nicht nachlassender Begeisterung für ihre Arbeit sind die Frauen dieses Buches durchs Leben gegangen, haben Einbrüche und Krisen überstanden und kreativ zu nutzen gewusst. Leonora Carrington hat sich mit Hilfe der Kunst selbst aus den Fängen der Psychiatrie befreit, Elisabet Ney begann nach einem langjährigen Ausstieg als Farmbetreiberin erneut mit der Bildhauerei und galt mit 70 Jahren als bekannteste Künstlerin im Süden der USA. Melina Mercouri lief zu Höchstform auf, als die Militärjunta ihr geliebtes Griechenland in Ketten legte, und nutzte ihre Popularität geschickt für den politischen Kampf.

Ihre zahlreichen Fernseh-Interviews in aller Welt und ihr dabei oft zitierter Satz: »Ich bin als Griechin geboren und werde als Griechin sterben, Pattakos ist als Faschist geboren und wird als Faschist sterben«, trugen mit zur späteren Ablösung des Militärregimes bei und brachten ihr das Amt der griechischen Kulturministerin ein.

Magdalena Köster und Susanne Härtel

»Ich werde die Großen der Welt kennenlernen«
Elisabet Ney (1833–1907), Bildhauerin

Von Magdalena Köster

Kaum zu glauben, dass diese interessante Künstlerin wie so viele andere lautlos aus unserer Geschichte verschwand. Immerhin war Elisabet Ney die erste erfolgreiche deutsche Bildhauerin und ihre Arbeiten erhielten im Brockhaus jahrzehntelang das Gütesiegel »klarer, ausdrucksstarker Realismus«. Geradezu verehrt wird sie dagegen in ihrer späteren Heimat. Über das Internet meldet sich das Elisabet-Ney-Museum in Texas mit seiner Webseite[1] und verweist auf »die gefeierte Bildhauerin«, die Könige, Politiker und Wissenschaftler porträtierte und im zweiten Teil ihrer Karriere zu einer legendären Gestalt der texanischen Geschichte aufstieg. Und während die einzige deutsche Biografie von 1931 ebenso vergessen und vergriffen ist wie eine spätere Erzählung über ihr Leben, kam in den USA kürzlich das fünfte Buch über die Künstlerin auf den Markt.

Elisabet Ney hat schon als junges Mädchen gewusst, worauf es ankommt, um schnell berühmt zu werden. »Ich werde die Großen der Welt kennenlernen.«[2] Das war von ihr nicht nur trotzig dahergesagt, um ihren Eltern zu imponieren, es war, wie ihr Leben zeigen sollte, die klare Zielvorgabe einer sehr durchsetzungsfähigen Persönlichkeit.

Elisabet Ney kam am 26. Januar 1833 in Münster zur Welt. Im Taufbuch wurde ihr Vorname noch ordentlich mit einem H am Ende geschrieben. Ihre Eltern Elisabeth und Adam Ney hatten drei Jahre zuvor schon Zwillinge bekommen – das Mädchen starb, der Junge Friedrich aber war gesund. Beide Eltern galten als ausgesprochen gut aussehend, der Vater wird als »der Rubens'sche Aposteltypus«[3] beschrieben, der großen Wert auf sein Äußeres legte und dabei einem ganz eigenen Geschmack folgte. Als Steinmetz mit künstlerischen Ambitionen gestand man ihm die ungewöhnliche Kleidung zu, während es im streng katholischen Umfeld der westfälischen Hauptstadt sonst recht konform zuging. Elisabeth, von früh an eine echte Vater-Tochter, besuchte ihn nicht nur regelmäßig in seinem Atelier, sie liebte es auch, in ebenfalls ungewöhnlicher Aufmachung mit ihm durch die Altstadt zu promenieren. Schon als kleines Kind hatte sie von den weichen, fallenden Gewändern der Madonnen und Engel geschwärmt, die der Vater für Kirchen und Friedhöfe in Stein gehauen hatte, und sich ähnliche Kleider von der Mutter gewünscht. In einer bezeichnenden Anekdote erzählte sie später, wie sie einmal sonntags nach der Messe von einem anderen Mädchen angestarrt und bekichert wurde. Mit gerafften Röcken und wütendem Blick sei Elisabeth um das erschrockene

Kind herumgetanzt und habe geschrien: »Nun lache, wenn du willst.«[4]

Das junge Mädchen muss früh erkannt haben, wie sie ihre auffallende Erscheinung am wirkungsvollsten in Szene setzen konnte. Ungewöhnlich groß und schlank, mit einer hohen Stirn über einer langen, geraden Nase, mit dunklen Augen und rotbraunen Locken entsprach sie nicht gerade dem Durchschnittstyp. Ihre große Selbstsicherheit bezog sie unter anderem aus der Tatsache, dass sie die Großnichte des berühmten französischen Feldmarschalls Ney war. Wenn er auch nur weitläufig mit ihr verwandt war, so beanspruchte sie ihren napoleonischen Helden doch zeitlebens als mutiges Vorbild für sich.

Nach heutigem Sprachgebrauch würde man Elisabeths Ausstrahlung wohl mit »starker körperlicher Präsenz« umschreiben und ihr eine ordentliche Portion Charisma zugestehen. Mit blitzenden Augen baute sie sich vor dem Bruder auf, wenn er irgendwelche Sonderrechte als Älterer und als der Junge in der Familie einfordern wollte, und bestand auf Gleichbehandlung. Genauso energisch verweigerte sie nach Ende der Schulzeit – die für Mädchen damals in der Regel mit fünfzehn Jahren beendet war – jegliche Hausarbeit. Sie werde sowieso nie heiraten, wehrte sie entsprechende Wünsche der Mutter ab. Stattdessen beharrte sie beim Vater darauf, mehr über seinen Beruf zu erfahren, und begann, in seiner Werkstatt mitzuarbeiten.

Sie lernte den Sinn der verschiedenen Werkzeuge kennen, die Modellierschlingen und -hölzer, Spatel, Pinsel und Bürsten, die Armierungen, die als Stützgestell für Büsten und Statuen nötig waren, die Zirkel, um die Proportionen eines Gesichtes auf ein Modell zu übertragen. Doch zum freien Modellieren kam Adam Ney nur ganz selten. Aufträge gab es vor allem für Grabsteine und Kirchenreliefs und so bearbeitete er in erster Linie witterungsfesten Stein mit Meißel, Feilen und Kratzeisen. Auf diese Weise erfuhr Elisabeth einiges über die Härte und Beständigkeit von Granit oder Sandstein und die unübertroffene Schönheit des teuren Marmors. Am meisten aber zog es sie an die Töpferscheibe in der Ecke und hin zu den Gipsköpfen, die der Vater in die oberen Regale gestellt hatte. Eines Tages baute sie stolz ihr erstes Werk vor ihm auf, ein Tonmodell des Haushundes Tyras, an dem sie monatelang heimlich gearbeitet hatte. Sie habe die geduldige Gemütlichkeit des Tieres sehr gut zum Ausdruck gebracht, lobte Adam Ney. Und während er noch mit der Erkenntnis rang, dass er seiner drängenden Tochter bald nur noch an Erfahrung überlegen sein würde, hatte sie insgeheim schon beschlossen, die Heimatstadt zu verlassen.

Die Familie stand Kopf, als sie erfuhr, dass Elisabeth nach Berlin gehen wollte, um bei dem berühmten Bildhauer Christian Rauch zu studieren. Jedes Argument der Eltern, dass dies eine geradezu ungehörige Idee sei, dass sie als allein stehendes Mädchen in der Großstadt unter die Räder kommen würde, beantwortete sie mit einem Gegenargument. Natürlich gebe es Frauen, die es allein zu etwas gebracht hatten. Hatte ihr nicht die Mutter immer wieder von Sabina von Steinbach erzählt, die schon vor fünfhundert Jahren das Werk ihres Vaters fortgesetzt hatte und die Skulptur des heiligen Johannes für das Straßburger Münster schuf? Ihrer Freundin und Biografin Bride Neill Taylor erzählte Elisabet Ney viele Jahre später, sie habe am Ende ein altes politisches Mittel angewandt, um ihren Plan durchzusetzen. Sie sei in Hungerstreik getreten und habe die Eltern erpresst: »Wenn ihr mich nicht gehen laßt, werde ich sterben.«[5] Es war der Bischof von Münster, der sich am Ende auf Elisabeths Seite stellte und einen Kompromiss mit den Eltern aushandelte. München habe schließlich auch eine berühmte Kunstakademie, wäre aber eine ruhigere Stadt als Berlin, katholischer und gesitteter. Und Frau Ney hatte Verwandte dort, bei denen die Tochter wohnen konnte.

Im Herbst 1852 stieg Elisabeth Ney in München aus dem Zug und genoss begeistert die Geschäftigkeit auf den Prachtstraßen der Stadt, die mit 115 000 Einwohnern viermal größer war als Münster. In ihrem kleinen Zimmer hatte sie sich schnell eingerichtet und ließ sich beim Einwohnermeldeamt selbstbewusst als »Künstlerin« eintragen.

Um keine Zeit zu verlieren, besuchte sie zunächst

die private Malschule des Historienmalers Berdellé, bemühte sich aber gleichzeitig um einen Termin bei dem Maler Wilhelm von Kaulbach, der seit drei Jahren die Münchner Kunstakademie leitete. Ja, meinte der bei ihrem ersten Besuch, in die Malklasse würde er sie wohl aufnehmen, da säßen schon ein paar junge Frauen, aber in die Bildhauerklasse? Da habe es noch niemals eine Studentin gegeben! Kein Grund für sie, sich abweisen zu lassen. Tatsächlich gelang es der 19-Jährigen innerhalb weniger Tage, Kaulbach umzustimmen. Seine größte Sorge, sie könne die männlichen Studenten von der Arbeit ablenken, erwies sich als unbegründet. Ney kleidete sich entgegen ihrer Neigung so unauffällig wie möglich, ließ sich brav jeden Tag zur Akademie bringen und abholen und ignorierte ihre Kommilitonen vollständig.

Sie besuchte den Unterricht in Anatomie, studierte die Körperhaltung der Aktmodelle und lernte, genau zu skizzieren. Vor allem das Modellieren in Ton musste immer wieder geübt werden. In den Werkstätten der Akademie wurden die Studenten in die Feinheiten des Tonbrennens und das Arbeiten mit Gips eingeführt. Sie wurden darin geschult, ein Originalmodell aus Ton (das Positiv) mit einer Gipsform (dem Negativ) zu umgeben und das Positiv nach dem Trocknen je nach Arbeitsweise vorsichtig wieder herauszulösen oder auch zu zerstören. Dann gossen sie aus dem Negativ eine neue Gipskopie des Positivs. Eine ganze Reihe weiterer

Abgusstechniken folgte, bevor das Arbeiten in Stein auf dem Stundenplan stand.

Gleich zu Anfang ihrer Münchner Zeit hatte sich Elisabeth mit Johanna Kapp, einer Studentin aus der Malschule, angefreundet und mit Einwilligung der Eltern verbrachten die beiden 1853 die Sommerferien bei Johannas Familie in Heidelberg. In deren Salon, in dem auch der Religionskritiker Ludwig Feuerbach verkehrte, traf die 20-jährige Elisabeth Ney den zwei Jahre jüngeren Medizinstudenten Edmund Montgomery, der mit großem Enthusiasmus über die verschiedensten revolutionären Ideen referierte. Noch als alte Frau in Amerika schwärmte die Bildhauerin von dieser Liebe auf den ersten Blick, Edmunds schlanker Figur, den wachen blauen Augen und »den langen, blonden Locken, die auf den Kragen seiner blauen Samtjacke fielen«. Er erschien ihrer »romantischen Seele wie ein Held, der einem aus den Seiten eines herrlichen Buches entgegenspringt«, und wenn er ihr auf den gemeinsamen Spaziergängen seine Gedanken anvertraute, hörte sie »das Echo der Revolte in ihrer eigenen Seele«.[6] Er selbst hatte sie mit der Selbstüberschätzung eines 18-Jährigen als »entschlossenes, begabtes, aber ungebildetes Mädchen« bezeichnet, »das sehr erpicht darauf ist, zu lernen«,[7] und in das er sich auf der Stelle verliebte. Fünfzig Jahre später lautete sein Resümee ihrer Beziehung: »Sie teilte meine Freuden und Sorgen, seit wir uns in Heidelberg zum erstenmal sahen und uns versprachen, ein ideales Leben zusammen zu leben.«[8]

Montgomery wurde am 19. März 1835 als Sohn Isabella Montgomerys in Edinburgh geboren. Der Vater war aller Wahrscheinlichkeit nach Duncan McNeill, ein Mann aus reichem, schottischem Adel. Fragen nach seiner Herkunft hat Montgomery zeitlebens vermieden. Die wohlhabende Mutter verließ mit ihrem Kind jedenfalls schon früh die britische Insel und lebte mit ihm in verschiedenen europäischen Ländern. Edmund selbst zog es am meisten in das romantische Deutschland, wo er schon als 13-Jähriger bei der 1848er Revolution in Frankfurt Barrikaden geschleppt hatte. Sein Medizinstudium absolvierte Edmund unter anderem in Heidelberg, Würzburg und Berlin, verschiedene Praktika belegte er in Rom, Wien und Prag, bevor er 1859 für mehrere Jahre als Arzt an das St. Thomas Hospital in London ging. Immer, wenn die Sehnsucht zu groß wurde, traf sich Elisabeth mit ihm auf halber Strecke oder sie besuchten sich gegenseitig. Leider ist der gesamte Briefwechsel zwischen den beiden verloren gegangen und teilweise wohl auch selbst von ihnen vernichtet worden. Denn sie haben sich ihr Leben lang regelmäßig geschrieben, sobald sie getrennt waren.

Nach zwei Jahren München und dem Abschlusszeugnis der Akademie vom Juli 1854 in der Tasche, setzte Ney nun alles daran, ihre Kenntnisse bei Christian Rauch in Berlin zu vertiefen. Der 77-Jährige galt zu dieser Zeit als der beste Bildhauer seiner Generation. Er vertrat die neoklassizistische Schule, die sich vom verspielten und frivolen Barock und Rokoko abgewandt hatte und an die Kunst der Antike anknüpfte. Elisabeth Ney gehörte zu den letzten Studenten, die er vor seinem Tod 1857 unter seine Fittiche nahm und denen er ein Stipendium an der Kunsthochschule verschaffte. Der alte Herr hatte Spaß daran, seiner begabten und gut aussehenden Studentin noch etwas beizubringen und sie in die richtigen Kreise einzuführen.

Bald schon war Ney regelmäßiger Gast bei Karl August Varnhagen von Ense, der den Salon seiner früh verstorbenen Frau, der legendären Rahel Varnhagen, weiterführte. Begierig ließ sich Elisabeth von Rahel erzählen, ihrem jüdischen Hintergrund, ihrer Außenseiterrolle, ihren Thesen über die Gleichberechtigung der Frauen und die freie Liebe. Das war ein Vorbild, wie die Bildhauerin es sich wünschte, die in ihren jüngeren Jahren sonst auffallend wenig mit Frauen anfangen konnte und sich lieber mit Männern maß. Weil Rahel ihren Namen nur mit h und nicht ch geschrieben hatte, kam Elisabeth auf die Idee, etwas Ähnliches zu machen. Sie verbannte das H am Ende ihres Vornamens und bestand von da an auf der Schreibweise Elisabet.[9] In Varnhagens Haus kam in alter Tradition noch immer die künstlerische und intellektuelle Elite zusammen und Elisabet konnte ihr rhetorisches Talent in anregenden Gesprächen schulen. Der Weltreisende Alexander von Humboldt erzählte ihr von fremden Ländern, sie unterhielt sich mit dem stets verliebten Gottfried Keller, der wegen seines Temperaments regelmäßig in Schlägereien geriet, und lauschte abends dem Klavierspiel des Komponisten Franz Liszt. Als dessen Tochter Cosima den Dirigenten Hans von Bülow heiratete, war Elisabet Brautjungfer.

Ihren ersten größeren Auftrag fertigte die junge Bildhauerin 1857 für ihren frühen Förderer, den Bischof von Münster, an – eine 70 Zentimeter hohe Marmorstatue des heiligen Sebastian. Sie hat diesen Märtyrer aus dem 14. Jahrhundert ungewöhnlich gelassen dargestellt. Seine anmutigen Züge haben nichts von dem leidenden Ausdruck der meisten Kirchenfiguren. Von da an konzentrierte sie sich auf Porträts wichtiger Zeitgenossen. Denn bei Rauch hatte sie gelernt, ihr Talent, einen Menschen auf den ersten Blick richtig einzuschätzen, handwerklich gut zu nutzen.

Gleich ihre erste Büste brachte Elisabet Ney den Durchbruch. Sie modellierte den Kopf des Märchensammlers und Erforschers der deutschen Sprache, Jakob Grimm, und es gelang ihr, in dessen altersgemäßen, müden Zügen noch etwas von dem einstigen Rebellen festzuhalten.

Ein weiterer Auftrag kam von Varnhagen, es folgten Medaillons von Humboldt und Cosima von Bülow. Zielstrebig schaute sich Elisabet nach weiteren Persön-

Elisabet Ney vor ihrer Schopenhauer-Büste, Foto um 1860

lichkeiten des öffentlichen Lebens um, schließlich wurden Porträtbüsten gerade in diesen Kreisen geschätzt. Sie dachte an Victoria, die Königin von England, aber Montgomery brachte sie auf die Idee, den berühmten deutschen Philosophen Arthur Schopenhauer um einen Auftrag zu bitten. Auch er war gerade auf der Höhe seines Schaffens – wie Humboldt, Varnhagen, Grimm und Rauch, bei denen allen die unkonventionelle Bildhauerin einen Stein im Brett hatte. Zu ihnen sollte sich auch Schopenhauer gesellen, »der keinen Respekt vor dem Können und dem Charakter von Frauen hatte. Wir wollten ihm eine Lektion erteilen«.[10]

Allein stand die 26-Jährige im Herbst 1859 in Frankfurt vor der Tür des damals 71-Jährigen und brauchte genau zwei Gespräche, um den schwierigen Meister mit der prachtvollen weißen Mähne umzustimmen. Aus Angst um seine Augen erlaubte er ihr aber nicht, eine Gipsmaske von seinem Gesicht zu machen, mit der sie die Proportionen leichter auf die Tonbüste hätte übertragen können. Ein Foto aus dieser Zeit zeigt Elisabet im weißen Kittel neben der noch unvollendeten Büste Schopenhauers. Nur ein Gürtel betont ihre schmale Taille, keinerlei Schmuck lenkt von ihrem unglaublich jungen Gesicht ab.

Die Zusammenarbeit gestaltete sich überraschend angenehm, der alte Pessimist blühte richtig auf, wenn Ney mit ihm Kaffee trank und ihn auf seinen täglichen Spaziergängen begleitete. »Vielleicht ist Ihnen die Bildhauerin Ney bekannt; wo nicht, so verlieren Sie viel: ich habe nicht geglaubt, daß es ein so liebenswürdiges Mädchen geben würde«, schrieb Schopenhauer an einen Bekannten und Elisabet selbst erzählte folgende Anekdote: »Warum schauen Sie mich so an?«, hatte sie ihn während der Arbeit an seiner Büste gefragt. »Ich gebe mir alle Mühe, einen kleinen Anflug von Schnurrbart an Ihnen zu entdecken. Von Tag zu Tag erscheint es mir nämlich unglaublicher, daß Sie eine Frau sind.«[11] Schopenhauer hätte seinen Gast gern noch ein bisschen genossen, aber Elisabet war schon wieder unterwegs. Sie hatte den Auftrag bekommen, eine Büste des letzten Königs von Hannover, Georg V., anzufertigen.

So arbeitete die Münsteranerin im Winter 1859/60 im königlichen Schloss in Hannover an dem bestellten Porträt und bekam schnell weitere Aufträge. Gleichzeitig wurde sie in täglichen Sitzungen vom Hofmaler Friedrich Kaulbach, einem Neffen des Münchner Akademiedirektors, lebensgroß auf die Leinwand gebannt. Natürlich verliebte sich der 38-Jährige in die erfolgreiche junge Dame und während er ihr unentwegt den Hof machte, schrieb sie sich weiterhin mit Montgomery in London und wurde gleichzeitig mit Briefen von Schopenhauer eingedeckt. Er beklagte sich, dass er noch immer keinen Abguss der von allen Seiten hoch gelobten Büste bekommen habe, und sie versprach ihrem »hochverehrtesten, hoch auf einem Altar thronenden Freund«, bald Kopien zu machen und zur Kunstausstellung nach Hannover und Berlin zu schicken. Dann vertraute sie ihm in ihrer sprunghaft konfusen Sprache an: »Man betrachtet mich hier als sehr ›schopenhaurig‹; zuweilen aus den Ecken der Salons schleichen sich recht bärtige Gestalten zu mir und geben mir ihr Schärflein Verehrung ... in meinen dafür immer offenen Säckel.« Über Kaulbachs Liebesschwüre machte sie sich lustig: »Erfahrung hat mich gelehrt, daß nur gar zu leicht die reine Kunstbewunderung des großhirnigen Männervolkes in solche ›Affähr de Kehr‹ [sie meinte ›affaire de cœur‹, einen Flirt] sich umgestaltet.«[12] Auf dem großformatigen Gemälde Kaulbachs, das unter dem Titel »Die Künstlerin« heute im Landesmuseum Hannover hängt, steht Ney im schlichten schwarzen Kleid, angelehnt an ihren Modellierblock. Lässig und selbstbewusst, mit einer gewissen Ungeduld in den Augen, so hat sich die 27-Jährige dem verliebten Kaulbach präsentiert. Während Elisabet Ney dieses Bild zeitlebens sehr schätzte, bezeichnete es Edmund Montgomery als »kalt, idealisiert und ungetreu«.[13]

Viele Männer haben ihr zu Füßen gelegen. Der Sänger Julius Stockhausen, den sie 1860 modellierte, begeisterte sich für »die junge und interessante Bildhauerin Ney«, die »kurze Locken, aber viel Talent« habe.[14]

Elisabet Ney, 1860, Gemälde von Friedrich Kaulbach

Auch ein Auftrag aus Münster, der die Künstlerin für drei Jahre zurück ins Elternhaus brachte, sorgte dort für allerhand Gefühlsdurcheinander. Während sie im Atelier des Vaters diszipliniert daran arbeitete, vier lebensgroße Standbilder westfälischer Helden anzufertigen, standen die Verehrer Schlange. Der Wissenschaftler Hermann Hüffer war begeistert von ihrer »genialen Auffassung« in der Arbeit, ihren »oft eigentümlich gewendeten, immer tief eindringenden Ideen«. Schweren Herzens akzeptierte er ihre Ablehnung, »als sie mir auf ihrem Schreibtische die Photographie eines jungen Engländers zeigte«.[15]

Möglicherweise wurde es Edmund Montgomery in diesen Jahren zu bunt mit dem Status des »besten Freundes«, wie Elisabet ihn am liebsten bezeichnete. Jedenfalls bestand er bei einem Treffen darauf, endlich zu heiraten. Elisabet hat sich anscheinend lange dagegen gewehrt. Sie betrachtete die Ehe als Gefängnis und sah ihre unabhängige Position bedroht.

Um ihre Eheschließung am 7. November 1863 auf der Insel Madeira ranken sich mancherlei Ungereimtheiten. Namen und Berufe der Eltern waren falsch angegeben und beide behaupteten, sie seien 28 Jahre alt. Die Künstlerin hat sich spätestens von diesem Zeitpunkt an immer zwei Jahre jünger gemacht, um im gleichen Alter wie ihr Mann zu sein. Viel Ärger hatte das Paar später damit, dass Elisabet Ney weiterhin als »Miss Ney« auftrat und darauf bestand, dass Edmund nach außen weiterhin den »besten Freund« spielte. Als alter Mann gestand er einem Kollegen, wie viel Pein seine Frau ihm mit dieser Marotte bereitet habe. »Sie machte mich lächerlich und trimmte mich auf Außenseiter, nur um ihre Rolle der unabhängigen Frau aufrechterhalten zu können.«[16] Gleichzeitig aber betonte er, dass sie ihn immer geliebt habe und extrem abhängig von seiner Liebe gewesen sei.

Die beiden hatten sich für den gemeinsamen Wohnsitz Madeira entschieden, weil Montgomery im warmen Klima eine ausgebrochene Tuberkulose heilen wollte. Er führte dann einige Jahre eine gut gehende Arztpraxis auf der Insel, die damals unter reichen Briten als absolut schick galt. Ney aber schuf in ihrem dortigen Atelier »Formosa« einige ihrer schönsten Werke: eine Büste ihres Mannes, die seine klassischen Züge sehr gut zum Ausdruck brachte, und zwei kleine nackte Jungen, die sich an der Hand halten und fröhlich ausschreiten. Sie nannte die Skulptur »Sursum« – nach dem Titel eines Gedichtes – und sie erhielt später noch etliche Male den Auftrag, diese Verkörperung von Ungezwungenheit und Lebensfreude zu vervielfältigen.

Insgesamt aber hatte sich Elisabet wohl mehr Aufträge der englischen Gäste erhofft und beschloss daher, auch unter dem Aspekt des Geldverdienens, sich wieder den Großen der Welt zuzuwenden. Einer stand schon lange auf ihrer Liste: Guiseppe Garibaldi, der damals überall in Europa hochverehrte, italienische Freiheitskämpfer und Volksheld. So fuhr sie im Frühjahr 1865 über Spanien und Frankreich nach Capri, wo sich der 58-Jährige ein Refugium errichtet hatte. Garibaldi hatte schon öfter Modell gestanden, ihm graute vor den langen Sitzungen, aber er konnte der Deutschen, die so charmant auf Französisch und Englisch mit ihm verhandelte, nicht widerstehen. Später hatte sie Mühe, sich den Schwerenöter vom Leib zu halten. »Schätzen Sie mich bitte nicht als freizügig ein«[17], bat sie ihn, woraufhin er, wie sie in ihren Tagebuchnotizen festhielt, freundlich gegrinst und sie zärtlich auf die Stirn geküsst habe. Ob er sich damit zufrieden gab, dessen Biograf einen »impulsiven sexuellen Appetit«[18] bei ihm festgestellt hatte? Ney hat von Garibaldi sowohl eine Büste wie eine Statuette angefertigt, die 1866 auf der Großen Kunstausstellung in London zu sehen waren und die nicht ganz ihrem Können entsprachen. Statt einen bäuerlich gebliebenen, charismatischen Helden darzustellen, dem sogar die Enten auf der Wiese nachliefen, erinnern die Arbeiten ein wenig an einen distinguierten römischen Feldherrn. Vielleicht musste sie ihn so kühl darstellen, weil er sie in diesem Capri-Sommer doch ziemlich verwirrte.

In einigen Büchern über Elisabet Ney taucht die Frage auf, ob Garibaldi sie als Spionin missbraucht habe oder ob sie sich ganz bewusst in die Politik eingemischt hat. Jedenfalls stand die Künstlerin im Sommer 1866, den sie mit Montgomery in Tirol verbrachte, immer wieder in Kontakt mit ihrem Volkshelden. Das berichtete die Österreicherin Cencie Simath, die dort von Montgomery als Haushälterin angeheuert worden war und bis zu ihrem Lebensende bei dem Paar blieb: »Ich war ihr vertrautester Agent und ich riskierte mein Leben, um geheime Briefe zwischen Ney und Garibaldi zu transportieren.«[19] Das könnte bedeuten, dass Garibaldi sich mit ihrer Hilfe in den kurzen österreichisch-preußischen Krieg einmischte, den Österreich verlor. Auffällig ist, dass Ney genau zu dieser Zeit einen Auftrag des preußischen Königs bekam, eine Büste des Kanzlers Otto von Bismarck anzufertigen. Der wiederum empfahl sie dem bayerischen König weiter. Vermutlicher Hintergedanke: Um Bayern dazu zu bringen, sich Preußen anzuschließen, sollte Ney versuchen, den jungen König Ludwig II. entsprechend zu beeinflussen.

Das Jahr 1867 war ein sehr erfolgreiches für Elisabet Ney. Die gelungene Büste Bismarcks wurde ebenso zur Internationalen Kunstausstellung in Paris zugelassen wie ihre Knabengruppe »Sursum« und die Statuette von Garibaldi. Die Künstlerin selbst wurde in der französischen Hauptstadt gefeiert und von Salon zu Salon gereicht. Sie genoss es, im Mittelpunkt zu stehen und die Möglichkeit zu nutzen, sich in Museen und Ateliers über die inzwischen tonangebende französische Bildhauerei zu informieren. Ende des Jahres zog sie dann zum zweiten Mal nach München, wohin ihr Edmund später folgte. Hier konnte sie an alte Beziehungen anknüpfen und bekam gleich den Auftrag, die bekannten Chemiker Justus von Liebig und Friedrich Wöhler zu porträtieren. Vor allem mit dem 65-jährigen Liebig, dessen jugendlicher Enthusiasmus Elisabet begeisterte, entstand eine enge Freundschaft. In ihrer ersten eigenen Ausstellung gab es viel Lob für ihre lebensnahen Porträts, idealistische Motive wie »Sursum« wurden jedoch eher verhalten beurteilt.

Solchermaßen gestärkt wollte sie nun unbedingt eine Statue König Ludwigs II. anfertigen, der noch nie einen Bildhauer an sich herangelassen hatte. Als Elisabet ihm nach mühsamen Anläufen vorgestellt wurde, war der gerade erst 23-Jährige sicher der bestaussehende Monarch in Europa. Er war fast zwei Meter groß, hatte lange dunkle Locken, schwärmerische blaue Augen und kleidete sich – ja, wie ein Märchenkönig. Für Frauen hatte er jedoch nichts übrig. Ein harter Brocken für die ehrgeizige Künstlerin.

Zunächst erreichte sie etwas, womit sie gar nicht gerechnet hatte. Der königliche Snob, der für seine Großzügigkeit bekannt war, wollte die Bildhauerin in einem repräsentativen Rahmen sehen und ihr deshalb ein Haus bauen. Schließlich schwelgte er selbst mit seinen Schlössern in unvorstellbarem Luxus. Ney und Montgomery hatten anfangs im so genannten Steinheil-Schlösschen in Schwabing gewohnt, einem einstmals feudalen, jetzt aber heruntergekommenen Prunkbau. Durch die großzügige Schenkung des Königs ließ sich die Künstlerin um die Ecke, in der heutigen Maria-Josepha-Straße 8, eine Villa im toskanischen Stil bauen, die sie 1869 mit ihrem Mann und Cencie bezog.[20] Was man heute als lockere Wohngemeinschaft ansehen würde, sorgte damals für ständigen Klatsch. Das Paar lebte offiziell in wilder Ehe, im ersten Stock des Hauses wohnte ein alter Bekannter der Bildhauerin, der die Rolle des Faktotums spielte, Gäste gingen ein und aus und Elisabet erschreckte die feine Nachbarschaft, weil sie sich am liebsten im Garten die Haare wusch. Auch ihre Leidenschaft, sich in langen griechischen Kleidern und mit Blumen im Haar selbst auf den Kutschbock zu setzen, um eilig in die Stadt zu fahren, wurde ausgiebig diskutiert.

Dass König Ludwig II. ihr keinen Auftrag gab, machte die erfolgsverwöhnte Künstlerin reichlich nervös. Mehrmals schrieb sie ihm mit flattriger Schrift und im überdrehten Stil der Zeit: »Allerdurchlauchtigster, Großmächtigster, Allergnädigster König und Herr«, machte ein ums andere Mal den Wunsch deutlich, seine Majestät modellieren zu dürfen, und bat ihn, »allergnädigst mir Andeutung geben [zu] lassen, wann ich darauf hoffen darf«.[21]

Endlich genehmigte ihr Ludwig einige Sitzungen

und befahl, zu diesem Zweck den Odysseus-Saal der Münchner Residenz als Atelier einzurichten. Der König erwies sich als der anspruchsvollste Mensch, den Ney je porträtierte. Sie sollte sich möglichst nicht bewegen, nichts sprechen, ihn nicht anschauen und dass sie all diese Befehle subtil unterwanderte und ihm später sogar während des Modellierens Texte aus Goethes »Iphigenie« vortrug, spricht für ihr Selbstbewusstsein und ihren sicheren Umgang mit schwierigen Charakteren. Eine Zeitzeugin notierte allerdings: »Daß sie bei Beginn ihres Werkes mit dem Stifte Nase und Stirne des Königs abmaß, verwunderte denselben aufs höchste, und er äußerte Dritten gegenüber sein Befremden über diese Freiheit.«[22]

Ludwig hatte sich zwar mit Neys Vorschlag einverstanden erklärt, nach der Büste noch ein Standbild von ihm anzufertigen, widmete sich aber erst einmal wieder seinem Lieblingsspiel – dem Bau von Schloss Neuschwanstein. Während er in den Bergen weilte, musste Ney wochenlang abrufbereit im Odysseus-Saal ausharren.

Sie begann an einer Figur des »Gefesselten Prometheus« zu arbeiten, aber sie wollte auch mit Edmund verreisen, der von einer Patientin mit einem großzügigen Erbe bedacht worden war, und so schrieb sie seiner Majestät: »Dürfte ich doch das bisher Erreichte wohl aufzubewahren suchen, mit der Bitte zu dieser Arbeit im Sommer mich zurückkehren lassen zu wollen! Jetzt

Freiheit erlangend … gnädigste Entlassung bitte, bitte, bitte!«[23]

Elisabet Ney erreichte ihre Beurlaubung und leistete sich mit ihrem Mann eine monatelange Reise durch den Nahen Osten. Die Tagebücher der beiden halten die gelöste Stimmung und die Unbekümmertheit zweier junger Leute fest. Elisabet kaufte sich in Kairo lange, weite Hosen und hohe Stiefel, die Edmund an ihr »very smart« fand, während die anderen Touristen sie ständig anstarrten. Mit »diesen sogenannten Reisenden, die nicht bereit sind, auch nur auf eine ihrer vertrauten Gewohnheiten zu verzichten«, wollten die beiden nichts zu tun haben, die demonstrativ ihre Wäsche im Fluss wuschen, auf Pferden und Dromedaren die Nacht durchritten und nur auf »einfache, saubere Bedingungen« aus waren.[24]

Dann rief der König erneut und Elisabet schlüpfte noch einmal in die Rolle der androgynen, intellektuellen Künstlerin, die die Sorgen des überforderten jungen Ludwig verstand und teilte. Während sie an seinem Standbild arbeitete, für das er auf ihren Wunsch hin eine besonders kleidsame, silberbestickte Tracht aus dunkelblauem Samt und Kniehosen aus weißer Seide trug, müssen die beiden ein vertrautes Verhältnis zueinander aufgebaut haben. Kein Wunder, standen sich hier doch zwei exzentrische Persönlichkeiten gegenüber, schwärmerisch veranlagt alle beide, narzistisch der König, radikal und sendungsbewusst die Bildhauerin. Dazu passt die Geschichte, dass Ney in dieser Zeit täglich ganze Wagenladungen voller Blumen von ihrem König bekommen haben soll. Vom Herbst 1869 bis Ende 1870 zeugen etliche Briefe Elisabets an Ludwig von einem regen Austausch der beiden, wenn auch von ihm keine einzige Antwort vorliegt. Nach diesen Papieren zu urteilen, hat sie die gefährliche Führungsschwäche des zwölf Jahre jüngeren Ludwig deutlich erkannt. Als sie entsetzt reagierte, dass sich der König »in fast wesenlose Ferne« zurückzog, während im Sommer 1870 der Krieg Frankreichs gegen Preußen ausbrach, empfahl sie ihm den in München sehr anerkannten Justus Liebig als Berater. Ob auch sie dem überforderten Monarchen zugeredet hat, Bayern einem deutschen Reich unterzuordnen, geht aus den Briefen nicht hervor. Wenn ja, hat sie sicher daran geglaubt, dass dies den Weg zu einer demokratischen Bewegung ebnen würde. Jedenfalls hat letztlich Bismarck im Winter 1870/71 Ludwig mit einem vorformulierten Schreiben dazu gebracht, dem preußischen König Wilhelm die Kaiserkrone anzubieten.

Elisabet Ney hatte sich – nicht zuletzt durch den engen Austausch mit Garibaldi und dem bayerischen König – in den letzten Jahren sehr verändert. Die Arbeit mit den Großen der Welt war ziemlich ermüdend. Nicht nur Ludwig suchte »eine friedliche Stätte weit vom Lärm, Gewühl, Rauch und Staub der Städte«.[25] Elisabets letzte

Briefe sind gar nicht mehr an den König, sondern an seinen Ministerialrat gerichtet: »Seine Majestät ... müssen nun die Gnade haben, mich zu entlassen ... Ich kann nicht länger warten ... Komme heute nicht zur Stadt. Gar zu müde. Weder Egoist, noch Knecht.«[26] Über diese Sätze ist in den Büchern über Elisabet Ney viel gerätselt worden, vor allem aus einem Grund: Die 37-Jährige war zu diesem Zeitpunkt schwanger. Die Autorin Jo von Ammers-Küller zeigte sich in den 50er Jahren davon überzeugt, dass Ludwig der Vater des Kindes war. »Die Psychiatrie lehrt, daß Männer, die bewußt oder unbewußt eine homosexuelle Anlage haben, manchmal bei einer bestimmten Frau ihre Antipathie gegen das andere Geschlecht völlig überwinden.«[27]

Nun, wenn auch die Beziehung Ney-Montgomery zeitlebens undurchschaubar blieb und die Bezeichnung »bester Freund« nicht unbedingt an ein besonders erotisches Verhältnis denken lässt, spricht dennoch das meiste für den nach außen hin verleugneten Ehemann als Vater. Schon deshalb, weil dem im Sommer 1871 geborenen Sohn im Jahr darauf gleich ein zweiter folgen sollte. Die Schwangerschaft hat jedenfalls eine große Rolle bei dem Entschluss des Paares gespielt, aus Deutschland wegzuziehen. Die beiden hatten sich damals sehr für die »Zurück zur Natur«-Thesen Jean-Jacques Rousseaus erwärmt, der davon überzeugt war, dass Kinder sich am besten in einem naturnahen Landleben entwickeln würden.

Elisabet Ney erzählte später, dass sowohl Montgomery wie auch sie von frühester Jugend an von einer »utopischen Kolonie« geträumt hätten, »an einem arkadischen Ort, umgeben von der Schönheit unverdorbener Natur, unterstützt vom Einfluß der ... Kunst und ... Wissenschaft«.[28] Ein weiterer Grund für die Auswanderung in ein wärmeres Land waren Edmunds wiederholte Lungenprobleme nach seiner Tuberkulose. Das gleiche Leiden hatte einen Bekannten von ihm, Baron von Strahlendorff, in den Süden des US-Staates Georgia geführt, und dessen schwärmerische Briefe über das subtropische Klima und die zum Verkauf stehenden Plantagen gaben letztlich den Ausschlag, den alten Kontinent zu verlassen.

Die Bildhauerin räumte den feudalen Odysseus-Saal in München, bemühte sich auch nicht mehr um den Verkauf der Königsstatue, sondern verhängte sie wie alle ihre anderen Skulpturen in ihrer Schwabinger Villa mit weißen Tüchern und übergab die Schlüssel ihrem Rechtsanwalt Karl Dürck zu treuen Händen. Finanziell stand das Paar zu dieser Zeit sehr gut da. Ney hatte zuletzt hervorragend verdient, während Montgomery ein Familienerbe angetreten hatte und weiterhin die bereits erwähnte Rente einer dankbaren Patientin erhielt.

Dass dieser Entschluss nicht Hals über Kopf gefallen war, zeigt ein Brief, den Justus Liebig Anfang Dezember 1870 an seinen Kollegen Wöhler schrieb:

»Fräulein Ney läßt dich grüßen, sie ist in der That eine höchst merkwürdige Natur. Sobald ihre Statue ... fertig ist, tritt sie ihre Reise nach Nordamerika an, wo sie sich ein Jahr lang aufzuhalten gedenkt. Ihre Kunst scheint sie dann ganz aufgeben zu wollen.«[29]

Tatsächlich war das Standbild Ludwigs II. für lange Zeit das letzte große Werk von Elisabet Ney und es sollte 25 Jahre dauern, bis die Statue endlich in der Großen Kunstausstellung in München zu sehen sein würde. Der König war zu diesem Zeitpunkt bereits tot, war im Juni 1886 als vermutlich Geistesgestörter aus seinem Schloss Neuschwanstein abgeführt worden und auf mysteriöse Weise im Starnberger See ertrunken. Damals hatte er, zahnlos und übergewichtig, auch nichts mehr von der selbstsicheren Eleganz besessen, die Elisabet Ney noch für die Nachwelt festgehalten hatte. Heute steht sein Standbild in dem ebenfalls von ihm erbauten Schloss Herrenchiemsee. Eine Hand lässig auf die ausgestellte Hüfte gestützt, schaut der geliebte bayerische »Kini« hocherhobenen Hauptes über die nie abreißenden Besucherströme hinweg.

Nach einem kurzen Besuch bei den alten Eltern in Münster fuhr das Paar Ney-Montgomery im Januar 1871 zusammen mit der unerschrockenen Haushälterin Cencie Simath nach New York und von dort mit den neuen Pullman-Reisezügen in den Süden, nach Thomasville im Bundesstaat Georgia. Der Kauf eines großen Stück Lands neben dem der Strahlendorffs erwies sich von Anfang an als Fehlentscheidung. Es lag in einem flussreichen und sehr feuchtwarmen Gebiet, wo die Malaria grassierte und es nur wenige Siedlungen gab. Ausgerechnet hier wollten die beiden Romantiker, die von allen Bekannten als »völlig unpraktische Leute« bezeichnet wurden, mit dem Baron und anderen Deutschen eine landwirtschaftlich arbeitende Kommune aufziehen. Das in wenigen Monaten errichtete primitive Blockhaus stand ebenso im Zentrum des Gespötts wie Elisabets neue Kleidung – eine schwarze »Prinz-Albert-Jacke«, weiße Hosen und hohe Reitstiefel.

Irgendwann im Sommer 1871 brachte Elisabet ihr Kind auf die Welt, das nach Schopenhauer Arthur genannt wurde. Das genaue Geburtsdatum ist nicht überliefert. Spätestens als die Familie Strahlendorff entschied, ihr Land wieder zu verkaufen und zurück nach Deutschland zu gehen, war der Traum von einer gemeinsamen Musterkolonie ausgeträumt. Ratlosigkeit machte sich breit, doch Umkehren kam nicht in Frage.

So ließen die erneut schwangere Elisabet und Edmund den inzwischen einjährigen Arthur in der Obhut Cencies zurück und reisten auf der Suche nach einem besseren Zuhause quer durch die USA, machten zunächst in Boston, New York und Philadelphia Halt, später auch noch in Virginia und Wisconsin. Im Herbst

1872 kehrte das Paar mit dem zweiten Sohne Lorne auf dem Arm zurück nach Georgia.

Am Ende war es ein enthusiastischer Leserbrief in der Zeitung, der das Paar auf die Idee brachte, ein neues Domizil in Texas zu suchen. Montgomery blieb mit den Kindern und Cencie zurück, während Ney allein in den »Wilden Westen« reiste und nach günstigem Land Ausschau hielt. Nachdem sie einige Grundstücke gesehen hatte, entschied sie sich spontan für den Kauf der »Liendo Plantage« – einst Besitz eines reichen Spaniers –, die seit Jahren leer stand. Elisabet Ney verliebte sich in die wunderschöne Lage des Guts, den Park mit den grünen Steineichen, das weiße Südstaatenhaus mit dem imposanten Balkon über hohen Säulen. Dass das Gebäude mit den weitläufigen Räumen viel zu groß war und verdächtige Spuren des Verfalls zeigte, schien der Künstlerin ebenso unwichtig wie der Umstand, dass der nächste Ort Hempstead acht Kilometer entfernt war und eine größere Stadt gleich eine halbe Tagesreise. Sie kaufte das riesige, rund 450 Hektar umfassende Anwesen für 10 000 Dollar auf Raten und holte innerhalb kürzester Zeit ihre Familie nach. Die Farm in Georgia ließ sich erst vier Jahre später verkaufen und brachte weniger als die Hälfte von dem ein, was das Paar dafür gezahlt hatte.

Es war schwierig, in dem kleinen Hempstead, das wegen der Gewalttätigkeit unter der Bevölkerung den

Beinamen »Six-Shooter-Junction« (etwa Revolver-Kreuzung) trug, erfahrene Handwerker zu finden. Ein Schreiner nagelte den neuen Besitzern ein paar grobe Möbel zusammen, einfache Tische und Bänke aus Tannenholzbrettern, die ein krasses Gegenbild zu den teuren Parkettböden und abblätternden Wandmalereien boten. Während Montgomery sich mit seinen Büchern in den ersten Stock zurückzog, um dort bis zu seinem Lebensende höchst eigenwillige Forschungen zum Thema Zellteilung zu betreiben, stieg Elisabet in die Stiefel einer Plantagenbesitzerin. Sie hatte nicht nur den Ehrgeiz, ihre eigene Familie durchzubringen, sie fühlte sich ebenso verantwortlich für die zweiundzwanzig schwarzen Familien, die in Hütten auf dem weitläufigen Besitz lebten. Die ehemaligen Sklaven kümmerten sich unter ihrer Aufsicht mehr schlecht als recht um den Anbau von Baumwolle und Getreide, züchteten Ziegen und Schweine, fütterten Truthähne und Enten. Die Chefin hatte sich ein Pferd zugelegt und war den ganzen Tag unterwegs. Ihrem Enthusiasmus aber wurden schon bald Grenzen gesetzt: Der eine Aufseher arbeitete in die eigene Tasche, der nächste verließ nach kurzer Zeit die Plantage, ständig gab es Streitigkeiten unter den Leuten und die mit allen Wassern gewaschenen Händler zogen die unerfahrene Deutsche beim Ernteverkauf über den Tisch.

Eines Nachts schlug Cencie, die sich in erster Linie um

die beiden Kinder kümmerte, Alarm. Der eineinhalbjährige Arthur lag mit hohem Fieber und Schüttelfrost in seinem Bett, kaum noch ansprechbar. Elisabet war außer sich vor Angst. Sie machte Umschläge und hielt die Hand des Jungen, während ihr Mann die Symptome in seinen medizinischen Büchern nachschlug. Es war Diphterie, eine ohne Medikamente tödlich verlaufende Krankheit, die man damals noch kaum im Griff hatte. Als Arthur am nächsten Abend starb, schloss sich die Mutter für lange Stunden mit ihm in ihrem Zimmer ein. Der Tod des Kindes hat Elisabet Ney zutiefst getroffen und verstärkte ihre Fähigkeit, am Leid anderer teilzunehmen. Wenn später Familien aus ihrem Umfeld einen Angehörigen verloren, vor allem, wenn es ein Kind war, bot sie oft brieflich und persönlich Trost und Hilfe an.

Vermutlich hat sie in dieser Trauernacht eine Totenmaske von ihrem Kind gemacht und dann gemeinsam mit ihrem Mann beschlossen, den Leichnam wegen der Ansteckungsgefahr zu verbrennen. Es gab jedenfalls keine Beerdigung und die Gerüchte überschlugen sich. Sie habe das Kind in Seide gehüllt und eigenhändig im Kamin verbrannt, erzählte jemand – sie habe es ganz eingegipst und auf dem Flur aufgestellt, sagte jemand anderes – sie habe es zum Konservieren tief in eine Zisterne versenkt, behauptete der Dritte. Sogar der Ku-Klux-Klan soll über eine Strafexpedition nachgedacht haben, um dieser gottlosen Miss Ney, diesen »freelovers«, einen Denkzettel zu verpassen. Noch 60 Jahre später erzählte ein neuer Besitzer der Plantage der Autorin Jo von Ammers-Küller, er fürchte sich nicht vor Dieben, weil meilenweit jeder wisse, dass auf Liendo eine Kinderleiche verbrannt worden sei und es seitdem dort spuke.[30]

Die folgenden Jahre auf der Plantage waren mit einer enormen Isolation verbunden. Das Paar pflegte bis auf wenige Ausnahmen keinen Kontakt zur Bevölkerung und der kleine Lorne wurde nach dem Tod seines Bruders geradezu in Watte gepackt. Er sollte nicht mit den schwarzen Kindern spielen, wurde von den Eltern selbst und von Privatlehrern unterrichtet und im Übrigen angezogen wie für eine Theateraufführung. Elisabet steckte ihn in blaue Samthosen und Blusen mit weißen Spitzenkrägen, Schottenröcke und manchmal sogar in eine griechische Toga. »Hemdzipfel!«, rief ihm die Dorfjugend nach, wenn die Mutter mit dem langhaarigen, blond gelockten Kind beim Einkaufen war. Immer wieder wurde der kleine, hübsche Junge mit der Frage gequält, warum sich seine Mutter »Miss Ney« nennen ließe und warum sie seinen Vater mit »Doktor« anrede. Alle Berichte über diese Zeit in Texas machen deutlich: Hier hat ein Elternpaar so ziemlich alles falsch gemacht, was man bei der Erziehung eines Kindes falsch machen kann. Der Vater schwebte mit seinen hochwissenschaftlichen Theorien zu oft in anderen

Sphären und die Mutter konnte sich wohl nicht vorstellen, dass ihr Sohn weniger unabhängig und selbstbewusst war als sie.

Heraus kam ein schwieriges Kind und später ein haltloser Erwachsener. Mit 15 steckte ihn der Vater gegen den Willen Elisabets in ein Internat an der Ostküste, später sogar in eines in der Schweiz. Aus dem einen flog er heraus, aus dem anderen setzte er sich ab und kehrte mit Hilfe von Bekannten in die USA zurück. Er stahl seinen Eltern Geld, trieb sich herum und schwängerte ein 16-jähriges Mädchen aus der Umgebung. Seine Mutter war über die Heirat der beiden entsetzt: »Eine Ehe sollte eine Gemeinschaft verwandter Geister sein, das ist mehr, als Kinder zu fabrizieren.«[31] Lorne aber blieb ein labiler Charmeur, war insgesamt viermal verheiratet und hatte sechs Kinder. Er ignorierte stets die künstlerische Arbeit seiner Mutter und lachte über die Bücher, die sein Vater schrieb. Mit dieser Haltung konnte er seine Eltern am meisten treffen. Weil ihr Sohn nichts von ihr wissen wollte, verleugnete Elisabet auch ihn später oft und behauptete stattdessen: »Meine Tochter starb als kleines Kind.«[32] Den schönen Kopf, den sie von Lorne geformt hatte, nannte sie konsequent »Der junge Violinist«.

Zu den ständigen Querelen mit dem rebellierenden Sohn kamen enorme Geldprobleme. Immer wieder versuchte das Paar vergeblich, Liendo zu verkaufen oder mit größeren Kuhherden an der Milchwirtschaft zu verdienen. Elisabet bemühte sich brieflich sogar darum, auswanderungswillige deutsche Bauern aufzutreiben, um die Arbeit gemeinsam in den Griff zu kriegen. Ihr Angebot, den Ort Hempstead durch eine Baumallee zu verschönern, lief ebenfalls schief. Die Dorfbewohner wiesen ihr Geschenk von vier Dutzend Pfirsichbäumen zurück. Ney hatte das Landleben herzlich satt. Auch Montgomery schrieb einem Freund entnervt: »Die Probleme nehmen überhaupt kein Ende … und all diese Leute hier müssen gefüttert und gekleidet werden.«[33] Der einzige Lichtblick in dieser Schufterei waren für beide die späten Abende, wenn sie zusammen auf der Terrasse saßen und den Geräuschen der Dunkelheit lauschten. Dann fassten sie neuen Mut und verwarfen den Gedanken, einfach alles liegen und stehen zu lassen. Aber Elisabet sehnte sich danach, wieder einmal frischen Ton in den Händen zu spüren und etwas Lebendiges daraus zu formen. Außerdem musste sie dringend Geld verdienen. Als sie 1890 die Leitung der Plantage an ihren Mann abgab, um es in der Hauptstadt Austin noch einmal in ihrem Beruf als Bildhauerin zu versuchen, lagen 19 schwierige Jahre hinter ihr, die ihren revolutionären Vorstellungen wohl nur zum Teil entsprochen hatten.

Oran Roberts, Richter und später Gouverneur von Texas, hatte der mit ihm befreundeten Miss Ney geschrieben, sie könne vielleicht einige Standbilder für das neu zu erbauende Kapitol in Austin anfertigen.

Dann aber entschied ein Ausschuss nicht sehr kunstsinniger Bürger, roten Granit zum Bau des Staatsgebäudes zu nehmen – ein Stein, der billiger, jedoch viel zu hart zum Meißeln war.

Die nächste Chance aber ergriff Elisabet Ney mit Unterstützung der »Töchter von Texas«, die die kulturellen Angelegenheiten des Landes nicht mehr länger den Männern überlassen wollten. Das Damenkomitee aus der besseren Gesellschaftsschicht des Landes hatte die Bildhauerin bei einer informellen Teegesellschaft ins Herz geschlossen. Endlich einmal eine lebhafte, impulsive Frau, die sich über die oft so ermüdenden Konventionen hinwegsetzte, die geschliffen und unterhaltsam über ihr Leben in Europa berichtete, wo sie Gott und die Welt porträtiert hatte. Als ältere Dame von 57 Jahren, die allmählich ein bisschen auseinander ging, stellte sie für andere Frauen auch keine Bedrohung mehr dar wie in früheren Jahren, als sie alle Männer um den Finger wickeln konnte.

Die »Töchter von Texas« hatten großen Anteil daran, dass die Bildhauerin den Zuschlag zu einem sehr wichtigen Auftrag bekam. Zur 400-Jahr-Feier der Entdeckung Amerikas in Chicago sollte Texas mit einem eigenen Pavillon vertreten sein und Ney fertigte dazu zwei Standbilder wichtiger texanischer Patrioten, Sam Houston und Stephen Austin, an. Ihr war klar, dass sie diese Chance wahrnehmen musste, um wieder ins Gespräch zu kommen, und sie gab sich damit zufrieden, auf ein Honorar zu verzichten und nur die reinen Kosten einzufordern. Leider wurde das Standbild Austins nicht rechtzeitig fertig, aber die Darstellung Houstons fand in Chicago so große Anerkennung, dass man die Figur sogar an einem besonderen Ehrenplatz aufstellen wollte. Das Damenkomitee aber beharrte darauf, ihn im texanischen Pavillon zu präsentieren.

Nachdem Elisabet Ney zunächst recht provisorisch in einem Keller gearbeitet hatte, brauchte sie nun dringend ein professionelles Atelier. Irgendwie lieh sie sich das Geld zusammen, um 1891 ein schönes Stück Land in einem parkähnlichen Gebiet Austins zu erwerben und ein Atelier nach ihren Skizzen errichten zu lassen. Der größte Raum mit breiten Türen und hohen Fenstern nach Norden war für die Arbeit vorgesehen, dazu kamen ein Bad, eine Essecke und ein kleiner Schlafraum, von dem aus die Freiluftfanatikerin jederzeit aufs Dach steigen konnte, um dort in den oft schwülen Nächten in einer Hängematte zu übernachten.

Das Atelier, das von seiner Besitzerin in Erinnerung an ihr erstes Studio auf Madeira »Formosa« genannt wurde, strahlte den etwas ungewöhnlichen Charme eines griechischen Tempels aus, dem später allerdings noch ein merkwürdiger deutscher Zinnenturm hinzugefügt wurde. Doch obwohl die 60-Jährige während der Bauzeit wochenlang im Zelt daneben gehaust hatte, um die Handwerker zu überwachen, war einiges schief gelaufen. Die Steinwände gerieten zu dünn, der Schornstein zu kurz, es regnete herein. Elisabet Ney war dennoch stolz auf das Ergebnis und führte von da an stets ein Foto des Ateliers in ihrem Briefkopf. Auch in der Zeitung wies man eigens darauf hin, dass dies das erste Gebäude von Texas sei, das ausschließlich zu künstlerischen Zwecken errichtet wurde.

Im Lauf der nächsten Jahre fertigte die Künstlerin verschiedene Auftragsbüsten an und kämpfte für ihre Idee, eine Akademie der freien Künste ins Leben zu rufen. Nicht nur Künstler sollten hier umfassend ausgebildet werden, sondern auch ambitionierte Handwerker und Arbeiter. Doch mit welcher Vehemenz sie auch ihre »Mission der Kunst« vertrat – der größte Teil der Bevölkerung und auch der Politiker hatte keinerlei Sinn für ihre Vorschläge. »Bis auf meine wenigen Freunde ... bin ich hier in Austin mitten unter die Buschmänner geraten«[34], klagte sie denn auch mitunter.

Mit einem Brief aus Deutschland kam im Jahr 1895 noch einmal eine Wende. Der Anwalt Karl Dürck hatte nicht nur Elisabets Haus in München gut verkaufen können, auch die bayerische Regierung wollte nun endlich das Gipsstandbild König Ludwigs von ihr erwerben, um es mit ihrer Genehmigung in Berlin von dem Bildhauer Friedrich Ochs in Marmor hauen zu lassen. Endlich floss wieder Geld – immerhin 40 000 Mark. Die 62-Jährige zögerte keinen Augenblick, sofort nach Deutschland zu fahren, um sich um all die zurückgelassenen Skulpturen zu kümmern und einige der in Texas entstandenen Arbeiten in Marmor ausführen zu lassen.

Dies ist ein Problem, das Bildhauer schon seit allen Zeiten beschäftigt. Um ein in Ton oder Gips geschaffenes Werk »für die Ewigkeit« zu erhalten, muss es in Stein kopiert werden – eine zeitaufwendige und teure Angelegenheit, da etwa der bevorzugte Marmor oft aus Italien geholt wird. Diese so genannte »indirekte Bearbeitung« des Steins nach einem Modell wurde von Bildhauern in den letzten Jahrhunderten nur selten selbst übernommen. Sie übergaben ihr Werk einem erfahrenen Handwerker, der mit Hilfe einer heute noch gebräuchlichen »Punktiermaschine« eine exakte Steinkopie herstellte.

Nach ihrer Ankunft in Deutschland lebte Elisabet Ney richtig auf. Artikel erschienen über sie, sie traf viele alte Bekannte wieder und wurde auf der Suche nach ein bisschen heiler Welt in der alten Heimat fündig. Die Eltern waren inzwischen gestorben, aber ihr Bruder Fritz und vor allem ihre Cousine und die Schwester ihrer Mutter nahmen sie so liebevoll auf, dass Elisabet später nur noch von deren »Zauberbude« sprach, in der stets eine herrliche Stimmung herrsche. Gut lief es auch in Berlin, wo sie die Arbeit am Standbild Ludwigs überwachte, ebenso wie in München, das jetzt von einem blassen Prinzregenten regiert wurde. Am Ende verschickte sie die bereits in Marmor ausgeführten Büsten und Standbilder an ihr Studio in Austin – ein riskantes Unternehmen, bei dem prompt die Kindergruppe »Sursum« zerbrach. Auf dem Rückweg in die USA notierte die Reisende an Bord ihres Schiffes: »Obwohl ich wirklich frei von Patriotismus bin ..., hat der Name Texas einen Reiz für mich, einen Reiz so eigener Art, wie ihn kein anderer Teil dieser Welt für mich hat.«[35] Übersprudelnd vor Energie betrat die Künstlerin erneut den Boden ihrer zweiten Heimat.

Edmund Montgomery bemühte sich dort weiterhin nach Kräften, die unverkäufliche Plantage über Wasser zu halten. Außerdem übernahm er in diesen Jahren mehr und mehr soziale und öffentliche Aufgaben. In Hempstead gründete er mit anderen Bürgern ein College für Farbige und richtete eine Bibliothek ein, zeitweise war er auch an der Universität von Austin und in der Verwaltung des Landes tätig. Im Gegensatz zu seiner Frau, die ihren Ruf als »Hexe« und »Kinderverbrennerin« nie loswurde, verzieh man dem Mann jegliche Abweichung von der Norm. Mit seinen langen weißen Haaren und dem auffälligen Backenbart galt er bei der Landbevölkerung als »aristokratischer Gelehrter« mit den besten Manieren.

Elisabet Ney und ihr Atelier wurden im Lauf der Zeit zu einer Institution, zu der alle europäischen Künstler pilgerten, die es während einer Tournee nach

Austin verschlug. Der Sänger Caruso war bei ihr, die junge Tänzerin Pawlowa und die Opern-Diva Schumann-Heink, die den unabhängigen Geist der Ney besonders schätzte und sich eng mit ihr anfreundete. Die lästerte als Ästhetin ihr Leben lang über die damals übliche Damenmode mit den im Schmutz schleifenden Kleidern, den Rüschen und Wespentaillen, in denen Frauen wie abgeschnürte Würstchen aussähen, und drohte der Sängerin, sie werde ihr auf der Bühne »die unnütze Schleppe abschneiden«. Sie selbst trug bei ihren beliebten Teeempfängen am Ochsenfrosch-See vor ihrem Studio ihr inzwischen bewährtes Kostüm: eine kniekurze Mischung aus Überrock und Tunika – trotz der Hitze fast immer aus grauem oder schwarzem Samt –, darunter grundsätzlich hochgeknöpfte Gamaschen. Was für sie Beinfreiheit bedeutete, war für die prüden Südstaatler ein nie endender Skandal.

Neugierige durften das Zelt vor Neys Atelier begutachten, das mit Teppichen und seidenen Tüchern ausgestattet war und ihrem Mann als Unterkunft diente, wenn er sie mit dem Zug in Austin besuchte. Sie wiederum legte die Strecke nach Liendo grundsätzlich in zwei Tagesritten auf ihrem Pferd Pascha zurück. Für den jeweils nötigen Zwischenstopp war sie immer auf Gut »Woodlawn« willkommen. Eines Tages war sie dort einfach über den Zaun geklettert und hatte sich der Besitzerin Elisha Pease selbst vorgestellt. Die war angetan von der erfrischenden Art Elisabets und fand es ganz in Ordnung, dass sich die Künstlerin gleich beim ersten Mal Geld von ihr lieh. Bei jedem Besuch gab es ihr bevorzugtes Frühstück: trockenes Brot und rohe Eier mit Zucker und Cognac. Schon als junge Frau war Elisabet Vegetarierin geworden und hielt sich ihr Leben lang an ihre eigenen Vorstellungen von gesundem Essen. Frisches Brot schnitt sie in Scheiben und ließ es tagelang am Baum trocknen. Dazu aß sie Dickmilch, Früchte und Nüsse. Champagner war die einzige Extravaganz, die sie sich bei besonderen Anlässen leistete.

Mit der Arbeit ging es voran, wenn auch von ständigen Auseinandersetzungen begleitet und stets miserabel bezahlt. So stritt die Bildhauerin mit ihren Auftraggebern ergebnislos über die künstlerische Umsetzung eines Monuments für die Veteranen des Landes. Ob ihr Freigeist überhaupt Spaß an der Ausführung eines solchen Kriegerdenkmals gehabt hätte? Wenig Freude hatte sie wahrscheinlich auch an dem Großauftrag, einen Sarkophag mit der Darstellung des texanischen Generals Johnston anzufertigen. Die Geldgeber wollten sogar mitbestimmen, in welcher Weise die Konföderiertenflagge in dem Monument herausgearbeitet werden sollte. Wahrscheinlich wird sich die so Bedrängte manches Mal nach ihren Dichtern und Denkern und ihrem »idealen jungen König« zurückgesehnt haben. Immerhin aber wurde das Johnston-Grabmal auf der Kunstausstellung in St. Louis, Missouri, von der Presse sehr gelobt und es gab keinen Zweifel mehr daran, dass Elisabet Ney um 1900 die bekannteste Künstlerin im Süden der USA war.

Dank der Texas-Töchter stand allmählich auch genügend Geld zur Verfügung, um die Skulpturen von Sam Houston und Stephen Austin in Marmor ausführen zu lassen. Danach würde ihnen ein Platz im Capitol in Washington sicher sein. Für die bald 70-Jährige hieß dies, zusammen mit den Gipsfiguren erneut die lange und beschwerliche Reise nach Europa anzutreten. 1902 wurde sie von Edmund Montgomery begleitet, danach reiste sie noch zweimal allein auf den alten Kontinent, um ihr Lebenswerk zu vervollständigen. Immer zweigte sie dabei ein paar Tage bei den Verwandten ab, denn sogar Elisabet Ney entwickelte als alte Dame noch Sinn für sentimentale Erinnerungen und Bequemlichkeit. Das klingt aus vielen Briefen, die sie 1904 während ihres letzten Europaaufenthalts aus dem kleinen italienischen Ort Seravezza schrieb, wo schon Michelangelo seinen Marmor ausgewählt hatte. Dort lebte sie monatelang inmitten einer Gemeinschaft hervorragender Steinmetze und Bildhauer, um mit ihnen das Grabmal Johnstons in Marmor zu hauen. Sie, die jahrzehntelang keinerlei Ansprüche an Komfort gestellt hatte, begeisterte sich nun für das von ihrer Gastgeberin liebevoll bereitete »letto celesto« – ihr himmlisches Bett –, stets angewärmt durch einen Tiegel mit glühenden Kohlen. Obwohl es so viel zu tun gab – »Ich habe vier Mann zu beaufsichtigen, arbeite selbst, lerne Italienisch«[36] –, schrieb sie nachts noch an die »Zauberbude« von ihrer Sehnsucht nach einem friedlichen Familienleben. Sogar bei der »werthen Marie«, der langjährigen Haushälterin der Eltern, meldete sie sich: »Ich habe nichts …, was mir jetzt heilig wäre …, keine Schürze, kein Tuch, kein Kleid meiner Mutter.« Auch die goldene Repetieruhr des Vaters hätte sie doch so gern. »Wo sind meiner Eltern Bilder und meine? Ich habe doch so lange darum gebeten.«[37]

Zurück in Austin, konnte sie eine überwiegend positive Beurteilung ihrer Arbeit in einem Buch über die Geschichte der amerikanischen Bildhauerei nachlesen. Der Kunstkritiker beschrieb ausführlich ihre Werke und attestierte, ihr gehöre der Platz unter den besten Bildhauern des Landes. Seine Anmerkung, »durch ihr isoliertes Leben konnte sie nicht ihr ganzes Potential ausschöpfen, zu dem sie durch eine größere Konkurrenz fähig gewesen wäre«, kommentierte sie ärgerlich: »Was für ein Geschwätz hat er da losgelassen?«[38]. Und doch war ihr bewusst, dass er nicht ganz Unrecht hatte. Auch ihre erste Biografin, Bride Neill Taylor, war der Meinung, dass Elisabet Ney zu lange Jahre in Liendo »begraben« gewesen sei, »exakt in den Jahren, als die amerikanische Bildhauerei erwachte …, als Kunstschulen in Boston, New York, Chicago und Cincinnati entstanden.«[39]

In den nächsten Jahren arbeitete sie fast ausschließ-

lich an der schon zu Münchner Zeiten durchdachten und skizzierten Figur der Lady Macbeth[40], mit der sie ihr Lebenswerk abschließen wollte. Die Anzeichen mehrten sich, dass ihr nicht mehr allzu viel Zeit bleiben würde. Nachdem sie ein Leben lang über eine äußerst robuste Gesundheit verfügt hatte, machte ihr jetzt eine Staublunge zu schaffen, Resultat ihrer Arbeit mit dem Marmor. Sie war auch des Öfteren gestürzt, laborierte lange an einer Lebensmittelvergiftung herum und erlitt mehrere Herzattacken. Eine weitere Überfahrt nach Europa würde sie nicht durchstehen. So bat sie den jungen italienischen Bildhauer Cosimo Docchi, einen schönen Marmorblock aus Seravezza für Lady Macbeth auszuwählen und damit in die USA zu kommen. Die beiden bildeten dann im Sommer 1905 ein perfektes Team, arbeiteten von morgens bis abends an der Ausführung der tragischen Shakespeare-Figur. Cosimos fröhliche Natur trug viel dazu bei, dass die harte, körperliche Arbeit zügig voranging und sie am Ende ein hervorragendes Ergebnis feiern konnten. In die Statue der Lady Macbeth hat Elisabet Ney all ihre Gefühle hineingelegt, ihren kämpferischen Stolz, der stärker war als alle Niederlagen, ihre Sorgen um den Sohn, der sie zurückwies, ihren lebenslangen Anspruch, etwas Besonderes zu sein. Alle, die die Skulptur gesehen ha-

Lady Macbeth, Statue von Elisabet Ney, 1905

ben, schildern sie als besonders ausdrucksstark. Mit ihrem leicht gedrehten Oberkörper, die Hände voller Gram seitlich ineinander verschränkt, scheint die Frauenfigur an ihrem Leid zu zerbrechen und strahlt dennoch unzerstörbare Schönheit aus.

Elisabet Ney starb am 29. Juni 1907 im Alter von 74 Jahren in ihrem Atelier. Edmund Montgomery hatte die letzten Wochen noch einmal in engster Nähe mit ihr verbracht und begrub sie, wie miteinander besprochen, im Schatten der immergrünen Eichen Liendos. Vier Jahre später würde er ihr dorthin folgen.

Auf die »Töchter von Texas« konnte sich die Deutsche auch nach ihrem Tod verlassen. Zwar stritten sich einige zeitlebens darum, wer von ihnen Modell für Lady Macbeth gestanden habe, am Ende aber gelang es ihnen gemeinsam, die zurückgelassenen Schulden der Künstlerin aus der Welt zu schaffen und ihren Nachlass zu ordnen. Eine ihrer Anhängerinnen, Ella Dibrell, kaufte das Studio Formosa mit all seinen Skulpturen und richtete es als Museum ein, so wie Elisabet Ney es sich gewünscht hatte.

»Vor Frau Münter wollen wir den Hut ziehen«
Gabriele Münter (1877–1962), Malerin

Von Magdalena Köster

Für Radfahrer ist das Düsseldorfer Rheinufer anno 1897 ein Paradies. Hier unten am Fluss, mitten in der Natur, ist es ruhig, hier läuft einem niemand vor das Rad. Genüsslich tritt die 20-jährige Gabriele Münter in die Pedale und leistet sich ihr »mit Recht so beliebtes Dösen«. Endlich kann sie ein bisschen von ihrer Ungeduld loswerden, die sie jeden Tag aufs Neue im Zeichenunterricht befällt.

»Schummern« soll sie nach Anweisung ihres Lehrers, Schattenflächen üben, dabei liegt ihr doch viel mehr der große Schwung. Schon mit vierzehn hat sie auf einer Reise mit der Mutter die Kurgäste in wenigen Strichen skizziert und großes Lob dafür geerntet. Jetzt aber muss sie sich mit peniblen Hand- und Fußzeichnungen und – noch schrecklicher – mit dem Kopieren von Ornamenten herumquälen. Manchmal kriegt sie einen richtigen »Malkater«, dann schwingt sie sich nach Schulschluss sofort aufs Rad und freut sich auf die nächste abschüssige Stelle. Schnell noch mal Schwung nehmen und die Füße auf den eigens angebrachten Eisenstiften am Vorderrad abstellen, um den sich wild drehenden Pedalen nicht in die Quere zu kommen.

Denn die Räder haben noch keine Freilaufnabe und damit auch keine Rücktrittbremse. Zumindest wird sich ihre Kleidung nicht mehr in den Speichen verheddern, seit sie sich eine von den neuen »Radelbuxen« zugelegt hat. Dafür muss sie jetzt damit rechnen, dass wieder mal so ein Moralapostel »schamloses Weib« hinter ihr herruft. Vielleicht hört sie aber auch ein freundliches »All Heil«, den Gruß der Fahrrad-Pioniere. Die haben die Parole ausgegeben: »Wer Radfahren kann, meistert auch das Leben.«

Gabriele Münter stammt aus einer weltoffenen Familie. Ihre Mutter, Minna Scheuber, war neun, als sie mit den schwäbischen Eltern 1845 in die USA auswanderte. Ihr Vater, Carl Friedrich Münter, hatte als idealistischer Student während des deutschen Freiheitskriegs 1848 »vorlaute« Reden geschwungen und musste mit 21 Jahren von der Bildfläche verschwinden. Er ging ebenfalls nach Amerika. In Tennessee lernten sich die beiden kennen, heirateten und machten in zentraler Lage einen Doppelladen auf. Im Vorderraum konnten die Siedler alles für den täglichen Bedarf kaufen, im Hinterzimmer arbeitete Carl Friedrich als Zahnarzt. Eine ordentliche Schufterei, aber damit ließ sich in diesen Aufbruchjahren rasch Geld verdienen. Die Konflikte zwischen den Nord- und Südstaaten der USA um die Sklaverei und der damit verbundene Sezessionskrieg brachten das Ehepaar – beide überzeugte

Pazifisten – zu dem Entschluss, 1864 zurück nach Deutschland zu gehen.

Einige Jahre führte Carl Friedrich Münter eine gut gehende Zahnarztpraxis in Berlins bester Adresse Unter den Linden. Hier werden zwischen 1865 und 1869 auch die Kinder August, Charly, Emmy und als Nachzüglerin am 19. Februar 1877 Gabriele geboren. Der Berliner Börsenkrach und eine Kampagne gegen angeblich nicht genügend ausgebildete »amerikanische Dentisten« zwingt die Familie dazu, in Herford, der Geburtsstadt des Vaters, erneut von vorn anzufangen. Immerhin aber besitzt Carl Münter hier noch ein Haus und scheint auch einige Wertpapiere gerettet zu haben, denn bald schon kann sich die Familie wieder in die Rubrik »wohlhabend« einreihen.

Bis zum zweiten Schuljahr lebt Gabriele in Herford. Es sind wichtige Jahre in ihrer Erinnerung, die sie immer mit einem »westfälischen Heimatgefühl« verbinden wird. Dann zieht die Familie noch zweimal um, zuletzt nach Koblenz, wo der Vater 1886 mit 59 Jahren überraschend stirbt. Ende des Jahres dann eine neue Schreckensmeldung: Die Mutter muss die jüngeren Kinder rasch bei den Verwandten unterbringen, um sich um den schwer erkrankten ältesten Sohn August, der in den USA studiert, zu kümmern. Im Januar 1887 stirbt auch er, gerade erst 22 Jahre alt. Wenn man diese frühen Todeserfahrungen, verbunden mit der Abwesenheit der Mutter, und die zahlreichen Umzüge der

Familie berücksichtigt, wird Gabriele Münters spätere Sehnsucht nach einem Lebensmittelpunkt verständlich. »Meine Idee von Glück ist eine Häuslichkeit, so gemütlich und harmonisch, wie ich sie eben machen könnte.«[1]

Gabriele, liebevoll Ella genannt, ist ein nachdenkliches Kind, immer ein wenig im Windschatten der älteren Geschwister, von denen ihr der Bruder Charly am liebsten ist. Sie liest sehr viel, Kitsch wie Kunst, lernt schwimmen und reiten, spielt Klavier und zeichnet ohne jedes Vorbild einfach aus sich heraus. In der Schule interessiert sie sich besonders für Naturwissenschaften, für fremde Länder und Gebräuche. Ihre Mutter Minna, eine geradlinige und bodenständige Frau, hat in 19 Pionierjahren in Amerika freiheitlich zu denken gelernt und empfiehlt ihren Töchtern, sich zu amüsieren. So lässt sie Ella an der langen Leine, redet ihr nirgendwo hinein, überwacht keine Schularbeiten, fördert aber auch ihre künstlerische Begabung nicht. Sorgen macht ihr allerdings, dass das Mädchen häufig unter Migräne leidet und eine Schwäche für »Spökenkiekerei« und den Mond hat. »Peacemaker« nennt Minna Münter ihre Jüngste manchmal und äußert die Vermutung, dass Ella wohl niemals lügen würde.[2] Dahinter steckt, dass Ella nicht nur sanftmütig Frieden stiftet, wenn es Krach in der Klasse oder zu Hause gibt, sondern trotzig und nachhaltig über Recht und Unrecht diskutieren will. Sie lässt niemandem etwas durchgehen und stößt mit ihrer schnörkellosen Direktheit manche Leute vor den Kopf. Mit diesem Wesenszug wird sie auch als Erwachsene öfter anecken.

Nach Ende der Schulzeit und dem halbherzigen Versuch, nach alter Sitte »die Küche zu lernen«, erfüllt auch das Zeichnen »nach Vorschrift« in der Düsseldorfer Malschule nicht Ellas Erwartungen. Viele Briefe im Sommer 1897 an die Mutter in Koblenz lassen Frust und Heimweh erkennen, aber auch Sorgen um den schlechten Gesundheitszustand der 61-Jährigen. Im November bricht Gabriele Münter ihr Studium ab, um die Mutter daheim in den Tod zu begleiten.

Entwurzelt und unbeschäftigt bleiben die Schwestern zurück, während Bruder Charly seine eigene Familie gründet und die Verwaltung des ansehnlichen Nachlasses übernimmt. Die Rettung aus der Melancholie bringt ein Brief der zahlreichen mütterlichen Verwandten, die sich überall in den USA angesiedelt haben. Tante Caroline lädt Ella und Emmy zu einem »Vetterlesbesuch« ein.

Diese zweijährige Reise zwischen 1898 und 1900 macht aus den Schwestern begeisterte Globetrotterinnen. Immer noch ist es selten und eher verpönt, dass junge Frauen allein so weit verreisen. Aber haben sich nicht beide Eltern hier schon durchgeschlagen? Und hat man ihnen nicht immer wieder die Geschichte erzählt, wie ihre Mutter als junges Mädchen eine giftige Schlange erschlagen hat, während alle anderen die

Flucht ergriffen? Von diesem Wagemut haben die Schwestern etwas geerbt, das macht sie sicherer als andere.

Die beiden »Müs«, wie man sich gegenseitig scherzhaft in der Familie nennt, fahren über New York und Missouri nach Arkansas und Texas, wo sie die längste Zeit bleiben. Das Fahrrad für diese endlosen Strecken mitzunehmen hat Gabriele Münter sich ausreden lassen. Dafür hängt sie jetzt mit großer Liebe an ihrer ersten Kamera, die ihr die Tante geschenkt hat. Was sie nicht in ihrem winzigen Portemonnaie-Kalender schriftlich notiert, dokumentiert sie nun mit sicher komponierten Schwarzweißfotos. 400 Aufnahmen entstehen in den USA und viele dienen der unermüdlich Beobachtenden als Basis für eigene Skizzen. Ob sie Tante Albertine in eleganter Garderobe auf einer Straße in St. Louis festgehalten hat, die Cousinen beim Wäscheaufhängen oder die weite Landschaft auf der Weiterfahrt nach Arkansas – Fotos wie Zeichnungen verraten Sinn für Linien und Stimmungen.

»Ich möchte immer nur reisen«, notiert Ella 1899, nie fand sie ihr Leben so abwechslungsreich wie jetzt. »Abendrot. Meine Lieblingszeit, durch den Wald zu reiten«, steht auf einer Postkarte an den Bruder, darunter, durch eine genaue Zeichnung unterstrichen: »Fand eine Schildkröte. Soll ich sie lebendig oder tot mitbringen?«[3] Die Ungezwungenheit der Einwanderer überträgt sich vor allem im rauen Texas auf die jungen

Deutschen. Mitten in der Prärie hocken sie mit den Cowboys am Lagerfeuer, reiten tagelang mit den Viehherden über Land, lernen, einen Pferdewagen zu lenken, der sie auf einer Dreitagestour zur Hochzeit ihres Vetters Joe bringt. Eine Bleistiftzeichnung dieses Vetters zeigt Gabriele Münters Talent für genaue Beobachtung und Typerfassung. Lässig, mit hochgelegten Beinen, sitzt der erfolgreiche Selfmademan über seinen Papieren; deutlich kommt seine selbstverständliche und unprätentiöse Art heraus. Mehr als sechs Kladden voller einfacher, aber treffsicherer Zeichnungen entstehen in den USA. Später meint Gabriele Münter dazu: »Dort füllte ich meine Skizzenbücher immer noch als bescheidener Dilletant ohne künstlerische Absicht ... Ich wollte die Menschen nur erfassen, wie sie waren.«[4]

Auf der Rückfahrt mit dem Schiff stellt sich Ella ihr eingerahmtes Porträt aus einem Fotostudio in St. Louis in die Kajüte. Die 23-Jährige kann mit sich zufrieden sein. Das Bild zeigt ein intelligentes, junges Gesicht, zurückhaltend im Ausdruck, aber dennoch wach und selbstsicher. Die hochgesteckten, dunklen Locken betonen ihre noch weichen, mädchenhaften Züge.

In Deutschland ziehen die Schwestern zunächst für einige Monate in eine gemeinsame Wohnung in Bonn. Doch die Erinnerung an all die berufstätigen, unabhängigen Frauen in den USA bestärkt Gabriele Münter in ihrem Entschluss, das in Düsseldorf begonnene Kunststudium in München, dem Eldorado aller Maler, zu vertiefen. Im Mai 1901 zieht sie in eine Pension in Schwabing und schreibt sich an der Malschule des »Künstlerinnenvereins von 1882« ein. Diese Organisation will Frauen eine ähnliche Ausbildung ermöglichen wie an der immer noch für Frauen gesperrten Staatlichen Kunstakademie. Deren Direktor, der hochdekorierte Ferdinand von Miller, glaubt übrigens, dass eine Malausbildung für Frauen in erster Linie »unglückliche Geschöpfe« hervorbringe. Die hätten tatsächlich einen Grund, unglücklich oder besser wütend zu sein: Frauen müssen nämlich an den privaten Schulen extrem hohe Gebühren zahlen, während Männer an der Akademie umsonst studieren. Gabriele Münter kann diese Hürde dank des Familienerbes nehmen. Sie belegt zunächst Kurse in Kopfzeichnen und Landschaftserfassung und wechselt im Wintersemester 1901/02 an die neu gegründete Malschule »Phalanx«.

Bis jetzt ist sie noch nicht überzeugt von der Qualität der Ausbildung, wohl aber von der Stadt. Das Münchner Klima, ja sogar der Föhn, bekommen ihrem Migräne-Typ besser als die Rheinebene. Gleich bei zwei Einweihungen neuer Opernhäuser war sie in ihrem ersten Jahr dabei, über das Schauspielhaus berichtet sie den Geschwistern ebenso begeistert wie über den Prachtbau des Prinzregententheaters. In den Brie-

Gabriele Münter, St. Louis, 1900

fen schwärmt sie auch davon, wie sehr sie die Faschingssaison genossen hat, dass sie auf etlichen Kostümbällen und Schwabinger Künstlerfesten war und wie herrlich man im Englischen Garten Rad fahren kann.

Es herrscht Aufbruchstimmung in der Stadt des Jugendstils, man gibt sich ebenso locker wie volkstümlich. Jedem das Seine, heißt die Devise, und bitte keine Spießigkeit! Wer auf sich hält, trägt den »Simplicissimus« vor sich her, das neue Satire-Magazin mit der zähnefletschenden Bulldogge auf dem Titel. Die Karikaturen, mit wenigen Strichen pointiert gesetzte Geschichten, imponieren Gabriele Münter besonders, dass aber neben der politischen Schärfe eine fast altbackene Frauenfeindlichkeit zum Merkmal des Heftes gehört, ärgert sie gewaltig. Das männlich besetzte Redaktionsteam verfolgt jede weibliche Aktivität mit Argusaugen, denn München ist in diesen Jahren auch ein Zentrum der Frauenbewegung. Es gibt Vereine für »Fraueninteressen«, »Frauenstudium« und »Frauenstimmrecht« und Gabriele Münter ist Mitglied und regelmäßiger Gast im »Frauenverein«.

In der Abendgruppe der Phalanx-Schule kommt es im Winter zu einer entscheidenden Begegnung. Dem russischen Lehrer der Klasse, Wassily Kandinsky, eilt der Ruf voraus, ein sehr einfühlsamer Lehrer zu sein, der zudem »die deutsche Gepflogenheit [mißbilligt], Frauen weder in die Kunstakademien noch in die meisten Kunstvereine aufzunehmen«.[5] Gleich zu Beginn fällt ihm die eigenständige und freie Malweise Gabriele Münters auf. Er beobachtet ihren Sinn für das Wesentliche und bestärkt sie darin, aus der Fülle von Eindrücken entscheidende Merkmale rigoros herauszufiltern. Schon nach kurzer Zeit meint er: »Du bist hoffnungslos als Schüler – man kann dir nichts beibringen. Du kannst nur machen, was in dir gewachsen ist. Du hast alles von Natur. Was ich für dich tun kann, ist, dein Talent zu hüten und zu pflegen, daß nichts Falsches dazukommt.«[6] Jubelnd schreibt Gabriele im Frühjahr 1902 an Emmy, die inzwischen mit dem Chemiker Georg Schroeter verheiratet ist, wie Kandinsky ihr Selbstvertrauen stärke, ganz anders als die anderen Lehrer auf sie eingehe und gründlich erkläre »und mich ansah, wie einen bewußt strebenden Menschen. Das war mir neu und machte Eindruck«.[7]

Wassily Kandinsky wurde am 5. Dezember 1866 in Moskau geboren. Er blieb das einzige Kind seines großbürgerlichen Vaters, während seine Mutter ihren Mann und den vierjährigen Wassily verließ und mit einem anderen Mann noch einmal drei Söhne bekam. So entstand eine besonders enge Beziehung zum kunstsinnigen, toleranten Vater sowie zu der älteren Schwester der Mutter, die sich liebevoll und großzügig als Mutterersatz zur Verfügung stellte. Sie wie auch die Großmutter sprachen überwiegend Deutsch mit Wassily, so dass er später beide Sprachen nahezu perfekt beherrschte und sich auch kulturell in Deutschland wie in Russland zu Hause fühlte. Sein frühes Gefühl für Farben und seine große Liebe zur Musik gab er zunächst für ein nüchternes Studium auf. Er wurde Jurist und lernte in diesem Beruf nach eigenem Bekunden die Fähigkeit zu abstrahieren. Als er bereits 30 war und sich in einer früh geschlossenen Ehe mit seiner Cousine Anna eingerichtet hatte, rückte eine Ausstellung der Impressionisten in Moskau seine Liebe zur Kunst mit einem Schlag wieder in den Mittelpunkt. Lange hatte er vor einem Bild Monets gestanden. »Aus dem Katalog erst erfuhr ich, daß es sich hier um einen Heuschober handelte. Ich war verärgert, daß ich ihn nicht erkannt hatte.« Er entdeckte »die unerwartete Kraft der Palette, die mir bis dahin verborgen war und die über alle meine Träume hinausreichte«.[8]

Ende 1896 ging Kandinsky mit der widerstrebenden Anna zusammen nach München, wo, wie Thomas Mann beschrieb, »in jedem fünften Haus die Scheiben eines Ateliers in der Sonne glänzten«.[9] Verblüfft registrierte der zurückhaltende Russe die kreative Stimmung in Schwabing, der »Insel des Geistes«. »Alle malten oder schrieben Gedichte oder machten Musik oder tanzten.«[10] Angefeuert von diesem freigeistigen Leben, an dem er selbst allerdings kaum teilnahm, absolvierte er seine Ausbildung an der Kunstakademie unter anderem bei Franz von Stuck und gründete sofort danach die Künstlergruppe Phalanx, um gemeinsame Ausstellungen zu organisieren und an der gleichnamigen Schule Lehrgänge anzubieten.

Als Münter ihn kennen lernt, ist Kandinsky ein auffallend gut aussehender Mann, dessen »schöner Kopf« selbst von Männern bewundert wird. Er hat dichte, dunkle Haare, die ausdrucksvollen Augen eines Kurzsichtigen, volle Lippen und betont sein elegantes Profil durch einen gepflegten Spitzbart. Selbst bei der staubigsten Arbeit trägt er ausgesuchte Kleidung, dunkle Anzüge, hochgeschlossene weiße Hemden, besondere Gürtel und Krawatten, teure Schuhe. Er hat das Auftreten eines Grandseigneurs, bemerken die Freunde, eines Diplomaten oder Fürsten, der durch Präsenz und kluge Rede schnell die Aufmerksamkeit aller auf sich zieht.

Neben der frühen Achtung, die er den Arbeiten der zehn Jahre jüngeren Gabriele Münter entgegenbringt, ist es die Lust am Radfahren, die die beiden im Sommer 1902 verbindet. Kandinsky hasst den Mief und die billigen Aktmodelle in der Malschule und mietet sich so oft wie möglich mit seiner Klasse im Voralpenland bei Kochel ein, um in freier Natur zu malen. Mit dem Fahrrad klappert er die verstreut arbeitenden Schüler ab, immer zuletzt taucht er klingelnd vor Gabriele Münter auf. Sie hat gerade auf seine Anregung hin »akademische« Braun- und Grüntöne aus ihrem Malkasten geworfen und trägt jetzt die Farben, ähnlich wie ihr Lehrer, mit einem groben Spachtel auf. Da außer ihnen niemand ein Rad besitzt, können sie die Gruppe auf gemeinsamen Touren unauffällig ausschließen.

»Ella« nennt Kandinsky sie jetzt öfter, zu gut gefällt ihm der familiäre Kosename, und als die 24-Jährige nach einem erfrischenden Bad aus dem Kochelsee steigt, fällt ihm lächelnd ein eigener ein, »Schwimmfüchslein«. Wie ein scheues, goldenes Füchschen wirkt sie auf ihn mit ihrer schmalen Gestalt, den schönen Händen und den rötlich schimmernden Haaren. Doch als Kandinskys Frau brieflich ankündigt, sie wolle ihn während der Malwochen besuchen, reagiert er panisch und bittet seine Lieblingsschülerin, vorzeitig abzureisen. Wie sollte er die Anziehungskraft, die Ella auf ihn ausübt, vor seiner Frau verbergen? Und Ella kommt, ohne es selbst zu begreifen, seinem Wunsch nach, bricht die Freiluftausbildung ab und lässt sich von ihrem Lehrer an den Bahnhof in Kochel bringen. Auf das Foto, das er beim Abschied von der mit Staffelei und Leinwänden Vollbepackten macht, schreibt sie später witzelnd »Münter als Lasttier«, doch ihre gekrauste Stirn zeigt etwas von der Unsicherheit und auch Wut darüber, auf welche Spiele sie sich da einlässt.

Nach einem längeren Aufenthalt bei den Geschwistern in Bonn sieht Ella ihren Lehrer im Wintersemester wieder. Es folgt eine Zeit der Geheimnistuerei, der Lügen und Nervenanspannung – ein ungewisser Zustand, der die so offenherzige Gabriele Münter ständig aus der Fassung bringt. Kandinsky schreibt ihr: »Donnerstag im Hofgarten gegen 18.30 Uhr. Warte auf mich unter den Arkaden.« Abends folgt: »Ich liebe dich sehr.« Sie ist die Liebe, Zarte, »die mein Herz in ihrer schmalen, zärtlichen Hand hält.« Es hagelt zugesteckte Zettelchen, Briefe unter falschem Namen, Ella wird geradezu überrollt von seinen explosiv sich äußernden Gefühlen. Eine Zigarette nach der anderen rauchend, fleht sie ihn an, wieder zum Lehrer-Schüler-Verhältnis zurückzukehren, steht doch seine Frau, die er nicht verletzen möchte, wie ein Fels zwischen ihnen. Doch er schreibt seinem »guten Herzchen«, wie glücklich sie ihn mit ihrer zärtlichen Stimme mache und dass er voller Hoffnung sei, sie für sich zu gewinnen, denn »sie hätte sich auch nicht küssen lassen, wenn das ganze für sie nur ein Spaß wäre«. Und sie schiebt es auf ihren »etwas schwächlichen Charakter«, dass ich »dich immer famoser und verehrungswürdiger fand … ich liebte dich so« – und würde diese unwürdigen heimlichen Treffen am liebsten beenden. Aber dann findet sie schon wieder ein Zettelchen an das »Ella-Kind« in ihrer Manteltasche, zu Haus liegt ein Telegramm an das »liebe Elfchen« unter der Tür und die bodenständige Westfälin schreibt zurück: »Kandinsky, laß mir meine Ruh! Verflucht, wenn ich nur wüßte, was ich tun soll! Der Teufel soll's holen.«[11]

Mehr als ein Jahr kreisen die beiden Künstler in dieser Weise umeinander. Erst bei einem von Missverständnissen überschatteten Treffen im oberpfälzischen Kallmünz im Sommer 1903 – beide hatten von verschiedenen Städten aus tagelang aneinander vorbeitelegrafiert und in größter Sorge auf den jeweils anderen gewartet, den man schon für krank oder tot hielt – verbringen die beiden zum ersten Mal eine Nacht zusammen. Kandinsky hat Ringe besorgt und spricht von einer »Gewissensehe«, die ihn, den Verheirateten, von nun an mit Gabriele Münter verbindet. In diesem abgeschiedenen, beinahe mittelalterlich anmutenden Ort malen sie sich in noch impressionistisch geprägter Weise gegenseitig. Kandinsky zeigt Münter im Malkittel an der Staffelei, interessanterweise in Rückenansicht und nur als Teil einer dörflichen Szene, während sie ihn, aufrecht im Gras sitzend, die Fußspitzen angespannt nach oben gezogen, ins Zentrum ihrer Landschaftsaufnahme rückt.

Von nun an ist es für Gabriele Münter schwierig, in der gewohnten Zielstrebigkeit weiterzumachen. Während Kandinsky sein Leben in verschiedene Felder aufteilt – hier die Arbeit, dort die russische Frau, da die junge Geliebte –, richtet Ella sich ganz auf ihren »Wassja« ein. Wie gern ist sie sonst ausgegangen, wie gern hat sie getanzt und danach noch stundenlang Skizzen aus dem Gedächtnis gezeichnet. Jetzt muss sie sich um ihr »nervöses, unpraktisches Kaninchen« kümmern, das stets unter Hochspannung steht, schlecht schläft und träumt. Kandinsky hält sein

»Müchen« mit Briefen in Schach, oft sind es täglich vier, sechs Seiten und auch er erwartet ähnliche Ergüsse von ihr. Er will alles von seiner »Lichtbotin« wissen, solange sie ihm gleichzeitig nicht zu nah kommt. Eine engelhafte Gestalt liebt er, weniger die raue, irdische Münter, die jetzt durchdreht, wenn der Rhythmus seiner Briefe unterbrochen wird. »Na! Wie oft ich heute Schweinerei gesagt habe, wenn ich den [Brief]Kasten untersuchte.«[12] Massiv mischt sich Kandinsky in ihre Pläne ein, als sie voller Stolz ihr eigenes Atelier in Schwabing bezieht und einen richtigen Arbeitsrausch erlebt. Sie könne nicht in der gleichen Stadt leben wie seine Frau, klagt er, das halte er psychisch nicht aus, sie müsse bei den Verwandten in Bonn auf ihn warten, bis sie gemeinsam verreisen könnten. Tatsächlich lässt sich Münter grollend überreden, ihr Atelier wieder aufzugeben, weil er ihr glaubhaft versichert, die Scheidung sei nur eine Frage der Zeit, dann werde man »wie ein Wesen« durchs Leben gehen.

Die folgenden Jahre gleichen einem gemeinsamen, fluchtartigen Wanderleben, das von einigen schaffensreichen Aufenthalten in Tunis, dem italienischen Rapallo und vor allem Sèvres bei Paris zusammengehalten wird. Dort nimmt Münter erneut Zeichenunterricht und schafft es, ihre eigenen Ölstudien im nachimpressionistischen Stil weiter auszuformen. Im Frühjahr 1907 sind erstmals sechs ihrer Bilder im »Salon des Indépendants« ausgestellt, im Herbst werden Holz- und Linolschnitte – eine Kunst, die sie inzwischen meisterhaft beherrscht – im »Salon d'Automne« gezeigt, danach kommt es zu Ausstellungen in mehreren deutschen Städten. Münter und Kandinsky eilen von Eröffnung zu Eröffnung und schlagen für acht Monate ihre Zelte in Berlin auf. Nachhaltigen Eindruck macht ihnen dort die Bekanntschaft mit dem Anthroposophen Rudolf Steiner, sie vertiefen sich in Reinkarnation und Farblicht-Theorien, die vor allem in Kandinskys Malerei einfließen.

Das Thema Scheidung führt immer wieder zu Reibereien zwischen den beiden, die ansonsten emotional und künstlerisch sehr eng zusammengerückt sind. Kein Wunder, ist doch Kandinskys Frau Anna sogar zeitweise wieder behördlich bei ihm gemeldet, als das Maler-Paar im Sommer 1908 erneut zwei Ateliers in München bezieht. Anna Kandinsky hatte es trotz der langen Abwesenheit der beiden nicht geschafft, von sich aus die offizielle Trennung einzuleiten oder auch allein nach Russland zurückzugehen. Sie scheint sich mit den Dingen zu arrangieren und entwickelt im Lauf der Zeit einen fast freundschaftlichen Umgang mit Gabriele Münter, die sie ebenso wie Kandinsky regelmäßig zu sich einlädt. Dem ist Annas Meinung nach wie vor wichtig, viele seiner Briefe an Münter enthalten die Formulierung: »Anna meint ...«, »Anna ist der Ansicht ...«

Münter und Kandinsky wissen nach Jahren des Herumvagabundierens immerhin jetzt, was ihrer Arbeit am besten bekäme: ein Refugium in ländlicher Abgeschiedenheit. Vor allem Kandinsky, der seit dem Paris-Aufenthalt in labiler Stimmung ist und unter Schlaflosigkeit und diffusen Ängsten leidet, zieht es aufs Land. Er habe die Nase voll von den »leichtgewichtigen« Franzosen und der »sexuellen Aufregung« solcher Schriftsteller wie Mirabeau, schimpft er und will lieber das gute Bier der »kohlenschwarzen, freundlich-lustigen Bayern« genießen.[13]

Zusammen mit den russischen Malern Baronin Marianne von Werefkin und Alexej Jawlensky entdecken sie die hügelige Gegend im Murnauer Moos, nehmen sich dort alle ein Pensionszimmer und machen unter wechselseitiger Anregung und Beeinflussung einen Sommer lang entscheidende Schritte in ihrer Arbeit. Die großartige Voralpenlandschaft, die unverbrauchten Motive der bäuerlichen Umgebung und die abendlichen Gespräche im »Grießbräu« tragen das ihre zu diesem einmaligen, gruppendynamischen Schub bei. Gabriele Münter wendet sich in ihrer Malerei vom impressionistischen Vorbild ab hin zur Linie, die ihr in den Zeichnungen immer schon am meisten gelegen hatte. Sie ist sich vor allem mit Jawlensky einig über den Bildaufbau, beide schaffen ganz neue Raumbezüge durch schwarze Umrisslinien, schichten die Farbe mit dünnem Pinselstrich übereinander. Souverän geht die

Malerin mit der Kontrastwirkung der Farben um. Sie setzt das Orange eines Hutschmucks gegen das Blau des Himmels, die roten Dächer der Bauernhäuser gegen den blauen Saum der Alpenkette. In Murnau lernt Münter, den Inhalt eines Bildes zu »fühlen, einen Extrakt herauszuarbeiten«, und benutzt dazu wie Jawlensky ungrundierte Strohpappe als Malunterlage. »Von nun an bemühte ich mich nicht mehr um nachrechenbare, ›richtige‹ Form der Dinge, und doch habe ich nie die Natur … verhöhnen wollen«, schreibt die Malerin im Rückblick. Sie grenzt sich auch deutlich gegen Kandinskys Stil ab: »Bei mir ist es … fast immer ein Mitgehen der Linien – Parallele – Harmonie –, bei dir das Gegenteil, die Linien hauen und schneiden sich.« Jawlenskys Stil wiederum sei »immer derber, gröber und nackter in Farbe und Form« als der ihre.[14]

Gabriele Münter entdeckt als Erste die – bald auch von Kandinsky ausgeübte – volkstümliche Hinterglasmalerei für sich und geht dazu eigens bei einem einheimischen Glasmaler in die Lehre. Die schlichte Art der Darstellung und die leuchtenden, unvermischt nebeneinander stehenden Farben bestätigen sie in ihrer Arbeitsweise und verstärken ihre besondere Fähigkeit, Gesehenes zu vereinfachen und damit den Ausdruck eines Bildes zu steigern. Die Hinterglasmalerei wird sie ihr Leben lang schätzen und immer wieder mit dieser Kunstform arbeiten.

Im Winter werden die Theoriedebatten in München

fortgesetzt. Mittelpunkt der Schwabinger Szene ist die mit einer großzügigen Rente des russischen Zaren ausgestattete Marianne von Werefkin, die zusammen mit ihrem Lebensgefährten Jawlensky in ihrem Salon in der Giselastraße empfängt. Ob Eleonora Duse, Rainer Maria Rilke, Else Lasker-Schüler oder Paul Klee – Künstler und Intellektuelle geben sich in dieser mit alten Möbeln und orientalischen Teppichen überladenen Wohnung die Tür in die Hand. Auch Münter und Kandinsky sind regelmäßige Gäste der »Giselisten«, wie Münter die Freunde nennt, und in den intellektuell anregenden Gesprächen mit der klugen Baronin gelingt es vor allem Kandinsky, seine Vorstellungen von einer neuen, spirituellen Bildumsetzung weiterzuentwickeln, die dann bald in seiner gegenstandslosen Kunst münden. Immer wieder diskutiert er mit der ihm wesensverwandten Werefkin die »Offenbarung«, die er kürzlich mit einem seiner Bilder in der abendlichen Dämmerung hatte. Das Gemälde war ihm in »unbeschreiblicher Schönheit« erschienen, durchtränkt »von einem inneren Feuer«. Er hatte Formen und Farben, aber keine Gegenstände mehr gesehen. Im hellen Licht des Tages war es ihm nicht gelungen, diesen Eindruck zu wiederholen. »Jetzt war ich fest davon überzeugt, der Gegenstand war meinen Bildern abträglich.«[15]

Wahrscheinlich ist es Marianne von Werefkin gewesen, die in diesem Zusammenhang als Erste den Begriff der »abstrakten Malerei« ins Gespräch gebracht hat. Sie selbst entwickelt ihren Malstil in diesen Münchner Jahren ebenfalls weiter, will endlich wieder »bis zur Tollwut« arbeiten, nachdem sie sich zehn Jahre lang ganz in der Rolle einer Mäzenin für Jawlensky gesehen hatte, der nicht eifersüchtig auf ihre Kunst sein sollte. Gleichzeitig hält sie die kreative Atmosphäre ihres Salons in Gang und gründet im Frühjahr 1908 zusammen mit Kandinsky, Münter, Jawlensky und anderen die »Neue Künstlervereinigung München«. In deren ersten Ausstellung, die mit großem Erfolg durch zahlreiche deutsche und russische Städte wandert, ist Gabriele Münter mit zehn Gemälden und elf Druckgrafiken sehr gut vertreten.

Der Wunsch nach einer bewusst einfachen Lebensweise treibt die Clique der Maler bald wieder aufs Land. Hinter blühenden Bauerngärten und abgetrennt durch den Bahndamm von Murnau entdecken Münter und Kandinsky in erhöhter Lage ein hübsches, allein stehendes Walmdachhaus, das ein Schreinermeister für Feriengäste gebaut hat. Nach einem begeisterten Probewohnen kauft Gabriele Münter wohl vor allem auf das Drängen Kandinskys hin im August 1909 das Anwesen. Das charmante, sehr einfach gebaute Haus bietet eine hervorragende Fernsicht über den Ort hin zum Hügelsaum und der Alpenkette, hier findet das Paar Anregung und Ruhe in gleichen Maßen. Natürlichkeit und Bewegung heißen die Schlagworte ihrer Zeit und die beiden Maler schlüpfen entsprechend in Dirndl und Lederhosen, graben in den Malpausen den Garten um, pflanzen Blumen, jäten und bauen Gemüse an. Die von heimischen Handwerkern angefertigten Möbel bemalt Kandinsky ebenso schwungvoll wie das Treppengeländer, dem er in gelöster Stimmung ein Fries aus voranstürmenden Reitern, Blumen und Sonnen verpasst. Gabriele Münters Tagebuch-Notizen machen deutlich, dass es ihr oft schwer fällt, sich neben dem Menschenfänger Kandinsky zu behaupten. »Mein Toilettetischchen hat Kandinsky bemalt, zart und humoristisch. Am mittleren Fach rennen ein ›blauer Reiter‹ und eine dunklere Reiterin. Er wendet sich um nach ihr und winkt, und sie rennt was sie kann – manchmal hat mich dieser Scherz geärgert, weil er unwahr ist – denn er wandte sich nie um und sagte nie ›Komm mit.‹«[16]

Als ständiger Wohnsitz ist das »Russenhaus«, wie es von der Bevölkerung schon bald genannt wird, zum großen Bedauern der beiden Maler nicht geeignet. Von einem Ofen abgesehen, gibt es keine Heizung, weder elektrisches Licht, noch fließendes Wasser. So beziehen Ella und Wassja im Herbst jetzt auch in München eine gemeinsame Wohnung mit Atelier in der Ainmillerstraße, gleich um die Ecke der Giselistraße. Anna Kandinsky lebt ebenfalls noch in Schwabing, man sieht sich regelmäßig.

Das Paar befindet sich in einer äußerst produktiven

Phase seines Schaffens. Münter zeigt sich erneut als Meisterin des Porträts, malt in pointierten Strichen und radikaler Vereinfachung der Figuren ein Bild des raumfüllenden, dozierenden Kandinsky, zeigt den ruhigen Besucher Paul Klee in ihrem großen »Nachdenksessel«, den angestrengt lauschenden Jawlensky am Tisch. Weitere Charakterstudien zeigen den Freund zusammen mit Werefkin auf einer Almwiese und ein farblich bestechendes Bild der imposanten Russin mit riesigem Blumenhut. »Wer aufmerksam meine Gemälde betrachtet, findet in ihnen den Zeichner. Trotz aller Farbigkeit ist ein festes zeichnerisches Gerüst da. Meist zeichne ich meine Bilder mit schwarzem Pinsel auf die Pappe oder Leinwand, ehe ich an die Farbe gehe. Zugrunde liegt in der Regel eine kleine Bleistiftskizze, die ich unter dem Eindruck des Motivs gemacht habe.«[17]

In dieser künstlerisch reichen Zeit kommt es zu einer wichtigen Begegnung mit dem jungen Maler Franz Marc und dessen Freund August Macke. Vor allem Kandinsky, der sich in seinem Kunstverständnis verspottet und allein fühlt, findet in dem ehemaligen Theologiestudenten und »Tiermaler« Marc den richtigen Mitstreiter, um ins »Innere der Schöpfung«, den »inneren Inhalt« vorzustoßen. Querelen mit Mitgliedern der Neuen Künstlervereinigung, eine Ausstellung, bei der Kandinskys Bild »Das jüngste Gericht« aus formalen Gründen – tatsächlich aber wohl wegen

»Kahnpartie«, 1910
(Kandinsky, Marianne v. Werefkin und Jawlenskys Sohn)

seiner abstrakten Form – zurückgewiesen wird, drängen die progressiven Kräfte zu einem radikalen Neuanfang. Kandinsky, Marc und Münter treten aus dem Verein aus und gründen Ende 1911 zusammen mit Alfred Kubin und August Macke die Gruppe des »Blauen Reiters«. Es soll weniger ein Verein als ein künstlerisches Programm sein und der gedruckte Almanach von 1912 gilt bis heute als eines der bedeutendsten Dokumente zur Geschichte des Expressionismus. Dieser Band mit 19 Artikeln, Partituren von Arnold Schönberg und 150 Reproduktionen von Werken Cezannes, Delauneys, Picassos und den Mitgliedern des Blauen Reiters lädt zu einer »Rennaissance des Blicks« ein.

Später erzählt Kandinsky eher ironisch, wie er und Marc auf diesen Namen kamen: »›Der Blaue Reiter‹ erfanden wir am Kaffeetisch …, beide liebten wir Blau, Marc Pferde, ich Reiter. So kam der Name von selbst. Und der märchenhafte Kaffee von Frau Marc mundete uns noch besser.«[18] Münter weiß so gut wie Marc, dass der Blaue Reiter in erster Linie Kandinskys Werk ist, er ist das »Herz der Bewegung«, Marc die »Hebamme« – ein Titel, der allerdings nach Meinung vieler Fachleute ebenso Marianne von Werefkin zusteht. Auch Gabriele Münter hat die mit dem Blauen Reiter verbundenen Theorien über lange Jahre immer wieder mit Wassja erörtert. Jetzt schreibt sie Briefe für ihn und übernimmt einen großen Teil der Korrespondenz und der Vorbereitung der Ausstellungen. Entsprechend leidet sie darunter, wenn die Männer auf Spaziergängen fachsimpeln und die Frauen hinterhertappen. Ganz anders Elisabeth Macke, die über die Redaktionssitzungen schreibt: »Es waren unvergeßliche Stunden, als jeder der Männer sein Manuskript ausarbeitete, feilte, änderte, wir Frauen es dann getreulich abschrieben.«[19] Münter ist nicht bereit, diese Rolle widerspruchslos anzunehmen, obwohl Kandinsky sie früher schon dazu gebracht hat, Taschen und Perlstickereien nach seinen Motiven anzufertigen. Die Führung des Haushalts hat sie dagegen meist erfolgreich an eine Hilfe abgegeben.

Als August Macke es wagt, den viel beschäftigten Kandinsky mit Organisationsfragen zu einer eigenen Ausstellung zu behelligen, schickt ihm Münter einen bösen Brief. Sie ärgert sich schon lange über seine offenen Spötteleien, wie sehr ihm die »kolossalen Töne« und der humorlose Ernst Kandinskys auf die Nerven gehen. Jeder Angriff auf ihren Lebensgefährten aber trifft Ella in Mark und Bein, während der, abgeschottet in seiner Gedankenwelt, so manche Pfeilspitze kaum wahrnimmt. So wird aus der streitbaren und stets undiplomatischen Münter, die anfangs für Marc und Macke »ebenso klug wie bescheiden« war, zunächst gönnerhaft »die kleine Münter« und »Kandinskys Amazone«, jetzt eine »Motte«, eine »typische alte Jungfer dümmlichster Sorte« und ein »bissiges Luder«. Marc versteigt sich sogar in den Ausdruck »Ich könnte dieses Frauenzimmer direkt kaputtschlagen«.[20]

Als es Unstimmigkeiten beim Druck des Almanachs gibt, stellt selbst Kandinsky gegenüber Marc einen »gegenseitigen Vertrauensschwund« fest. »Sie wurden kalt ... Ganz besonders merkwürdig verhielten sie sich auch zu Ella.«[21] Deutlich auf der Seite der Künstlerin steht Kandinsky ebenfalls, als Gabriele Münter keine Einladung zu einer wichtigen Sonderausstellung des Expressionismus in Köln erhält. »Mich machen solche Stumpfsinnigkeiten wirklich böse und traurig. Böse, da Männer sich erlauben, Frauen so blöd zu behandeln.«[22] Das trägt ihm bei den Paaren Macke und Marc den Titel »Pantoffelheld« ein.

Doch die grundsätzliche Solidarität zwischen Kandinsky und Münter kann nicht darüber hinwegtäuschen, dass ihre Liebesbeziehung allmählich zu einem Arbeitsverhältnis voller Achtung des jeweils anderen Werks geworden ist. Im Alltag kommen die beiden immer weniger miteinander zurecht, die fordernde, oft ruppige Gabriele Münter sitzt jetzt häufig einem verschlossenen, abwehrenden Wassily Kandinsky gegenüber. Man versucht, sich gegenseitig mehr Luft zu lassen – geht er nach Murnau, bleibt sie in München. Sie möchte viel allein arbeiten und wünscht sich dennoch Gespräche und gemeinsame Spaziergänge wie früher. Nach jahrelangem Zögern ist ihr Wassja zwar endlich von seiner Frau geschieden, einer Legalisierung seiner »Gewissensehe« und dem möglichen Wunsch Ellas nach einem Kind aber weicht er nach wie vor aus. Sie selbst hat sich nie zu diesem Thema geäußert, ihre große Liebe zu ihren Nichten und Neffen und zahlreiche Porträts von Kindern lassen aber den Schluss zu, dass Münter sicher gern Kinder gehabt hätte.

Die selbstbewusste, leichtfüßige Weltbürgerin Ella hat sich an der Seite Kandinskys verändert. Ihre eindrucksvollen Selbstporträts, niemals geschönt, eher sogar negativ überzeichnet, zeigen eine verunsicherte, immer etwas altmodisch gewandete, älter werdende Frau. Die herunterhängenden Mundwinkel und ein angestrengter Zug um die Augen geben ihr etwas Verschnupftes. Ihr Blick ist »auf der Hut« und dennoch schimmert etwas von dem Trotz ihrer Jugend durch. Fotos von ihr machen eine weitere Besonderheit deutlich: Diese Künstlerin lacht nicht oder lächelt auch nur.

Ein Brief Kandinskys von einer Reise nach Moskau deutet ein wenig von der Qual ihrer beider Beziehungsgefechte an: »Bitte laß doch deine Zweifel ruhen, daß ich ein Tisch bin oder dich für einen Stuhl halte. Wenn ich weniger von mir erzähle und nur das Geschäftliche würdige, so will ich nur, dass du mein äußeres Leben kennst. Das innere bleibt unverändert.«[23] Doch die Liebe Kandinskys, die ja ohnehin einer eher engelhaften Lichtgestalt galt, die seiner Sehnsucht nach Transzendenz entsprach, hatte sich in ein Gefühl des Verantwortlichseins verwandelt.

Während auf seinen berühmten, abstrakten Bildern

dieser Jahre, den »Improvisationen« und »Compositionen«, immer wieder die schwarzen Flecken – seine Angstfarbe Schwarz – auftauchten, malt Gabriele Münter in ganz untypisch düsteren Farben das Bild »Kleines Grab« und sucht in ausgefeilten Zeichenstudien nach einem Ausdruck für die Entfremdung. Das von ihr mehrfach variierte Bild »Nach dem Tee« zeigt ihren Lebensgefährten in einem angeregten Gespräch mit einem Kunsthändler, dessen Frau abseits im Sessel und Münter – über Meter getrennt – sehr verloren am Fensterbrett lehnend. »An den Bildern entzündete sich eine dermaßene Unzufriedenheit, daß sich Münter mehr als vierzig Jahre später noch daran erinnern konnte.«[24]

Die Zeit der beruflichen Fülle, mit zwei großen Ausstellungen der Gruppe »Blauer Reiter« in München, einer eigenen Münter-Ausstellung und ihrer Teilnahme an der Internationalen Kunstausstellung in Berlin, nimmt mit dem Ausbruch des Ersten Weltkriegs im August 1914 ein jähes Ende. Wassily Kandinsky muss als Russe das Land buchstäblich über Nacht verlassen, mit ihm reisen seine ehemalige Frau Anna, weitere Verwandte und Gabriele Münter. Zunächst findet die Gruppe Unterschlupf in einem Haus in der Schweiz, von wo aus Kandinsky und seine Landsleute Ende 1914 dann über Umwege nach Moskau zurückgehen. Gabriele Münter hat mit ihm vereinbart, die gemeinsame Wohnung in München aufzulösen, um sich danach mit ihm auf neutralem Boden in Schweden zu treffen. Monatelang ist sie damit beschäftigt, Bilder und Mobiliar sicher zu verpacken und im Murnauer Haus und in einem Lager unterzustellen. Im Juli 1915 trifft die Malerin in Stockholm ein, um hier Kandinsky wiederzusehen.

Gut, dass sie sich die letzten zehn Jahre doch nicht ganz ausschließlich auf ihren stets eifersüchtigen Partner konzentriert hat. So kann sie Kontakt zu ihrem ehemaligen Mitstudenten Carl Palme aufnehmen und wird über ihren Berliner Galeristen Herwarth Walden und dessen schwedischer Frau Nell verschiedenen emigrierten und einheimischen Malern vorgestellt. Schon bald nimmt sie an einer Sammelausstellung teil und macht sich in schwedischen Künstlerkreisen bekannt. Ein Kritiker nennt sie eine »robuste« Künstlerin, »chaotisch im Arrangement, jedoch malerisch von Saft und Kraft«.[25] Kandinsky hatte die Kunst Gabriele Münters zuletzt in einem Aufsatz »Über den Künstler« festgehalten. Er betont darin noch einmal seine besondere Wertschätzung ihrer Arbeit und lobt ihre »präzise, diskrete Zeichnung, die aus den Elementen der Schalkhaftigkeit, Melancholie und Träumerei besteht – echt deutsche Eigenschaften«. Wie ein Traumwandler behalte sie unbeirrt ihren eigenen Ausdruck bei. »Eine solche Begabung geht im Fremden nicht auf, sondern knetet mit fremdem Ton eigene Figuren.«[26]

Für die private Verbindung der beiden Künstler aber sieht es düster aus. Münters drängende Briefe an Kandinsky werden nur spärlich beantwortet, er schiebt das vereinbarte Treffen immer wieder hinaus, möchte Ella »aber ruhig und glücklich wissen«, obwohl er durchblicken lässt, dass er nicht mehr mit ihr zusammenleben will. Erst zur Vorbereitung einer Ausstellung mit seinen Werken – von Gabriele Münter in die Wege geleitet – reist er nach 13-monatiger Trennung von Moskau nach Stockholm. Im Pensionszimmer der vertrauten Gefährtin, die in Schweden bereits eine beachtliche Menge Porträts angefertigt hat, gelingt es ihm zum ersten Mal wieder zu malen. Es entstehen Bilder mit deutlich biografischen Bezügen – Menschen wenden sich voneinander ab, sein Markenzeichen, der Reiter, galoppiert aus der Szene. Eine noch deutlichere Sprache sprechen mehrere Aufnahmen, die das Paar in einem Fotostudio machen lässt. Ob Münter mit Hermelinkäppchen und elegantem Mantel oder in Rock und Bluse, Kandinsky im Pelzkragen oder Anzug – von den Bildern geht eine lähmende Stimmung aus. Der Mann schaut diszipliniert, fast peinlich berührt ob dieser verlogenen Zeremonie, die Frau wirkt angespannt und unglücklich. Als Ella ihren Wassja an einem kalten Märzmorgen an den Zug bringt, ahnt wohl keiner von ihnen, dass sie sich nie wieder sehen werden.

Die nächsten Monate geraten zu einer Pein für beide. Gabriele Münter schickt mehr als 40 Briefe nach

Moskau, sie will auf die versprochene Heirat nicht verzichten, auch wenn man sich danach gleich wieder scheiden lasse. Sie möchte nicht als Mätresse zur Seite geschoben werden, ihre Verletztheit, ihre kämpferische Einstellung gegenüber jeder Ungerechtigkeit diktieren ihre Forderungen und Anklagen gegen Kandinsky. Der schreibt ebenso oft zurück, sie möge ihn nicht weiter quälen und beteuert zu Weihnachten 1916, er arbeite in großer Abgeschiedenheit in Moskau, habe aber nicht die Kraft zu großen Ölgemälden. Danach folgen noch ein paar freundliche Kartengrüße, bis er den Kontakt endgültig abbricht. Erst Jahre später erfährt Gabriele Münter, dass der 50-jährige Kandinsky bereits seit September 1916 mit der fast 30 Jahre jüngeren Nina Andrewsky liiert ist, kurz darauf geheiratet hat und einen Sohn bekam, der als Baby starb.

Beim letzten Treffen hatte er Gabriele Münter gebeten, seine Bildverkäufe – wie auch früher schon öfter – zu übernehmen, da er kaum noch etwas anzuziehen habe. Tatsächlich versucht Münter, etwa den Kunsthändler Walden dazu zu bringen, weniger als 15 Prozent Provision zu verlangen. Dafür setzt sie sich auch im Interesse ihrer eigenen Bilder ein, weil sie inzwischen ebenfalls große finanzielle Probleme hat. Ihr Bruder Charly hat Spielschulden gemacht und ein gemeinsames Grundstück in Berlin beliehen, so dass Ella keine Zinserträge mehr erhält und gezwungen ist, sich immer wieder kleinere Summen bei ihrem inzwischen vermögenden Schwager Georg zu leihen. Jeden Betrag trägt sie sorgfältig in ein kleines Schuldenbuch ein, doch der Schwager will dieses Geld nie von ihr zurückhaben. Sie bemüht sich auch, Geld mit Auftragsporträts zu verdienen, wobei auffällt, dass sie jetzt zunehmend mit »Münter-Kandinsky« unterschreibt. Rastlos reist sie in Schweden umher, von Bekannten zu Bekannten, von Ort zu Ort. In dieser Zeit entsteht eine Reihe von Glasbildern und interessante Studien unter dem Titel »Krank«, auf denen eine Frau einer anderen Frau im Bett etwas vorliest und sich dennoch keinerlei Verbindung zwischen den beiden herstellt. Ähnlich beziehungslos wirkt das Bild »Im Salon«, auf dem drei Personen um einen Tisch sitzen, ohne Gespräch oder Gestik, verloren im Raum. Interessant ist, dass die Frauenfiguren in der skandinavischen Zeit trotz ihres melancholischen Ausdrucks anziehend wirken und eine sehr elegante Ausstrahlung haben – anders als in den Zeiten des Blauen Reiters. »Damals wurde eine Unförmigkeit in der äußeren Erscheinung bewußt in Kauf genommen, um die ›Ursprünglichkeit‹ der dargestellten Personen zu betonen.«[27] Das modische Vorbild färbt auch auf Gabriele Münter ab. Sie trägt jetzt ihre Haare kürzer, ausgeschnittene Kleider, schlichte, gerade Jacken. Kandinsky hatte sich früher immer in ihre Kleiderfragen eingemischt und seiner Ella teilweise sehr merkwürdige mattgrüne Farben und betuliche Oberteile mit Bändchen und Schleifen eingeredet.

Aus Berlin schreibt Nell Walden, die Frau ihres Galeristen: »Liebstes Ella-Kind: Es wäre am klügsten, Du kämest nach Berlin; Du kannst es hier weit geselliger haben, unser Kreis ist sehr nett, und ich führe Dich da gern ein.«[28] Gabriele Münter aber geht im Herbst 1917 für weitere drei Exiljahre nach Dänemark, hauptsächlich, weil sie nur in einem neutralen Land mit einem Wiedersehen Kandinskys rechnen kann. Diese Hoffnung gibt sie nicht auf. Deprimiert und einsam, aber doch auch von erstaunlichem Durchhaltevermögen, bemüht sie sich, weiterzumalen und eigene, kleine Ausstellungen zu bekommen. Das hat sie gelernt, organisatorisch ist sie nach wie vor sehr geschickt und kann auch überzeugend für ihre Arbeit eintreten. Gleichzeitig bietet sie Malseminare an und verkauft Hinterglasbilder, um die ständigen Geldprobleme etwas zu mildern.

Erst zwei Jahre nach dem Krieg, im Frühjahr 1920, kehrt die Malerin nach Deutschland zurück. Sie spricht jetzt Englisch, Französisch, Schwedisch, Dänisch und ein wenig Russisch und fühlt sich dennoch überall heimatlos. Auf der Suche nach einem Neuanfang schlüpft sie bei Freunden und Verwandten in Berlin unter, wohnt teilweise wieder in Murnau und München und erfährt nach und nach, dass Kandinsky noch in Moskau lebt und verheiratet ist. Ein eindrucksvolles Zeugnis männlicher Denkweise hat dazu die Autorin Gisela Kleine für ihre sehr profunde Münter-Biografie aufgestöbert. Da schreibt der mit Kandinsky in Verbindung stehende Hauptmann Ludwig Baehr durchaus wohlwollend an Gabriele Münter: »Kandinsky hat sich an Ihnen ernüchtert nach starkem Rausch. Das tun wir alle, und wehe, wenn die Frau sich so ernst nimmt, daß sie des Staates entbehren zu können meint, wo sich's um Bindungen handelt. Die staatliche Ehe ist der Frauen wegen da.« Und wenig später: »Seien Sie doch zu stolz, mehr als ein Achselzucken aufzubringen … ein Frauenleben ist immer im Nachteil, denn seine Passivität ist nicht zu verleugnen, und sie bedeutet Leiden.«[29]

Im März 1922 erhält Kandinsky eine Berufung an das Staatliche Bauhaus in Weimar, das von Walter Gropius geleitet wird. Dass er sich bei seiner langjährigen Lebensgefährtin nach wie vor nicht meldet, stürzt Münter, die sich in Murnau gerade regelrecht vergraben hat, in eine schier unüberwindliche Spirale des Hasses. Sie nimmt sich einen Anwalt und verweigert Kandinskys Gewährsmann Baehr sogar die Bitte des Malers, sein altes Fahrrad und die Fotos seiner Mutter abzuholen. Sie teilt ihm schriftlich mit, es sei verfehlt, durch fremde Vermittler zu verhandeln, und erhält endlich im Juli einen sehr persönlichen Brief Kandinskys, der sie, um die Distanz aufrechterhalten zu können, förmlich mit »Sie« anspricht. Er erinnert sie an die Qual ihrer letzten gemeinsamen Jahre und meint: »Wir sind beide daran schuld, soweit der Mensch daran schuld ist, daß sein

Charakter so und nicht anders ist ... Meine Schuld besteht darin, daß ich mein Versprechen, Sie standesamtlich zu heiraten, gebrochen habe ... [Es] ist meine aufrichtige Absicht, wenigstens Ihren Wünschen in materieller Hinsicht, soweit ich imstande bin, gerecht zu werden ... Von Haß von meiner Seite kann keine Rede sein. Sie haben viel Schweres in mein Leben gebracht, sind aber selbst unglücklich genug, als daß ich Ihnen gegenüber schlechte Gefühle hegen könnte. Ich wünschte, Sie haßten mich auch nicht.«[30]

Noch vier Jahre ziehen sich die Auseinandersetzungen hin, bis die Malerin ihm zwei Dutzend Kisten mit persönlichen Dingen zurückschickt und er »Frau Gabriele Münter-Kandinsky« das volle, bedingungslose Recht an all seinen zurückgelassenen Arbeiten einräumt. Sie wird dieses Erbe hüten wie einen Schatz und dem Künstler Kandinsky ihr Leben lang Referenz erweisen.

Eine Psychotherapie und regelmäßige Aufenthalte im Anthroposophischen Zentrum in Schloss Elmau bei Garmisch helfen ihr, ihr seelisches Tief ein wenig zu überwinden. Sie lernt, mehr aus sich herauszugehen, und verarbeitet ihre überbordenden Gefühle in ihrem Tagebuch »Beichte und Anklage«. Nach wie vor führt sie ein Vagabundenleben, wohnt teilweise in Murnau und München, dann wieder in Berlin oder in billigen Ferienpensionen und zeichnet in erster Linie – auch in Ermangelung eines eigenen Ateliers. Hervorragende

Bleistiftstudien sich im Sessel rekelnder Frauen zeigen, dass Gabriele Münter auch eine gute Karikaturistin gewesen wäre. Sie weiß, dass sie Personen und Situationen sehr gut erfassen kann und wie viel Wahrheit in ihren Porträts liegt. Das muss für sich sprechen, denn über sich und ihre Kunst redet sie nicht gern. »Alles ist Beichte. Jede Äußerung ist Bekenntnis. Aber nicht alle Leute sind Beichtväter.«[31]

Am Silvesterabend 1927 trifft sie bei Freunden in Berlin so einen Beichtvater. Es ist der um einige Jahre jüngere Kunsthistoriker und Journalist Johannes Eichner, ein kluger, recht pedantischer Mann, mit dem sie sich bald regelmäßig schreibt und der sie in Murnau besucht. Sein Interesse an ihr tut ihr gut. Jetzt gewinnt sie auch wieder die Energie, allein nach Paris zu gehen, um sich wie früher von der dortigen Kunstszene inspirieren zu lassen. Da gibt es ja jemanden im Hintergrund, der ihr auf Wunsch gern nachreist. Nachdem endlich das Grundstück in Berlin verkauft werden konnte, haben sich Gabriele Münters finanzielle Möglichkeiten für eine Weile verbessert, Eichner hat kleinere Zinseinkünfte, und so verbringen die beiden den Herbst 1930 in dem damals noch winzigen Fischerdorf Sanary-sur-Mer und später den Sommer 1933 an den oberitalienischen Seen.

Paris und die Reisen haben Gabriele Münter zu neuen Gemälden und der Auseinandersetzung mit der »Neuen Sachlichkeit« inspiriert. Unterstützt wird ihre neue Schaffenskraft auch von mehreren Ausstellungen, die der geschäftige Eichner in die Wege geleitet hat. 50 Gemälde aus 25 Jahren gehen ausgerechnet im Jahr der Machtergreifung Hitlers auf Wanderschaft durch deutsche Städte. Eichner bemüht sich systematisch, Münters Arbeit als volkstümlich und urdeutsch herauszustellen und trägt so dazu bei, dass sich 1937 keines ihrer Werke in der berühmt-berüchtigten Ausstellung »Entartete Kunst« wieder findet, mit der die Nazis Maler wie Kandinsky, Klee, Kokoschka oder Paula Modersohn-Becker als kranke Geister verhöhnten.

Johannes Eichner hat darauf bestanden, das Haus in Murnau nicht zu verkaufen, wie Münter es wollte, weil man seiner Meinung nach die wirtschaftlich und politisch unsicheren Zeiten dort noch am besten überbrücken könnte. Er kauft ihr schließlich das Haus ab und steckt seine Ersparnisse in eine gründliche Modernisierung. In dem nun warmen, bequemen Haus übersteht das ungleiche Paar, das sich gern mit »Mü« und »Ei« anspricht und sich bis ans Lebensende siezen wird, die Angst- und Hungerjahre des Zweiten Weltkriegs. Der zuverlässige, wenn auch in Münters Augen oft ziemlich »quengelige« Eichner ordnet im Obergeschoss das gesamte Werk Münters und wird sich nach Kriegsende mit einem ganz besonderen Schatz befassen. Denn Gabriele Münter hat in tiefem Misstrauen den Nazis gegenüber alle Bilder und jegliche Aufzeichnungen ihres einstigen Lebensgefährten Kandinsky in einem verborgenen Keller verstaut und den Eingang mit Regalen abgedeckt. Niemand außer Eichner weiß davon. Ende 1944 erfährt Gabriele Münter, dass Kandinsky kurz nach seinem 78. Geburtstag in der Nähe von Paris gestorben ist. Noch intensiver als bisher fühlt sie sich dafür verantwortlich, sein Werk aus den entscheidenden Münchner Schaffensjahren zusammenzuhalten.

Große Gefahr droht den Bildern noch einmal, als die Amerikaner im April 1945 in Murnau einmarschieren und den Befehl ausgeben, alle freistehenden Häuser für ihre Soldaten zu räumen. Mehrmals läuft die inzwischen 68-jährige Gabriele Münter mit einem ihrer englischsprachigen Ausstellungskataloge unter dem Arm hinunter in den Ort und verlangt beim zuständigen Captain der Truppe eine Sonderbehandlung »als anerkannte Malerin«. Der zeigt sich beeindruckt vom perfekten Englisch der alten Dame, kann aber zunächst nicht verhindern, dass ihr Haus noch viermal durchsucht wird – sehr tölpelhaft, wie Münter befriedigt feststellt. Auf ihr weiteres Drängen hin erhält sie endlich ein »Off limits«-Schild von den Amerikanern und wird nicht mehr belästigt.

In einer viel bejubelten Gedächtnisausstellung, »Der Blaue Reiter«, kommt es 1949 in München zu einem denkwürdigen Treffen der Malerwitwen. Anwesend sind nicht nur Maria Marc und Elisabeth Macke, die beide ihre Männer im Ersten Weltkrieg verloren haben, sondern auch die nun ebenfalls verwitwete Nina Kandinsky aus Paris. Gabriele Münter sieht sich in der peinlichen Situation, mit der ebenso eleganten wie überkandidelten Nina am gleichen Tisch sitzen zu müssen.

Der Kunstsammler Lothar-Günther Buchheim, der 1959 wegen des Buchabdrucks bestimmter Kandinsky-Bilder im größten Kunstprozess der Nachkriegszeit von eben dieser Dame verklagt wurde, erinnert sich an die Gespräche, die er in den 50er Jahren mit beiden Frauen geführt hat: »In Murnau sprach noch der kleinste Nebensatz [Münters] von der Hingabe an das Werk des Gefährten«, bei Nina Kandinsky in Paris aber habe es geheißen: »Ganze Zeit von Blaue Reiter ist nur Skizze, ist nur ein Entwurf.« Dabei habe Kandinsky in der Zeit mit Münter Bilder gemalt, »die den hochreißenden Klang von Fanfarenstößen haben ... Vielleicht war die Sinnlichkeit in Kandinskys Werken ... gar nicht in der Natur des gelernten Juristen?«, fragt der erfolgreiche Kunstsammler und stellt fest: »Das Rauschhafte, Schweifende, Überbordende der Murnauer und Münchner Bilder entschwand jedenfalls.« Er ist nicht der Einzige, dem dies aufgefallen ist. »Schulmeisterlich trocken« haben auch andere Kandinskys Spätwerk genannt. Mit Vergnügen weist Buchheim auf einen weiteren Unterschied hin: »Die Dame mit der Schwanenfederboa [Nina] durfte das Atelier Kandinskys nie betreten. Sie hat ihm nicht ein einziges Mal beim Arbeiten zugeschaut ...«[32]

Nach sorgfältiger Vorbereitung vermacht Gabriele Münter zu ihrem 80. Geburtstag 1957 mehrere hundert Gemälde, Hinterglasbilder, Aquarelle und Zeichnungen sowie fast dreißig Skizzen- und Notizbücher Kandinskys der Städtischen Galerie im Münchner Lenbachhaus. Es ist der größte Teil von Kandinskys Frühwerk und bildet zusammen mit ihrem später hinzugefügten eigenen Werk, all ihren Tagebüchern und den sorgfältig aufbewahrten Briefen eine der umfangreichsten Kunstschenkungen dieses Jahrhunderts in Deutschland.[33] Eine Zeitung schreibt: »Vor Frau Münter wollen wir den Hut ziehen und uns in Dankbarkeit verneigen.«[34]

Kein einziges Bild hat die Malerin von Kandinsky verkauft, obwohl sie lange, magere Jahre fast nur von Kräutertee und Rübenkraut gelebt hat. Nur zur Ergänzung der Schenkung tauscht sie am Ende noch einige seiner Bilder gegen Gemälde anderer Mitglieder des Blauen Reiters ein.

Der genauen Arbeit Eichners, der mit seinem Buch über Kandinsky und Münter das erste umfassende

Gabriele Münter als Achtzigjährige, Murnau 1957

Werk über die Zeit des Blauen Reiters geschrieben hat, verdankt die Malerin die sorgfältige Katalogisierung ihres eigenen Werks und all ihrer Ausstellungen. Weit über hundert im In- und Ausland sind es gewesen. Das überrascht sie selbst.

Die kleine, zierliche Dame mit dem schlohweißen Haar, die noch ihr 85. Lebensjahr feiern wird, nimmt nun mit bescheidenem Stolz Einladungen, Ehrenurkunden und das Große Bundesverdienstkreuz entgegen.[35] Ihre gelassenen Züge erinnern wieder an das Gesicht des jungen Mädchens, das sich vor 60 Jahren voller Tatendrang für die Malerei entschied.

»Die Klänge lösen sich aus ihrem Herzen«
Lili Boulanger (1893–1918), Komponistin

Von Charlotte Kerner

Nicht einmal 25 Jahre bleiben Lili Boulanger. Doch in diesem kurzen Leben schafft sie Werke, die sie zu einer der großen Komponistinnen des 20. Jahrhunderts machen. Im Jahr 1920, als Lili schon zwei Jahre auf dem Pariser Friedhof Montmartre begraben ist, ihre Musik aber in den Konzertsälen weiterlebt und bejubelt wird, versucht ihre engste Freundin Miki Piré die Wirkung von Lili Boulangers Musik in folgenden Gedichtzeilen einzufangen:

Die Klänge lösen sich aus ihrem Herzen
wie die Blätter einer körperlosen Rose, die ein unsäglich heiterer Lufthauch berührt,
wie die Tropfen einer verlöschenden Kerze,
wie Federn fallen
aus den Flügeln der Engel.

Aus feinem Muselin
– zart wie das Gespinst leichter Wolken –
webt sie ihre Melodien …

Immer sind Zärtlichkeit und Ruhe darin
wie im Schweigen,
wenn die Seelen zueinander sprechen.[1]

Hineingeboren wird Lili Boulanger in eine anerkannte Musikerfamilie, die seit dem 18. Jahrhundert in Paris einen besonderen Ruf genießt. Ihr vollständiger Vorname, Marie Juliette, erinnert an die Großmutter väterlicherseits, die eine gefeierte Opernsängerin war und den aus Dresden stammenden Cellisten Frédéric Boulanger geheiratet hatte. Ihr Sohn Ernest, Lilis Vater, war ein erfolgreicher Komponist und in seinem Heimatland Frankreich berühmt für seine komischen Opern, als er im Alter von 62 Jahren eine 19-jährige Gesangsschülerin ehelichte, die ihm aus Sankt Petersburg nach Paris gefolgt war: Raissa Mychetsky. Sie behauptete immer, eine russische Prinzessin zu sein. Ob die adlige Herkunft echt oder erfunden war, wird für ihre Töchter keine Rolle spielen, sie sehen in der Mutter immer etwas Besonderes.

Als das französisch-russische Paar am 21. August 1893 um ein Uhr nachmittags endlich die lang ersehnte zweite Tochter in Armen hält, ist die erstgeborene Nadia bereits sechs Jahre alt: »Als mein Vater zu mir sagte: ›Du hast eine kleine Schwester‹, stellte ich mich vor die Wiege, in der die kleine Schwester lag. Ich wußte, daß ich den Auftrag hatte, sie zu schützen.«[2]

In der Pariser Wohnung in der Rue la Bruyère 30 steht noch das alte Mobiliar der Großmutter und im Salon hängen Ölporträts von ihr in verschiedenen Opernrollen. Auf den Gesangsunterricht, den der Vater zu Hause gibt, reagiert Nadia seltsam und rennt schreiend weg, wenn sie nur einen Ton hört. Die Eltern lassen schwere Vorhänge anbringen, um die Musik zu dämpfen. Mit drei Jahren jedoch sei Nadia, als sie ein Feuerwehrauto hörte, plötzlich ans Klavier gestürzt und habe versucht, die Töne nachzuspielen. Der Bann war gebrochen, von nun an erhält sie systematischen Klavierunterricht und besucht ab ihrem siebten Lebensjahr bereits den Harmonielehreunterricht am »Conservatoire nationale de musique et déclamation«. Das ist nicht einfach eine Musikhochschule – die 1795 gegründete und vom Staat mitfinanzierte Eliteinstitution ist ein Muss für alle, die in Frankreich eine musikalische Karriere anstreben. Wettbewerbe entscheiden über die Aufnahme.

Ein wenig ebnet Nadia den Weg für die »kleine Schwester«, die sich ebenfalls früh als musikalisches Wunderkind entpuppt und wie selbstverständlich mit der großen Schwester mitlernt und musiziert. Musik ist immer und überall im Hause Boulanger zu hören, hier kann sich Lilis Begabung frei entfalten. Sie trällert schon mit zweieinhalb Jahren unbeschwert und vergnügt alles nach, was sie hört. Und direkt vom Blatt singt sie bereits mit sechs die Lieder des Hausfreundes und Komponisten Gabriel Fauré, der Nadia am Konservatorium in Komposition unterrichtet. Noten kann Lili früher lesen als Buchstaben. Sie versucht sich an der Geige, dem Cello und der Harfe, sie liebt es, auf dem Klavier und der Orgel zu improvisieren.

Gerne begleitet sie auch Nadia in die Musikhochschule, soweit es ihre körperliche Verfassung zulässt. Denn im Gegensatz zu der robusten Nadia kränkelt die zierlich und zerbrechlich wirkende Lili seit frühester Kindheit. Im Alter von zwei Jahren überlebt sie nur knapp eine akute Lungenentzündung, die wahrscheinlich tuberkulösen Ursprungs ist. Die Krankheit heilt nicht aus und wird zu einer chronischen Entzündung, die damals auch »Schwindsucht« genannt wird. Schließlich greift diese Form der Tuberkulose, die in Schüben auftritt, auch Lilis Darm an. Diese Darmtuberkulose wird am Ende tödlich verlaufen.

Als Lili noch klein ist, bleibt sie oft zu Hause bei Ernest. Sie vergöttert den Vater, der bei ihrer Geburt schon 78 Jahre alt war und für sie wohl eher wie ein Großvater ist. Nadia weiß um die sehr enge Beziehung der beiden: Lili kenne »jede Einzelheit seiner Vorlieben, seiner Ansprüche, seines Tuns, und bis zu ihrem letzten Tag hat sie nicht aufgehört, die Erinnerung an ihn wachzuhalten«.[3] Einen Siegelring des Vaters mit der Aufschrift »tout arrive« (alles wird gut) drückt Lili später gerne auf ihre Briefe.

Nadia fühlt sich stärker mit der Mutter verbunden, deren Ehrgeiz und nervöse Energie Lili eher als anstrengend empfindet. Madame Boulanger hat ganz bewusst auf die eigene Karriere als Sängerin verzichtet und von Anfang an alles getan, um die begabten Mädchen zu fördern. »Meine Mutter lebte vom Tage meiner Geburt bis zum Tage ihres Todes für mich«[4], weiß Nadia. Raissa Boulanger ist stolz auf ihre Töchter, aber sie fordert auch viel von ihnen. Als Nadia in der Schule erste Auszeichnungen erringt, bemerkt sie: »Das ist alles ganz schön und gut, aber sage mir, meinst du, daß du wirklich alles getan hast, was du konntest?«[5]

Als Lili sechs Jahre alt ist, stirbt der Vater im Alter von 84 Jahren und zwar mitten in einem der musikalischen Fachgespräche, die er oft und gerne mit Nadia geführt hat. Wenn Ernest Boulanger krank gewesen ist, so hat er sich nichts anmerken lassen. Eher unvorbereitet trifft sein Tod die Kinder. Lili erlebt ihren »ersten großen Kummer«.

Dass nun die ältere Tochter so schnell wie möglich für die Familie mitsorgen muss, scheint selbstverständlich gewesen zu sein. Zielstrebig beendet Nadia im Jahr 1904 ihre Ausbildung am »Conservatoire Nationale« – ausgezeichnet mit den ersten Preisen für Orgel, Fuge, Komposition und Klavierbegleitung. Sofort beginnt sie zu unterrichten und wird mit 17 Jahren die Hauptrernährerin der Familie.

Nadia Boulanger, die über 90 Jahre alt werden wird, macht sich später auch als Dirigentin, besonders aber als Musikpädagogin einen großen Namen. Als Lehrerin entwickelt sie ein ungeheures Charisma. Viele berühmte Musiker – zum Beispiel der Geiger Yehudi Menuhin oder der Jazzpianist Keith Jarrett – sind bei ihr in die Schule gegangen. Alle verehren diese Frau, die im hohen Alter allein durch die Art, wie sie spricht, ihre Zuhörerschaft in ihren Bann zieht. In Frankreich spricht man liebevoll von dem Schülerkreis Nadias als der »Boulangerie«, der Bäckerei, denn der Nachname bedeutet auch Bäcker.

Anfang des Jahrhunderts muss Nadia als Lehrerin, Organistin und Konzertpianistin wahrlich ackern und rackern, denn sie verdient nur die Hälfte dessen, was Männer bekommen – so schreiben es die französischen Gesetze vor. Auf Nadia lastet also schon sehr früh eine große Bürde. Schließlich will Raissa Boulanger sich und ihre Töchter weiterhin standesgemäß kleiden und ernähren und ihren Salon führen. Und sicher kostete es auch viel Geld, wegen Lilis angeschlagener Gesundheit in die Schweiz zu fahren oder Spezialisten zu konsultieren. Lili dagegen kann noch unbeschwert dahinleben: »Von früh an bis zu ihrem sechzehnten Lebensjahr streifte sie in der Welt der Musik umher, singend und an Instrumenten, ohne sich für etwas Bestimmtes zu entscheiden«[6], erinnert sich Nadia – ein wenig neidvoll? – in ihrem späteren Leben.

Ein größerer Gegensatz in den Lebensumständen ist kaum zu denken, und das erklärt auch, warum viele Zeitgenossen die Schwestern als »wandelnden Widerspruch« erleben: Die vitale, gesunde Nadia ist mehr geprägt von Pflichtgefühl und Genauigkeit, Ehrgeiz und Fleiß. Sie hat herbere Gesichtszüge und hinter einer

Brille mit runden Gläsern funkeln die Augen angriffslustig. Sie hält andere eher auf Distanz. Lili dagegen ist »die Schöne«, auf selbstverständliche Art wirkt sie elegant, sogar etwas kokett. Brillanter und von schnellerer Auffassungsgabe scheint sie zu sein und voll ansteckender Lebensfreude. Die große, schlanke und blasse Frau mit dem hochgesteckten Haar, eine »femme fragile« wie einem Jugendstilbild entstiegen, findet leicht Bewunderer.

Lili ist im Frühjahr des Jahres 1900 dem Tod nicht zum ersten Mal so unmittelbar begegnet: Ein Jahr zuvor hatte eine neugeborene Schwester nur wenige Tage gelebt. Ein sehr einschneidendes Erlebnis ist der Tod des Vaters für Lili sicher gewesen. War es am Ende sogar der Anstoß, selbst zu komponieren, wie Nadia vermutet? Lili selbst schweigt dazu, doch Tod, Trauer und Vergehen bleiben ihre großen musikalischen Themen. Nachdem 1906 auch noch eine von ihr sehr geliebte Tante stirbt, vertont sie mit 13 Jahren ihren ersten Text. Er trägt den Titel »La lettre de mort« (Brief des Todes). Doch bis dahin sind es noch sieben Jahre – eine Zeit, in der Lili weiter suchen und lernen kann, aufgehoben in der Familie und einem großen Freundeskreis, nicht nur in Paris, sondern auch im ländlichen Gargenville.

Um die Jahrhundertwende ist in diesem von der Seine umsäumten Örtchen eine Künstlerkolonie entstanden. Menschlicher Mittelpunkt ist der Klaviervirtuose und Musikprofessor Raoul Pugno, ein wichtiger Förderer und musikalischer Partner Nadias. Er hat die ganze Familie dorthin eingeladen, sein »Maison blanche«, das weiße Haus, ist der Treffpunkt vieler Musiker. Die Boulangers fühlen sich dort so wohl, dass sie sich in Gargenville zunächst ein eigenes Haus mieten, im Jahr 1905 dann kauft Madame Boulanger das efeuberankte Anwesen »Les Maisonettes«.

Besonders Lili kann in dieser Atmosphäre, wo Lehrer und Freunde eins sind, alle ihre Talente entfalten. Vielleicht hat sie die wunderschönen Gärten ihrer Kindheit vor Augen, als sie in zwei Klavierstücken den Zauber eines alten Gartens (»D'un vieux jardin«) und eines lichten Gartens (»D'un jardin clair«) einfängt.

Mit acht Jahren debütiert Lili als Geigerin in einer musikalischen Messe in Trouville und mit elf als Pianistin in einem Schülerkonzert mit einer Beethoven-Sonate. In diesem Jahr zieht die Familie Boulanger um und zwar in die Rue Ballu im 9. Arrondissement. In diesem Bürgerviertel in der Nähe des Place Clichy säumen vierstöckige Wohnhäuser die recht engen Straßen, die in dem für Paris so typischen Hausmannschen Stil erbaut sind, aus Sandstein und mit schmiedeeisernen großen Eingangstüren. Eine Tafel an der Fassade von Nummer 36 erinnert in der Rue Ballu heute an die »zwei großen Musikerinnen« Lili und Nadia Boulanger, die beide »von 1904 bis zu ihrem Tode« hier gelebt haben. Die Straße führt auf einen Platz zu, der inzwischen in Place Lili Boulanger umbenannt wurde.

Davon hat Lili sicher nicht geträumt, als sie in die neue Wohnung eingezogen ist, wo auch wieder zwei Flügel und eine Orgel stehen. Nadia und ihre Mutter teilen sich ein Zimmer, während die Kleine einen Raum für sich alleine erhält, einen Freiraum, den sie besonders braucht. Denn Lili kann nicht regelmäßig zur Schule gehen, sehr oft ist sie krank und muss das Bett hüten. In ihrem Zimmer hat die Mutter eine russische Ikone aufgestellt, die Lili in solchen Zeiten betrachtet. Das Marienbild tröstet sie, denn tief gläubig ist sie ihr Leben lang. Ein Ave Maria und Bibelpsalmen gehören zu den nächsten Texten, die sie noch vor ihrem 16. Lebensjahr in Töne zu fassen versucht. Doch alle Arbeiten aus dieser Zeit hält sie später wohl für ungenügend und vernichtet sie, nur die Titel sind überliefert.

Noch immer legt sich Lili nicht richtig fest. Auf die Frage, ob sie vielleicht daran denke, in die Fußstapfen der Schwester zu treten, antwortet die 15-Jährige, wahrscheinlich werde sie Sängerin, weil sie eine ganz gute Stimme habe. Doch schon notiert sie erste Kompositionsversuche in Notenheften. Sie hört viel Musik von den frühen Meistern des 16. Jahrhunderts über Mozart, Chopin und Schumann, Beethoven und Wagner bis zu ihrem Zeitgenossen Claude Debussy, den sie besonders verehrt. Ihr Harfenlehrer verschafft ihr sogar die Möglichkeit, den Proben zu Debussys gefeiertem Stück »Pelléas und Mélisande« zu lauschen. Überall findet ihr Talent Nahrung, doch nicht nur ihr musikalischer Horizont weitet sich.

Der Freundeskreis der Familie Boulanger besteht aus Intellektuellen und Künstlern. Verschiedene Sprachen zu sprechen ist für alle genauso selbstverständlich wie sich mit anderen Kulturen und Religionen auseinander zu setzen. In der Belle Époque ist es in Europa fast Mode, den Orient und Asien faszinierend zu finden. Eine enge Freundin der Familie etwa kennt den großen indischen Dichter Tagore persönlich und Lili erhält über diese Kreise sehr viel später – im Jahr 1914 – die französische Übersetzung eines uralten buddhistischen Gebets »für das ganze Universum«, das sie ebenfalls vertonen wird. Fast könnte der Refrain des vierstrophigen Gesangs als Motto über Lilis Leben stehen:

> »... ohne Feind, ohne Hindernis, den Schmerz überwindend
> und das Glück zu erlangen, sich frei zu bewegen,
> jede/r/s auf seinem Weg, der ihm vorbestimmt.«[7]

Schon als Kind begegnet sie in ihrem Umfeld einem universell-religiösen Denken, das sie sehr anspricht. Obwohl sie streng katholisch erzogen ist, denkt sie nicht eng. Lili entwickelt mit der Zeit einen Hang zum Mystischen, sie glaubt an Vorahnungen und Zeichen, an Botschaften und Bedeutungen hinter Wörtern und Zahlen. Die Zahl Dreizehn ist *ihre* Zahl, denn genauso viele Buchstaben hat ihr Name. Und deshalb sieht ein Logo mit den Anfangsbuchstaben ihres Namens aus wie eine Dreizehn. Und auch ihr berühmtester Liederzyklus »Clairières dans le ciel« (Himmelslichtungen) wird aus dreizehn Liedern bestehen.

Diese sehr privaten Seiten Lilis kennt nur Miki Piré, ihre allerbeste Freundin. Die gleichaltrigen Mädchen lernen sich 1908 in der Künstlerkolonie von Gargenville über Raoul Pugno kennen; er unterrichtet die wohlhabende französische Industriellentochter und angehende Pianistin Miki. Mit dem zierlichen Mädchen kann Lili jung und ausgelassen sein, mit ihr tuschelt sie wie alle Teenager über einen heimlichen Verehrer. Auch für die Freundin bleibt Lili die »tiefste emotionale Begegnung ihres Lebens«. Miki liebt und verehrt Lili und wird deshalb ihre Mäzenin – aber unauffällig. Über den Lehrer Pugno unterstützt die Familie Piré die Boulangers finanziell, ein indirekter Weg, um die Freundin nicht in Verlegenheit zu bringen und auch Nadia das Gesicht wahren zu lassen.

Ernst und mit großen Augen schaut Lili in die Welt. Als sie zwei Jahre alt war, soll auf einer Zugreise ein Fremder, den ihr Blick angezogen hat, dem Vater prophezeit haben: »Diese Augen werden Ihnen große Freude oder großen Kummer bereiten.«[8]

Als Lili heranwächst, erlebt sie ständig, was es bedeutet, dem Körper ausgeliefert und auf die Hilfe anderer angewiesen zu sein. Etwas zu wollen, aber es nicht zu können, tut besonders weh, wenn man jung ist und voller Pläne. Auch darüber spricht sie wohl schon in Gargenville mit Miki, aber erst sehr viel später wird sie der Freundin schreiben: »Ich bin all der Unterbrechungen in meinem Leben müde, und das lastet manchmal schwer auf meinem Herzen, daß ich es fast eifersüchtig lieber für mich allein behalten möchte, denn keine Krankheit ist es wert, andere um sich herum traurig zu machen.«[9]

Immer behandelt die Familie Lilis Krankheit als Privatsache, ja fast schamhaft wird ihr Zustand verschwiegen. Selbst noch Jahrzehnte nach Lilis Tod weigert sich Nadia, mit Leonie Rosenstiel, der Biografin ihrer Schwester, über Lilis Krankheit offen zu sprechen. Nur die engsten Freunde sind eingeweiht und wissen, wie gefährdet die Gesundheit des Mädchens ist.

Für Außenstehende verhält sich Madame Boulanger deshalb oft rätselhaft, ja fast exzentrisch, wenn sie zum Beispiel an einem Osterfest mit Lili überstürzt aus der Künstlerkolonie abreist, nur weil ein anderes Kind geschwollene Lymphknoten hat. Die extreme Vorsicht passt nicht zu der Lili, die alle in diesen Jahren erleben, als es ihr noch verhältnismäßig gut geht. Dieses aufgeweckte, unbekümmerte Mädchen tollt mit den Hunden Jippy und Fachoun herum und fehlt bei kaum einem der vielen Hauskonzerte, Kartenspielabende oder

Gartenfeste. Mit Tüchern und Schleiern als mittelalterliches Burgfräulein gewandet, tritt sie auf den privaten Kostümfesten auf, sprüht vor Lebenslust, ist immer zu Streichen aufgelegt.

Lili wirkt jedoch auch immer ein wenig älter, als sie ist, und hat »schon so früh einen ausgeprägten Charakter ... Bald war ich es, die beschützt wurde, weil sie stärker war«, schreibt Nadia Boulanger. »Sie hatte mehr Energie und einen festeren Glauben als ich.«[10] Wenn es Lili gut geht, ist sie umso fröhlicher und lernt begieriger und schneller als Gleichaltrige. Ist es unbewusst ein Wettlauf mit der Zeit?

Lili Boulangers früher Tod birgt sicher die Gefahr, ihr ganzes Leben vom Ende her zu sehen. Doch diese Betrachtungsweise würde sie verkleinern. Denn das geniale Mädchen geht sehr zielstrebig und mit klarem Blick für das Wesentliche ihren Weg, sie schöpft ihre Möglichkeiten ganz aus. Bis an die geistigen und körperlichen Grenzen lebt sie ihr Leben. Und was sie schaffen wird, kann bestehen, auch ohne eine aus den Zutaten Schönheit und Schmerz, Krankheit und frühem Tod gewebte Legende, die den Blick auf ihr Werk eher trübt, weil sie Lili der Wirklichkeit entrückt und als Komponistin jeder fachlichen Kritik entzieht.

Lili ist 16, als Raissa Boulanger von ihr eine endgültige Entscheidung fordert, was sie denn nun werden wolle. Ohne Zögern antwortet Lili: Komponistin. Einer Karriere als ausübende Künstlerin steht ihre labile Gesundheit entgegen.

In der Familie und im Freundeskreis staunt niemand über diesen Berufswunsch oder will sie gar davon abbringen. Inzwischen hat sich schließlich auch Nadia erfolgreich als Komponistin versucht und 1908 nach vier Anläufen immerhin den zweiten Preis im »Grand Prix de Rome« gewonnen, der damals in Frankreich als Krönung jeder Komponistenausbildung galt. Schon 1835 hatte Vater Ernest als 19-Jähriger diese Auszeichnung nach Hause getragen. Lili kann also auf die Unterstützung aller rechnen und das stärkt ihr Selbstbewusstsein. Um die von der Frauenbewegung angestoßenen gesellschaftlichen Debatten über die Stellung von Künstlerinnen kümmert sich Lili nicht. Sie ist nicht konfrontiert mit männlichen Vorurteilen und geht ganz ungehindert und hochprofessionell ihren Weg.

In nur zweieinhalb Jahren, von 1910 bis 1912, erwirbt sie sich am Konservatorium, wo sie nun offiziell als Schülerin angenommen wird, das fachliche Handwerkszeug, das eine Komponistin braucht. Sie belegt die Fächer Harmonielehre, Kontrapunkt, Fuge und Komponieren. Die Lehrer merken an, sie lerne intelligent. Der Familienfreund Georges Caussade, ein Harmonielehrer, unterrichtet sie außerdem privat, ebenso der Nachbar Paul Vidal, ein Pianist und Komponist, der schon Nadia betreut hat.

Mitte März 1912 herrscht sicher besonders viel Gedränge in der Rue Ballu Nummer 36. Madame Boulanger hat wie immer um fünf Uhr zu einem der berühmten Nachmittagskonzerte geladen, aber dieses Mal kündet ein gedrucktes Programm ein besonderes Ereignis an: Lili Boulanger debütiert auf dieser Soirée als Komponistin. Nachdem Nadia und Raoul Pugno einige Klavierstücke gespielt haben, hören die Gäste zum ersten Mal die Lieder »Les Sirènes« (Die Sirenen) und »Renouveau« (Lenz). Vertont hat Lili die zugrunde liegenden Gedichte als Übungsstücke für den Wettbewerb um den Rom-Preis, zu dem sie bald antreten will.

Madame Boulangers Salonkonzerte sind in der Pariser Musikszene gesellschaftliche Ereignisse, sie sind privat und öffentlich zugleich. Deshalb berichtet auch eine angesehene Musikzeitschrift über Lilis Debüt: »Ihr Sirenenchor beweist bereits eine solide Technik und das Gesangquartett Renouveau ist von außerordentlich frischer Inspiration.«[11] Die Zustimmung des Publikums sei so groß gewesen, dass es eine Wiederholung erklatscht habe.

Nach diesem Erfolg reist Lili an die Riviera. Sie genießt das Leben in Monte Carlo, besucht das Casino und das Museum für Meereskunde, geht mit Freunden essen. Aber sie arbeitet auch die Orchestrierung der Sirenen weiter aus. Doch schon im Juli verschlechtert sich ihr Gesundheitszustand wieder. Trotzdem nimmt sie noch mit 13 anderen Kandidaten in der Nähe von

Paris an der ersten Vorrunde teil, die der Wettbewerb vorschreibt. Erst danach werden für die Endrunde maximal sechs Teilnehmer ausgewählt, die in vierwöchiger Abgeschiedenheit eine vorgeschriebene Komposition schaffen müssen. Nach einer öffentlichen Aufführung, in der die Künstler ihre Werke selbst dirigieren werden, wählen zunächst die Musiksektion und dann 40 Mitglieder der Akademie der Schönen Künste in geheimer Abstimmung den Sieger oder die Siegerin.

Nervenaufreibend ist dieses Auswahlverfahren allemal, es treibt schon Gesunde an ihre Grenzen. Als Lili sich diese Strapazen zumutet, weiß sie sicher genau, warum. Bewusst stellt sie sich zum einen nach dem Vater und der Schwester in die Familientradition. Zum anderen bringt der Sieg nicht nur Ruhm, sondern auch eine gewisse finanzielle Sicherheit: 30 000 Goldfrancs und einen mehrjährigen Arbeitsaufenthalt in der Villa Medici bei Rom. Die Musikstücke des Gewinners haben zudem größere Chancen, verlegt und aufgeführt zu werden. So würde Lilis Sieg Nadia als »Familienernährerin« entlasten, auch weil der Rom-Preis in der Regel weitere Aufträge mit sich bringt.

Die Entscheidung, diesen Preis gewinnen zu wollen, zeugt aber vor allem von Lilis innerlicher Kraft und einem großen Vertrauen in die eigenen Fähigkeiten. Sie

Lili Boulanger, Rue Ballu, Paris, 1913

sucht den Vergleich mit anderen, letztlich auch mit Nadia als Komponistin. Vielleicht will sie durch ihre Teilnahme wenigstens auf diesem Gebiet aus dem Schatten der großen Schwester heraustreten, nicht mehr länger immer »die Kleine« sein. Doch Lili scheitert im ersten Anlauf, im Frühjahr 1912 muss sie aus gesundheitlichen Gründen abbrechen. Ihr Rückzug wird jedoch nie öffentlich gemacht.

Im Sommer danach fällt selbst flüchtigen Besuchern auf, dass Lili noch schwächer und zerbrechlicher wirkt. Doch sie gibt nicht auf. Als sie sich wieder erholt hat, stürzt sie sich sofort in die Vorbereitung für den Wettbewerb des kommenden Jahres. Sie nimmt zu Hause weiter Unterricht und füllt ihre Arbeitshefte mit neuen Kompositionen.

Immer vertont sie Gedichte, denn das wird von ihr erwartet. Im damaligen Frankreich galten Lieder als Krone der Komposition, die Vokalmusik entsprach dort dem Zeitgeschmack. In Deutschland dagegen musste sich ein Komponist, um anerkannt zu werden, eher in der Instrumentalmusik beweisen. Gesang hat im Hause Boulanger außerdem eine lange Tradition. Um die Großmutter, die erfolgreiche Sopranistin, gibt es fast einen Kult, und auch als Lili in ihrer Kindheit den Unterricht des Vaters belauschte, hatte sie meistens Lieder gehört. Diese Musikform scheint ihr, die auch die Literatur liebt und viel liest, in besonderem Maße zu entsprechen.

Im November 1912 bringt Madame Boulanger die Tochter auf ärztlichen Rat zur Erholung an die Atlantikküste, die in dieser Jahreszeit auf Lili besonders trostlos wirkt. Sie bringe dieses Opfer für Nadia, gesteht Lili der Freundin Miki in einem Brief, denn die Schwester würde sich so schrecklich freuen, wenn sie gesund zurückkäme. An Weihnachten reist ihre Mutter erneut an. »... und trotzdem bin ich traurig, traurig! Ich glaube, die Leute sehen mich nicht richtig – alle denken, ich bin eine kleine oberflächliche Natur; dabei habe ich soviel Kummer und Schmerz in mir!«, schreibt sie Miki weiter. »Ihr fehlt mir alle ... ich weiß nicht warum, aber ich fühle mich so einsam! Niemand sieht, wie tief und verläßlich ich Menschen lieben kann – niemand begreift, wieviel Zärtlichkeit mein Herz braucht, ich könnte auf der Stelle weinen ... und jetzt weine ich auch!«[12]

Im Frühjahr 1913 tritt Lili tatsächlich zum zweiten Mal an, um den »Grand Prix de Rome« zu gewinnen. Nachdem sie die Vorrunde gemeistert hat, wird sehr viel über sie geschrieben, denn sie ist schließlich erst die dritte Frau, die in diesen erlauchten Kreis vorstößt. Ihr Name erscheint in Artikeln immer in Zusammenhang mit Nadia, der Schwester und Vorgängerin, so ist sie für das Publikum leichter einzuordnen. Nadia begleitet ihre Schwester zum Château von Compiègne außerhalb von Paris, wo die einmonatige Klausur beginnt.

Ein Foto zeigt die Boulanger-Schwestern mit großen Hüten nebeneinander vor dem Zaun des Schlosses stehend. Ernst und angespannt schaut Lili, neben ihr lächelt die kleinere, etwas stämmige Nadia in die Kamera. Ist sie stolz auf die Schwester? Haben beide Angst vor dem, was auf sie zukommt?

Zwei komplette Partituren wird Lili in den nächsten vier sehr einsamen Wochen schreiben, eine Orchesterversion und einen Klavierauszug abliefern. Sie hat Glück mit dem Text, den sie der geforderten »Kantate« zugrunde legen muss. Das dramatische Gedicht »Faust et Hélène«, frei nach Goethe von dem Franzosen Eugène Adenis verfasst, liegt ihr sehr mit seiner symbolisch traumhaften Atmosphäre: Faust, der von Helena geträumt hat, will sie besitzen. Doch Mephisto gelingt es nicht, die Schöne aus der Totenwelt zu holen. Faust schafft es mit seinen Liebesschwüren, doch dann holen die Krieger Trojas die Frau zurück und Faust bricht zusammen. Die Komponistin muss beweisen, dass sie einen ganzen »Katalog möglicher Theatersituationen«, die kurz aufeinander folgen, musikalisch bewältigt: »Ein verzauberter Traum, das Umherschwirren guter Geister, eine Liebesszene, Schreckgespenster oder göttliche Verfluchung.«[13] Die Arbeit ist so zermürbend, dass Lili in der letzten Woche nur noch mit

Lili und Nadia Boulanger, 1913

fremder Hilfe die Reinschrift ihrer Komposition für die Jury fertig stellen kann.

Am 4. Juli endlich ist der Tag der Aufführung gekommen, die dem endgültigen Juryurteil vorausgeht. Vor ihrem Auftritt bringt Lili Blumen an das Grab des Vaters auf dem Montmartre-Friedhof. Sie ist als Dritte an der Reihe und dirigiert in einem weißen Kleid einen Tenor, einen Bariton und die Sopranistin. Am Klavier begleitet Schwester Nadia die Sänger. Lilis Musik, in der jede Figur nach dem Vorbild Richard Wagners ein Leitmotiv hat, erobert schon beim ersten Hören alle Zuschauer.

Einem Beobachter der Zeitschrift »Musica« fällt weiter auf, wie aufmerksam und liebevoll sie agiert im Gegensatz zu ihren »von Ehrgeiz verzehrten männlichen Rivalen ... Wie Jockeys über Hals und Nacken ihrer Pferde gebeugt, saßen sie am Klavier als kühne Komponisten, gaben den Begleitern die Sporen und fuchtelten aufgeregt und mit dramatischem Gesichtsausdruck in Richtung Interpreten. In diesem Moment spüren die Zuhörer etwas von der Erhabenheit des ewig Weiblichen. Auf der einen Seite die erhitzten Kameraden, in offensichtlicher Überzeugung, dass ihre Zeit gekommen war, auf der anderen Seite das junge Mädchen, völlig kaltblütig ... Ihr bescheidenes und klares Auftreten, ihre ruhige Haltung während der gesamten Aufführung ... ließ die Seite der Männer kindisch erscheinen. Wirklich traurige Zeiten für das Geschlecht, das sich für stark hält. Wenn die weibliche Elite zum Kampf um das Lorbeer antritt, hat das starke Geschlecht bereits verloren.«[14]

Mit fünf von acht Stimmen kürt die für ihre legendäre Frauenfeindlichkeit bekannte Musikjury Lili zur Favoritin. Am Tag darauf entscheidet dann die Gesamtjury und deren Votum fällt noch klarer aus: Mit 31 von 36 Stimmen gewinnt Lili Boulanger den Rom-Preis. Die Juroren nennen das Gesellenstück der Komponistin eine »bemerkenswerte Kantate«. Die Begründung: »Intelligenz in der Konzeption des Themas. Korrekt in der Ausführung, Sensibilität und Wärme, Gefühl für Poesie.«[15]

Anerkennung zollt auch Claude Debussy, der 1884 erster Preisträger gewesen war, der Arbeit einer so jungen Kollegin. Er stellt fest: »Ihre Erfahrung mit verschiedenen Kompositionstechniken scheint wesentlich älter zu sein«, außerdem arbeite sie mit »äußerster Raffinesse. Hélène kündigt sich an durch luftige Schläge der geteilten Geigen, und die Musik verläuft in lieblichen Wellenbewegungen«.[16] Debussy weiß aus eigener Erfahrung, wie schwer es ist, auf Befehl kreativ zu sein, dazu noch den vom Konservatorium gesetzten, engen schulischen Rahmen nicht zu sprengen und doch eine eigene, persönliche Handschrift zu wagen. Deshalb hält er diese Form des Wettbewerbs auch nicht mehr für »zeitgemäß«.

Der 5. Juli 1913, der Tag, an dem die 19-jährige Lili

Boulanger als erste Frau in 110 Jahren den »Grand Prix de Rome« in Händen hält, macht sie mit einem Schlag in Frankreich, Europa und Amerika berühmt. Sogar aus Russland trifft eine Nachfrage nach der Partitur ein.

Natürlich wird sie von Frauen auf der ganzen Welt gefeiert: Ein weiterer Schritt ins 20. Jahrhundert, in Richtung Gleichberechtigung ist sichtbar getan. Und doch stellen viele Kommentatoren – manchmal mit Genugtuung – fest, die Komponistin entziehe sich »den Glückwünschen, die in ihrem Erfolg einen Sieg des Feminismus proklamierten«.[17] Sie selbst schweigt dazu.

Lili Boulanger sprengt sicher nicht das alte Frauenbild, sie bedient eher alte Klischees: Das geniale junge Mädchen ist sie – nicht Frau, nicht Kind; mit einer Fee wird sie verglichen und als eine »funkelnde kleine Taube des heiligen Geistes«[18] bejubelt. Die Musikwissenschaftlerin Eva Rieger fragt: »Wie reagiert die Männerwelt auf eine so begabte Frau? Wägt man Lilis Erfolge gegenüber Nadia ab, liegt die Annahme nahe, dass irrationale Ängste von männlicher Seite im Spiel waren. Lilis zur Schau getragene Weiblichkeit und ihre zarte Konstitution ließen sie schwach erscheinen, so dass sie trotz ihrer künstlerisch hervorragenden Leistungen die Männer nicht verängstigte. Dagegen wirkt die ehrgeizige und willensstarke Nadia mit ihrer kompromißlosen Art sicherlich für manchen Kollegen bedrohlich.«[19] Lili wird nicht lange genug leben, um Nadias

Erfahrungen zu teilen: den langen, demütigenden Kampf um eine Professur am Konservatorium, wo eine Kompositionslehrerin auch in den 30er Jahren immer noch ein Skandal gewesen war.

Eine sehr unbeschwerte Zeit durchlebt Lili in dem Sommer, der auf ihren Triumph folgt. In Paris macht sie Ausflüge mit Freundinnen, genießt es, durch die Geschäfte zu bummeln. Ihre Kantate druckt der Verlag Ricordi, der sie unter Vertrag genommen hat und der auch ihre späteren Werke betreut. Bei der langweiligen Korrektur der Druckfahnen helfen ihr zwei Schülerinnen von Nadia, mit denen sie herumalbert. Im Oktober und bis Anfang November ist sie dann bei Miki in Nizza. Das Castel Piré, ein schlossähnliches Anwesen mit einem großen Garten, ist ein guter Ort, um zu faulenzen. Ab November jagen sich dann in der französischen Hauptstadt die Konzerte. Sie erlebt im Theâtre du Chatelet die Uraufführung von »Faust et Hélène«. Nur wenige Tage später besucht sie in Paris eine Galavorstellung im Theater Léon Poirier mit Werken beider Boulangers, die als »Musen der Musik« gefeiert werden. Ein Abend im Palais D'Orsay folgt.

Im Dezember dann erkrankt Lili wieder. Nadia macht gerade eine Konzertreise mit Raoul Pugno, der plötzlich in Moskau stirbt und nach Frankreich überführt wird. An seiner Beerdigung im Januar 1914 in Gargenville kann Lili nicht teilnehmen, so schlecht geht es ihr. Sie muss sogar den Beginn ihres Aufenthalts in der Villa Medici verschieben. Als sie dort Ende Januar nicht erscheint, kursieren Gerüchte über vermeintliche Starallüren: Müsse die Mutter sie dorthin wirklich begleiten? Sei Lili wirklich oder nur »diplomatisch« krank?

Ende Februar macht Lili Zwischenstation in Nizza und sammelt im Elternhaus von Miki neue Kräfte für die Weiterreise nach Rom. Während dieser Zeit gewinnt ein altes Vorhaben Gestalt, das zu ihrem wichtigsten Werk werden wird. Über die Freundin hat Lili bereits vor Monaten den Gedichtzyklus »Tristesse« (Traurigkeit) des Dichters Francis Jammes kennen gelernt: In 24 Gedichten erinnert sich ein Mann an seine verlorene Liebe. 13 davon wählt Lili nun aus und gibt ihnen einen neuen, freundlicheren Titel: »Clairières dans le ciel« (Himmelslichtungen).

Knapp ein Jahr wird Lili an der Vertonung der 13 Texte arbeiten. In Italien, wohin sie von Nizza aus weitergereist ist, kann sie zum ersten Mal komponieren, wie allein sie es will, fern von allem schulischen Zwang. Die Musik der Lieder, für Tenor und Klavier geschrieben, ist eine Musik des Moments, sie bildet Seelenzustände ab, einen inneren, fast kreisenden Gedanken- und Erinnerungsfluss.

Lili Boulanger hat mit den »Himmelslichtungen« kein musikalisches Tagebuch verfasst, aber sie hat sich vielleicht in der verschwundenen geheimnisvollen Frau der Gedichtsammlung wieder gefunden. Doch mehr noch haben persönliche Stimmungen, Erinnerungen und Erlebnisse die Auswahl der Texte und die Musik geprägt. Wenn sie das fünfte Lied »Au pied de mon lit« (Am Fußende meines Bettes) der Mutter widmet, dann in der Erinnerung an die Ikone neben ihrem Bett in der Rue Ballu. Und wenn sie »Elle est gravement gaie« (Sehr ausgelassen ist sie) »meiner kleinen Miki« widmet, dann sagt es auch etwas aus über die Beziehung der beiden:

> Mitunter hob sich ihr Blick
> wie um meine Gedanken zu überraschen.
> Ihre Sanftheit glich dem gelben und blauen Samt
> eines Gedankenfeldes später Stunden.[20]

Ihre typische Arbeitsweise, die sie auch in der Villa Medici beibehält, hat sich mit den Jahren herausgebildet. In vielen Arbeitsheften notiert Lili intuitive Einfälle. Ständig entwirft und skizziert sie, bis sie eine musikalische Grundidee gefunden hat, die den Text trägt. Da sie meistens Gedichte vertont, arbeitet Lili sehr wortgebunden. Schließlich erstellt sie eine Klavierfassung der Komposition, danach erst arbeitet sie die Orchestrierung des Stücks aus.

»Aber die Hefte sollten nicht veröffentlicht werden«, so will es Nadia noch im Jahr 1932, »denn die musikalischen Gedanken stehen inmitten von Bemerkungen, die ihnen einen zu persönlichen Charakter verleihen. Man befürchtet immer einen Verrat – es gab soviel Zartheit, soviel Diskretion in diesem Leben.«[21]

Lili bespricht weder mit der engen Freundin Miki noch mit Nadia ihre Arbeiten, bevor sie ganz fertig sind. Als Komponistin ist sie allein, sehr entschieden allein. Ihre schöpferischste Zeit beginnt in der Villa Medici, wo sie sich schon bald gut einlebt. Ihr Zimmer, in dem ein Flügel und ihre russische Ikone stehen, ist prächtig möbliert und hat einen wunderschönen Blick auf den üppigen Garten, in dem ein Springbrunnen plätschert. In der Künstlergemeinde findet sie Freunde, die sie auch »kleine Schwester« rufen. Sie sitzt den Malern Modell und besucht Künstlersalons in Rom, das sie begeistert erkundet.

Nadia Boulanger vermittelt später oft das Bild, Lili habe kaum das Haus verlassen und beide seien fast unlösbar vereint gewesen. Sicher gab es eine starke Bindung, aber in Lilis produktivsten Jahren ist Nadia viel mehr unterwegs und fern von Lili als in ihrer Nähe. Nach dem ersten Rom-Preis bleibt die Jüngere wirklich nicht mehr länger »die kleine Schwester«. Sie macht eine eigene Karriere und steigt auf zum Publikumsliebling. Sie drängt Nadia als Komponistin in den Hintergrund.

Trotz 15 Jahren fleißiger Arbeit ist Nadia nicht so erfolgreich wie die kränkelnde Lili, die gleich beim ersten Versuch den Wettbewerb gewinnt. Gibt es jetzt so etwas wie Neid und Konkurrenz zwischen den beiden? Nadia jedenfalls geht der Schwester zeitweise aus dem Weg, als Interpretin ist sie sowieso oft auf Reisen. »Ihr Verlangen, als eigenständige Person anerkannt zu werden, entfernte sie immer weiter von Lili und ihrem raketenähnlichen Erfolg«, urteilt die Musikwissenschaftlerin Rieger, »die Fotos dieser Zeit zeigen eine starre, unbewegliche Miene Nadias, während Lili entspannt wirkt.«[22] Auch innerlich gehen die Schwestern damals wohl sehr verschiedene Wege.

Im Sommer 1914, als Lili den Arbeitsaufenthalt in Italien unterbrochen hat und wieder in Gargenville weilt, erlebt auch sie wie ein Schock den 3. August. Es ist der Tag, an dem Deutschland gegen Frankreich mobil macht. Der Erste Weltkrieg beginnt. Freundin Miki reist nach Nizza zurück und arbeitet in einem Hospital, wo sie Verwundete pflegt. Der Krieg verstreut die Stipendiaten der Villa Medici, die Musikstudenten und Lehrer des Konservatoriums in alle Himmelsrichtungen. Mit Briefen und später auch mit Päckchen versucht Lili die Kollegen an der Front und deren Familien zu Hause zu stützen. Diese Arbeit wird so umfangreich, dass sie mit Nadia zusammen das Franko-Amerikanische Komitee gründet, über das solche Aufgaben umfassender und besser abgewickelt werden können. Sogar eine Zeitung für die kämpfenden Männer geben die Boulanger-Schwestern ab Dezember 1915 mit heraus. Nebenbei überarbeitet Lili ihre früheren Kompositionen und korrigiert zum letzten Mal die Druckfahnen von »Pour les funérailles d'un soldat« (Für die Bestattung eines Soldaten), eine Art Grabgesang, für den sie zum ersten Mal auch mittelalterliche Musikelemente, Zitate gregorianischer Melodien, verwendet und künstlerisches Neuland betritt. Nach bald dreijähriger Arbeit mitten im Krieg am 7. November 1915 wird das Chorwerk in Paris aufgeführt. Es ist die zweite Aufführung einer Komposition, die Lili Boulanger miterlebt. Dass es auch ihre letzte Premiere sein wird, weiß sie noch nicht.

Im Februar 1916 endlich reist Lili erneut in die Villa Medici, um weiterzuarbeiten. Sie wendet sich wieder Bibeltexten zu, vertont mehrere Psalmen. Vielleicht geben ihr diese klassischen christlichen Gebete auch Halt in der Krankheit und inmitten des Kriegschaos, das über Europa hereingebrochen ist. Bei diesen Vertonungen entwickelt die Komponistin ihren originärsten Stil: »Vertieft man sich in die Partitur vor allem des 130. Psalms (Aus der Tiefe rufe ich, Herr, zu dir), dann sind es ... Gegensätze, die faszinieren: das lyrische Element in den Farben der Melancholie, Trauer und Todesahnung und dagegen eine sich aufbäumende Kraft und bestürzende Wildheit ... Sie beherrscht souverän einen großen Orchesterapparat mit dreifachen Holzbläsern, zahlreichem Blech, Schlagzeug, zwei Harfen, Orgel und Streichern, dazu Solisten und vielfach geteiltem Chor.«[23]

Bald geht es Lili erneut schlechter. Freunde kommen in die Villa Medici, um sie aufzuheitern, darunter die große alte Tragödin Eleonora Duse. Die Schauspielerin, die Lili in Rom getroffen hat, bringt ihr Rosen.

Im April klagt Lili in einem Brief an Miki, sie könne kaum noch verbergen, wie mutlos sie sei: »Nicht so sehr wegen der Schmerzen, die dieses Mal nicht so schlimm sind, auch nicht wegen der Langeweile – sondern weil ich begreife, daß ich niemals das Gefühl haben werde, das getan zu haben, was ich wollte, denn ich kann nichts ohne Unterbrechung tun, und die sind länger als meine Arbeitsphasen selbst.«[24]

Eine Arbeit liegt ihr noch besonders am Herzen. Sie will seit längerem eine Oper schreiben, »eine Oper gegen den Krieg«. Als Grundlage für das Libretto wählt sie das Theaterstück »La Princesse Maleine« aus. Geschrieben hat es Maurice Maeterlinck, aus dessen Feder zwei Gedichte stammen, die sie bereits vertont hat. Den Autor selbst hat sie in Nizza persönlich getroffen und er hat das von Lili ausgearbeitete Opernlibretto abgesegnet. Darin hat die Komponistin den Inhalt des Theaterstücks »feminisiert«[25]: Der Kampf um die Macht in einem Land, der mit kriegerischen Mitteln ausgetragen wird, ist jetzt ganz zugespitzt auf den Konflikt zweier weiblicher Hauptpersonen. Auf der einen Seite steht Maleine, weiß gewandet, blass und zart, die typische *femme fragile*. Ihre Gegenspielerin ist die gefährlich schöne *femme fatale* Anne, die ihren Geliebten vergiftet und die Heldin erwürgt.

Maeterlinck ist sehr um Lili Boulangers Gesundheit besorgt. Er schickt der »lieben kleinen Mitarbeiterin« ein Foto mit Widmung, weil sie »im Auftrag der Götter, der Musik und des Schicksals Prinzessin Maleine das Leben einhaucht, auf das sie gewartet hat«.[26] Für ihn und später auch für die Nachwelt verschmelzen schon bald die Opernfigur Maleine und die Komponistin Lili und deren tödliche Schicksale miteinander. Sie wirke »wie eine verlorene Prinzessin aus einem Stück von Maeterlinck, zierlich, schön und zerbrechlich«, schreibt der amerikanische Geiger Albert Spalding Anfang der 40er Jahre über eine frühere Begegnung mit Lili Boulanger in Gargenville. Der Mythos lebt, die wirkliche Lili verblasst.

Im Sommer 1916 erfährt Lili Boulanger in Italien, dass ihr höchstens noch zwei Jahre Leben bleiben. Sie wollte von ihrem Arzt unbedingt die ganze Wahrheit erfahren. Das Wissen um den nahen, unausweichlichen Tod teilt sie allein mit Miki. Ihre Mutter und Schwester weiht sie nicht ein, um sie zu schonen.

Sie unterbricht ihr Arbeitsstipendium erneut und kehrt nach Paris zurück, wo sich ihr Zustand weiter verschlechtert. Lili muss nun ständig liegen. »Meine armen Eingeweide revoltieren und ich kann nur noch flüssige Nahrung zu mir nehmen.« Auch beim Waschen brauche sie Hilfe, sagt sie. Höchstens eine Dreiviertelstunde könne sie in der Kutsche sitzen und nur noch »<u>drei Minuten</u> lang gehen – keine Arbeit, keine Anstrengung ... kurzum nicht sehr lustig.«[27]

In dieser Zeit erzählen Freunde ihr von der taubstummen und blinden Dichterin Bartha Galeron de Calone, die 30 Jahre glücklich verheiratet war und Kinder großgezogen hat. Lili Boulanger will diese außergewöhnliche Frau kennen lernen und sucht sie im August auf. Der Text der Dichterin, den Lili als Grundlage für eine Komposition auswählt, heißt »Dans l'immense tristesse« (In unendlicher Traurigkeit). Darin sucht der Schatten einer Frau ihr eigenes Grab auf dem Friedhof, wo sie ihr weinendes Kind findet und trösten kann. Das danach entstandene Lied, in dem sich Sing- und Sprechton annähern, endet mit Takten aus einem französischen Wiegenlied.

Eines Tages, als Lili bereits zu krank ist, um selbst zu Hause einer Musikprobe beizuwohnen, habe sie, so erinnert sich Nadia, »mit ihrem sanften, melancholischen Lächeln« gesagt: »Es ist komisch, jedermann wird diese Musik hören, außer mir!«[28]

Neuen Lebensmut fasst Lili noch einmal im September. Sie kann endlich wieder arbeiten. Doch die Besserung ist nicht von Dauer. Sie hat sich überschätzt, selbst das Schreiben macht ihr nun Mühe. Aber das Opernprojekt drängt, sie mobilisiert ihre letzten Kraftreserven. Mit ihrer Mutter reist Lili noch einmal an die

See, wo ihr die Atlantikluft dieses Mal nicht bekommt. Oft hat sie Fieber, aber wann immer es geht, sitzt sie an den Entwürfen von »La Princesse Maleine«.

Für einige Wochen weilt Miki bei der Freundin. Am Fußende von Lilis Bett steht ein Klavier, darauf begleitet Nadia, die auch angereist ist, ihre Schwester. Mit schwacher Stimme singt Lili die »Clairières« allein für Miki, die vor Rührung weinen muss. Was ging in den dreien vor, als Lili das zwölfte Lied anstimmt?

> »Eine Medaille von ihr bleibt mir, darin eingraviert
> eine Zahl und die Worte: beten, glauben, hoffen.
> Ich aber sehe vor allem, daß die Medaille dunkel ist:
> An ihrem Taubenhals hat sich das Silber schwarz gefärbt.«[29]

Im Juli 1917 dann wird Lili in Paris operiert, ein letzter verzweifelter Versuch, ihr Leben zu verlängern. Danach erfährt auch Nadia, dass es für die Schwester keine Hoffnung mehr gibt. Sie ist zutiefst bestürzt, dass Miki vor ihr davon gewusst hat. Fühlt sich die Ältere jetzt schuldig, dass sie Lilis ernsten Zustand nicht wahrgenommen hat? Hat sie die »kleine Schwester« nicht so beschützt, wie es der Vater ihr aufgetragen hat? Hat sie die Augen zu lange verschlossen? Wenn Nadia sich bis zu ihrem eigenen Tod im Jahr 1979 mit aller Kraft für die Verbreitung der Werke ihrer Schwester einsetzen wird, so ist das auch eine Art Wiedergutmachung, ihr Umgang mit dem »Schuldkomplex«[30], den sie, die Gesunde, die so alt werden sollte, in sich trägt.

Auf die Frage, warum sie nicht mehr komponiere, hat Nadia lange Zeit immer nur entgegnet: »Das geht keinen etwas an.«[31] Einem Journalisten antwortet sie schließlich am Ende ihres Lebens: »Ich habe kein Talent. Meine Schwester Lili, das war die Komponistin. Sie war schon eine bedeutende Komponistin, als sie mit vierundzwanzig starb … sie brachte mich zum Unterrichten.«[32] Denn im Angesicht ihres nahen Todes habe die kleine Schwester zu Nadia gesagt: »Denk daran, daß wenn du älter bist, all deine Schüler dir das bringen werden, was ich dir bis zu dem Tag, an dem ich dich verlasse, gebracht habe.«[33]

Lili leidet nun große Schmerzen, die Schmerzmittel versagen zunehmend. In ihrem letzten Sommer, den Nadia als »sehr traurig« in Erinnerung behält, wird noch einmal ein Foto von ihr in Gargenville gemacht. Lili ist so elegant gekleidet wie immer und sitzt in einem Stuhl. Madame Boulanger beugt sich über die Tochter, die hart und entschlossen dreinschaut. Nur wer genau hinsieht, erkennt, dass Lili am Stuhl festgebunden ist.

Ab Dezember lebt Lili wieder in der Pariser Wohnung in der Rue Ballu. Inzwischen muss sie zum Klavier getragen werden. Doch sie besteht darauf, noch ist so viel Musik in ihr! Am 18. Januar 1918 schreibt sie endgültig ihre letzte Note in ein Arbeitsheft.

Auf der Opernbühne wird »La Princesse Maleine« nie leben. »Obwohl meine Schwester den Wunsch geäußert hatte, dass ich dieses Werk vollenden sollte – es ist mir nicht gelungen – wird es mir je gelingen?«, schreibt Nadia. »Maleine ist sehr weit gediehen, wunderbar, und dennoch unaufführbar. Sagen Sie nur ›unvollendet‹, was wohl wahr ist, leider, obwohl nur so wenig fehlt.«[34] Ein Geheimnis umweht bis heute das Opernfragment, das unauffindbar scheint. Vielleicht wird es auftauchen, wenn der Nachlass Nadia Boulangers, wie von ihr verfügt, im Jahr 2009 geöffnet wird.

Ihre allerletzte Komposition hat Lili Note für Note noch der Schwester diktiert. Es ist ein strahlendes »Pie Jesu«. Sie hat in ihrem Innern die Knabenstimme vernommen und das Streichquartett, die Harfe und Orgel gehört, die folgende Worte begleiten: »Milder Jesus, Herr, gib ihnen die Ruhe, gib ihnen die ewige Ruhe.« Zu diesem Zeitpunkt ist das sicher auch Lilis tiefster und persönlichster Wunsch.

Als deutsche Truppen Paris beschießen, fliehen die drei Boulanger-Frauen vor den letzten Gefechten des Krieges nach Mezy westlich von Paris. Nur noch Mineralwasser kann Lili trinken. Ihr ganzer Körper ist geschwollen, hohes Fieber quält sie. Nicht einmal das Rascheln eines Taftkleids und schon gar nicht den schweren Duft von Madame Boulangers Parfüm kann sie noch ertragen. Freunde in Paris versuchen in dieser schwierigen Kriegszeit, Eis aufzutreiben, um die Schwellungen und das Fieber der Kranken zu lindern.

Als am 8. März in Paris die Uraufführung der »Clairières dans le ciel« stattfindet, kann die Komponistin nicht dabei sein. Eine Woche später erhält sie die Sterbesakramente. An ein Leben nach dem Tod hat Lili schon immer fest geglaubt. Darauf vertrauend stirbt sie am Freitag dem 15. März 1918 – ganz ruhig und bei vollem Bewusstsein.

Ihr Totenkleid ist ein Samtkleid, das Miki ihr im Jahr 1913 geschenkt hat. Lili Boulanger hat es getragen, als sie der Aufführung von »Faust und Hélène« lauschte, dieser Kantate, die ihr in ihrem Leben so viel bedeutet hat. Die meisten ihrer Werke hat sie nie in Konzertsälen gehört, aber – so schreibt Miki Piré über Lili: »Sie hat ihr Leben durchmessen mit Tönen.«[35]

Zum 50. Todestag Lili Boulangers erschien unter der Schirmherrschaft ihrer Schwester Nadia eine CD mit dem Titel »In Memoriam Lili Boulanger«, die die Frauen als Komponistinnen vereint. Im Begleitheft dazu schreibt Nadia: »Obwohl es keine technischen Neuerungen in Lilis Werken gibt (sie lebte in einer Zeit, als eine intellektuelle Auseinandersetzung noch nicht begonnen hatte), hat sie es geschafft, die notwendigen

Formen zu finden, um ihre eigene persönliche Botschaft auszudrücken. In der Musikgeschichte hat sie ein kurzes, aber bleibendes Zeichen gesetzt.«[36]

Etwas anders, gewagter und weit entfernt von dem Bild »der kleinen Schwester«, erlebt eine neue Generation von Musikerinnen und Musikwissenschaftlerinnen heute Lili Boulangers Werk. Sicher ist die Französin auch eine Komponistin ihrer Epoche, doch es gibt viele Momente in ihren Arbeiten, wo sie sich bereits von der traditionellen Harmonik ablöst. Etwas ist dann zu spüren von dem kühnen, kraftvollen Bau ihrer musikalischen Welt, die männliche und weibliche Elemente vereint und sich bis an die Grenze der Tonalität wagt. Seit ihrem vielerorts gefeierten 100. Geburtstag im Jahr 1993 ist Lili Boulanger – gerade auch in Deutschland – endlich bekannter geworden und wird so oft aufgeführt wie nie zuvor.

»Die Musik Lili Boulangers gehört in die Konzertprogramme unserer Tage«, fordert die Boulanger-Expertin Kathrin Mosler. »Am Ende des 20. Jahrhunderts erreichen uns diese Kompositionen als frühe Chiffren des Unbewußten, die wir augenblicklich verstehen, ohne uns zuvor mit ihrer historischen Entzifferung mühen zu müssen.«[37]

»*Ihnen gebe ich meine Lieder nicht*«
Anna Achmatowa (1889–1966), Lyrikerin

Von Eleonora Bourmistrov

Anna Achmatowa gilt als größte russische Lyrikerin dieses Jahrhunderts. Bereits zu Lebzeiten bezeichnete man sie als »Königin aller Russen« oder als »Anna von ganz Rußland«. Die enorme Verehrung, die sie genießt, erklärt sich nicht nur aus ihrer Dichtung, die die Herzen der Menschen berührt, sondern auch aus ihrem Schicksal, das stellvertretend für die Leiden unzähliger ihrer Zeitgenossen steht.

Doch auch als ungewöhnlich schöne Frau wurde sie gefeiert. Ihr Erscheinungsbild prägte sich jedem ein, der ihr begegnete: lange, dunkle Haare, helle Augen, ein markantes, ausdrucksstarkes Profil, hoch gewachsen, stolz und unnahbar. Noch im Alter, durch Krankheiten gezeichnet und korpulent geworden, bewahrte Anna Achmatowa eine würdevolle Haltung. Ihr Leben lang ist sie von vielen namhaften Künstlern gezeichnet, gemalt, modelliert und fotografiert worden. Dichter wie Ossip Mandelstam, Marina Zwetajewa, Boris Pasternak und Joseph Brodsky erschufen poetische »Wort-Porträts« der Dichterin.

Anna Achmatowas Leben mit seinen Wirrungen, Höhen und Tiefen spiegelt beispielhaft die Umbruchzeit dieses Jahrhunderts. Schnell zu Ruhm gekommen im vorrevolutionären, zaristischen Russland, in der sowjetischen Zeit als dekadente Künstlerin verfemt und isoliert, während des Zweiten Weltkriegs rehabilitiert und als patriotische Dichterin hoch gelobt, später wieder hart angegriffen und verboten, erfuhr die Dichterin kurz vor ihrem Tod erneut Anerkennung und Ehrungen. Ihr Weltruhm setzte allerdings erst nach ihrem Tod ein.

Anna Achmatowa wird am 11. Juni 1889 in dem kleinen Ort Bolschoi Fontan in der Nähe von Odessa im damaligen Südrussland geboren. Eigentlich heißt sie Anna Andrejewna Gorenko. Auf Wunsch ihres Vaters nimmt sie jedoch später ein künstlerisches Pseudonym an, das tatarischen Ursprungs ist und auf den Namen ihrer Großmutter mütterlicherseits zurückgeht – den wohlklingenden Namen Achmatowa. Ihr Vater, Maschineningenieur bei der Marine, muss den Dienst aus politischen Gründen quittieren. Kurz nach ihrer Geburt siedelt die Familie in den Norden Russlands über – zuerst nach Pavlovsk, dann nach Zarskoje Selo (Zarendörfchen) bei St. Petersburg. Hier befinden sich die Sommerresidenz der Zarenfamilie und viele Landschlösser der russischen Aristokratie.

Zarskoje Selo wird nicht nur wegen der herrlichen Landschaft und der klassizistischen Architektur mit prachtvollen Palästen, riesigen Parkanlagen, Wäldern und Seen geschätzt, sondern gilt auch als die »Wiege der russischen Kultur«. Hier steht das in Russland noch heute berühmte »Lyzeum«, in dem die Söhne der russischen Elitefamilien erzogen wurden. Viele Dichter Russlands, wie auch der bekannteste von ihnen, Alexander Puschkin[1], haben diese Schule absolviert. Zu der Zeit, als Anna Achmatowa das Mädchengymnasium des Ortes besucht, ist der Dichter und Übersetzer Innokentij Annenskij Direktor des Jungengymnasiums. Zu seinen Schülern zählen unter anderem Ossip Mandelstam, Boris Pasternak und Wladimir Majakowskij. Auch auf Achmatova hat er großen Einfluss, die später erklären wird, dass sie ihren »Anfang« in den Gedichten Annenskijs genommen hat.

In Zarskoje Selo verbringt Anna Achmatowa ihre Kindheit und Jugend, insgesamt 16 Jahre. Sie ist eine schlechte Schülerin und lernt ungern. Sehr viel lieber liest sie, vor allem Poesie, und beginnt bald selbst zu schreiben. Ihr erstes Gedicht hat sie bereits mit elf Jahren verfasst.

Jeden Sommer verbringt die Familie am Meer in der Gegend von Sewastopol. Hier zeigt sich schon sehr früh das ungezügelte, unabhängige Temperament der jungen Anna. Man nennt sie ein »wildes Mädchen«: Sie läuft barfuß und trägt keinen Hut wie andere Mädchen aus gutem Haus. Sie springt vom Boot ins offene Meer, schwimmt auch bei stürmischer See, wird sehr braun und übertreibt es so mit der Sonne, dass ihre Haut sich schält. Das alles schockiert natürlich die provinziellen Damen des Badeorts.

Zu Hause ist keineswegs die entspannte Atmosphäre zu spüren, die für das Leben des russischen Landadels noch um die Jahrhundertwende typisch ist. Der Vater ist jähzornig und frauensüchtig, kümmert sich kaum um den Unterhalt der Familie. Stattdessen bringt er die für damalige Verhältnisse hohe Mitgift seiner Frau von 80000 Rubeln durch. Annas Mutter, vor der Ehe eine reiche Gutsbesitzerin, ist zwar gütig, aber zerstreut und geistesabwesend. Im Hause herrscht Unordnung und ein heilloses Durcheinander.

In der Familie Gorenko gibt es außer Anna noch fünf weitere Kinder, drei Mädchen und zwei Jungen. Alle Geschwister sind ständig kränklich, haben Tuberkulose, an der Annas Schwestern sterben werden. Sie selbst überlebt zwar, hat aber auch jahrelang mit dieser Krankheit zu kämpfen.

1905 trennen sich die Eltern. Die Mutter siedelt mit den Kindern zuerst auf die Krim über, ein Jahr später nach Kiew. Dort besucht die 17-jährige Anna weiter das Gymnasium, das sie 1907 abschließt. Danach will sie studieren. Allerdings sind zu dieser Zeit Frauen noch nicht an den allgemeinen Universitäten zugelassen und so schreibt sie sich an der juristischen Fakultät der höheren Frauenkurse in Kiew – eine Art Ausbildungsanstalt nur für Frauen – ein. Im selben Jahr erscheint in der Zeitschrift »Sirius« ein Gedicht von ihr. Da sie gerade erstmals unsterblich verliebt ist, widmet sie dieses Gedicht dem Objekt ihrer Schwärmerei, einem Studenten in Petersburg. Leider bleiben ihre Empfindungen unerwidert und vermitteln der jungen Achmatowa zum ersten Mal das tragische Gefühl der unglücklichen Liebe, ein Gefühl, das sie fortan so oft in ihren Versen heraufbeschwören wird.

Um zu vergessen, entschließt sie sich, ihren Jugendfreund Nikolaj Gumiljow zu heiraten. Sie hat ihn bereits mit 14 Jahren kennen gelernt, als er in Zarskoje Selo das Jungengymnasium besuchte. Nikolaj ist zwei Jahre älter als sie und schreibt, genau wie Anna, Gedichte. Das verbindet die beiden, doch hält der junge Dichter noch sehr wenig von ihr als Dichterin. Das soll sich allerdings in der Zukunft ändern.

Zu dieser Zeit ist Gumiljow Student an der Sorbonne in Paris, hat bereits Afrika bereist und zwei Gedichtbände veröffentlicht, die auf Beachtung gestoßen sind. Die Verbindung zu ihm erscheint Anna wie eine Rettung aus ihrer traurigen Lage. So heißt es Anfang 1907 in Briefen an einen Verwandten: »Ich heirate meinen Jugendfreund Nikolaj Stepanowitsch Gumiljow. Er liebt mich bereits seit drei Jahren, und ich glaube, daß es mir vom Schicksal beschieden ist, seine Frau zu sein«; und: »Bitter ist das Gift der unerwiderten Liebe! … Aber Gumiljow – er ist mein Schicksal, und ich füge mich ihm in Demut … Ich schwöre Ihnen bei allem, was mir heilig ist, daß dieser unglückliche Mensch mit mir glücklich werden soll.«[2]

Aber es vergehen noch drei Jahre, bis die beiden dann heiraten. Ihre Hochzeitsreise verbringen sie in Paris. Dort lernt die 21-jährige Anna den damals noch völlig unbekannten, hoch begabten Maler Amadeo Modigliani kennen. Sie sehen sich nur einige wenige Male, doch die Verbindung zu dem fünf Jahre älteren Italiener reißt nicht ab, als das Paar einen Monat später nach Russland zurückkehrt. Kurz darauf gibt Achmatowa das Jurastudium zugunsten der Literatur auf und besucht den historisch-literarischen Kurs an einer höheren Frauenschule in Petersburg.

Das Paar hat ständig Geldsorgen und ist sogar gezwungen, persönliche Wertgegenstände zu verpfänden. Trotzdem sind die beiden im Frühjahr 1911 erneut in Paris, wo Anna Achmatowa Modigliani wieder trifft. Es entwickelt sich eine kurze romantische Beziehung zwischen den beiden. Sie deklamieren gemeinsam Verlaine-Verse auf Parkbänken im Jardin du Luxembourg und unternehmen stundenlange Spaziergänge durch das alte Paris. Modigliani ist fasziniert von der ihm rätselhaft erscheinenden russischen Schönheit und, da er gerade ganz im Banne Ägyptens steht, zeichnet er sie in exotischen Kostümen und

Anna Achmatowa, um 1910

Posen. 16 dieser Zeichnungen hat er Anna Achmatowa geschenkt. Von diesen Zeichnungen ist nur noch eine einzige erhalten geblieben, alle anderen gingen im Hause Achmatowas während der ersten Revolutionsjahre verloren.[3]

Die Romanze zwischen dem Maler und der Dichterin ist beendet, als Anna mit ihrem Mann drei Monate später abreist. Aber noch viel später erinnert sie sich mit Wehmut an diese Zeit mit Modigliani, der schon 1920 starb. So schreibt sie in einem Essay zwei Jahre vor ihrem Tod: »Alles, was geschah, war für uns beide die Vorgeschichte unseres Lebens: seines sehr kurzen, meines sehr langen.« Und über den Maler: »Alles Göttliche an Modigliani schimmerte nur durch ein unbestimmtes Dunkel. Er ähnelte niemandem auf der ganzen Welt. Seine Stimme blieb mir irgendwie für immer im Gedächtnis haften.«[4] Den Charakter der Beziehung geben die folgenden Zeilen wieder:

> Paris in schwärzlichem Nebel,
> Und gewiss schlendert Modigliani erneut
> Unauffällig hinter mir her.[5]

Nikolaj Gumiljow, der sich inzwischen als Dichter einen Namen gemacht hat, führt seine Frau in die literarischen Salons ein, darunter in den »Turm«, die Wohnung des damaligen Literatur-Papstes Wjatscheslaw Iwanows. Im »Turm« verkehren viele berühmte Dichter jener Zeit und es gilt als Ehre, dort empfangen zu werden. Das erste Erscheinen von Achmatowa enttäuscht. »Schmal, schlank, einem schüchternen 15jährigen Mädchen ähnlich, wich sie ihrem Mann keinen Schritt von der Seite ..., der sie gleich bei der ersten Vorstellung als seine Schülerin bezeichnete.«[6]

Der Zeitpunkt, zu dem Achmatowa die literarische Bühne betrat, war durch erbitterte Kämpfe zwischen verschiedenen Kunstrichtungen gekennzeichnet. 1910 erklärte sich der Symbolismus in einer Krise. Die symbolische Richtung, die Ende des 19. Jahrhunderts entstanden war und ihre Aufgabe in der Überwindung der Tradition und in der Erneuerung von Literatur und Sprache sah, hatte sich in Russland zu einer mächtigen Bewegung entwickelt.[7] In Anlehnung an den westlichen Symbolismus proklamierte diese die Idee der reinen Kunst *l'art pour l'art*. Der Symbolismus in Russland war stürmisch gewesen, hatte schnell seinen Höhepunkt erreicht – diese Zeit wurde später das »silberne Jahrhundert« der russischen Literatur genannt –, hatte allerdings auch schnell seinen Untergang gefunden. Jetzt war die Bewegung am Ende. Die Mitglieder stritten miteinander um grundsätzliche Fragen, ohne irgendeine gemeinsame Lösung zu finden.

Gumiljow und einige andere jüngere Dichter, die sich zunächst den Symbolisten angeschlossen haben, brechen mit diesen und gründen die literarische Vereinigung der Akmeisten[8] »Zech poetov« (Zunft der

Dichter). Unter den Mitgliedern sind Ossip Mandelstam, Sergej Gorodezkij, Wladimir Narbut. Anna Achmatowa wird als einzige Frau gleichberechtigtes Mitglied in der Akmeisten-Zunft und sogar zum Sekretär der Gruppe gewählt. Das ist kaum verwunderlich, da inzwischen einige Petersburger Zeitschriften mehrere Gedichte der jungen Poetin veröffentlicht haben, die auf gute Kritiken gestoßen sind. Gumiljow, der anfangs der dichterischen Tätigkeit seiner Frau ablehnend gegenüberstand, ist von nun an von ihrem Talent überzeugt. So wird er später sagen: »Du bist nicht nur die beste russische Dichterin, sondern auch ein bedeutender Dichter.«

Die Akmeisten stellen kein revolutionäres Programm auf. Sie wollen nicht, wie der zur gleichen Zeit entstandene russische Futurismus, mit allen bisherigen Traditionen und Normen brechen. Vielmehr sehen sie ihre Aufgabe darin, den Symbolismus zu bereinigen, ihn von allem Überflüssigen zu befreien. Dazu zählen für die Akmeisten vor allem der Mystizismus, die Weltfremdheit, die Sehnsucht nach der Ferne und nach dem Unwirklichen, die in der symbolistischen Literatur in einer dunklen, vieldeutigen, unklaren Sprache ihren Ausdruck fand. Stattdessen wird jetzt die Wirklichkeit mit »allen ihren Schönheiten und Häßlichkeiten« bejaht. Die jungen Dichter wollen am realen, irdischen Leben partizipieren. Die Rose sei schön, sagt Gorodezkij, nicht weil sie für die mystische, unerreichbare Liebe stehe, sondern weil sie eine Rose sei, mit ihrem Duft, ihren Blütenblättern, ihrer Farbe.

In formaler Hinsicht lehnen sich die Akmeisten an die bildende Kunst an mit all ihren Anforderungen bezüglich Komposition, Perspektive, Farbpalette und Räumlichkeit. Mit Worten soll die »Zeichnung eines Gegenstandes nach der Natur« angefertigt werden. Noch die kleinsten Details sind wichtig und dürfen nicht ausgelassen werden. Die Komposition muss vollendet und geradlinig sein; innere Logik und Klarheit statt Mehrdeutigkeit, Kürze statt Vielwörterei. Wie kein anderer Vertreter des Akmeismus hat sich Anna Achmatowa ihr Leben lang an diesen Grundforderungen orientiert und sie in ihrer Dichtung verwirklicht.

Anfang des Jahres 1912 erscheint ihr erster Gedichtband »Abend« (Večer). Es sind nur 300 Exemplare, aber Achmatowa wird über Nacht bekannt. Überall erntet die erst 23-Jährige wohlwollende Rezensionen. Das Bändchen erhält vorwiegend Liebeslyrik mit altbekannten Themen: unerfüllte, tragische Liebe, Verzweiflung, Sehnsucht, Leidenschaft, Schmerz, Verrat, Betrug, Tod, Schicksal, Abschied vom Geliebten. Das Repertoire ist klassisch. Völlig neu dagegen ist die Darstellungsweise. Achmatowas Ausdrucksmittel sind knapp, präzise und prägnant. Sie ist lakonisch und einfach, gleichzeitig aber höchst intensiv. In einer kurzen Formulierung gelingt es ihr, ein volles Bild seelischer Regungen und tiefer Emotionen zum Ausdruck zu bringen. Dabei nähert sich ihre Sprache der Prosa an, Alltagsformulierungen lösen poetische Bilder ab.

Der Erfolg des Buchs ist überwältigend. Es wird später dreizehnmal neu aufgelegt. Ein Rezensent bezeichnet den Band »Abend« als »den Morgen unserer Poesie«[9]. Es ist nicht nur das Besondere der lyrischen Sprache, das Aufmerksamkeit verdient. Die Stärke des Buchs liegt, wie ein anderer Kritiker bemerkt, in einer neuen Art, einen Menschen zu sehen und zu lieben.[10] »Lieben à la Achmatowa« wird zur Umschreibung eines neuen Lebensgefühls, zum geflügelten Wort. Es ist überliefert, dass der Futurist Wladimir Majakowskij, wenn er verliebt war, jedes Mal Verse der Dichterin rezitierte.[11]

Achmatowas tragisches Liebesgefühl kommt besonders gut in folgenden zwei Gedichten aus ihrem Band »Abend« zum Ausdruck:[12]

Lied der letzten Begegnung
Derart hilflos wurde die Brust kalt,
Aber meine Schritte waren leicht.
Ich streifte auf die rechte Hand
Den Handschuh der linken Hand.

Es schien, es waren viele Stufen,
Aber ich wusste – es gab ihrer drei!
Zwischen Ahorn-Bäumen das herbstliche Flüstern
Es bat: »Stirb mit mir!

Ich bin betrogen von meinem trostlosen,
Unbeständigen, bösen Schicksal.«
Ich antwortete: »Mein Liebster, Mein Liebster!
Ich ja auch. – Ich sterbe mit dir ...«

Dies ist das Lied der letzten Begegnung.
Ich blickte auf das dunkle Haus.
Einzig im Schlafzimmer brannten Kerzen
Mit einer gleichgültig-gelben Flamme.

***

Die Hände zusammengepresst unter dunklem Schleier ...
»Warum bist du heute so bleich?«
– Weil ich ihn mit bitterer Trauer
Bis zur Besinnungslosigkeit betrunken gemacht habe.

Wie vergesse ich es? Er kam heraus schwankend,
Sein Mund krümmte sich gequält ...
Ich lief hinunter, ohne das Geländer zu berühren,
Ich lief hinter ihm her bis zum Tor.

Außer Atem schrie ich: »Ein Scherz
Alles, was war. Wenn du gehst, sterbe ich.«
Er lächelte still und unheimlich
Und sagte mir: »Steh nicht im Wind.«

Im Frühjahr 1912 reisen Achmatowa und Gumiljow nach Italien und besuchen die Städte Genua, Pisa, Florenz, Bologna, Padua und Venedig. Im selben Jahr kommt ihr einziger Sohn Lew auf die Welt. Anfangs stillt Anna Achmatowa ihn selbst, doch die Rolle der Mutter und Ehefrau liegt ihr gar nicht. Und so übernehmen nach und nach Schwiegermutter und Kinderfrau die Sorge um den Sohn und die Dinge des täglichen Lebens. Das Kind wächst im Haus seiner Großmutter in Zarskoje Selo auf, während die Dichterin wieder das gewohnte Leben einer Literatur-Bohemienne führt. »Dienstag abend bei Achmatowa. Sie empfing mich im Morgenrock mit ungekämmtem Haar. Sie hüllte sich in ihren Schal und zog sich auf der Liege zu einem Knäuel zusammen. Sehr charakteristisch für sie ... In ihrer Wohnung ist es kalt, ungemütlich und hässlich«[13], schreibt eine Zeitgenossin.

Das Erscheinen des zweiten Gedichtbands, »Rosenkranz« (Četki), 1914 bringt Achmatowa nun endgültig Ruhm und Anerkennung. Das Buch hat eine Startauflage von 1000 Exemplaren – eine für die damalige Zeit riesige Zahl für einen Lyrikband. Auch in diesem Buch geht es um die tragische Liebe, die allerdings jetzt einen fast sakralen Charakter erfährt. Der sich bereits im ersten Band andeutende Stil Achmatowas wird vertieft; die für sie so typischen einfachen, umgangssprachlichen Beschreibungen der Liebesqualen werden durch religiöse, erhabene Ausdrücke ergänzt. Die Kombination von feierlichem und einfachem Stil, Erotischem und Religiösem wird von nun an ein Markenzeichen ihrer Dichtung. Bis 1923 folgen acht Neuauflagen dieses Buchs.

> *Am Abend*
> Musik klang im Garten
> In solch unsäglicher Pein.
> Frisch und scharf rochen wie das Meer
> In der Schüssel die Austern im Eis.
>
> Er sagte mir: »Ich bin ein treuer Freund!«
> Und berührte mein Kleid.
> Wie unähnlich einer Umarmung
> Die Berührung dieser Hände.
>
> So streichelt man Katzen oder Vögel,
> So schaut man auf schlanke Reiterinnen.
> Nur das Lachen in seinen ruhigen Augen
> Unter dem leichten Gold der Wimpern.
>
> Und der trauernden Geigen Stimmen
> Singen hinter dem sich setzenden Rauch:
> »Segne die Himmel –
> Du bist das erste Mal allein mit dem Geliebten.«

Mit 25 Jahren ist Achmatowa eine gefeierte Dichterin. Sie erfährt Bewunderung von allen Seiten. Man verklärt und idealisiert sie. Dazu trägt nicht zuletzt ihr äußeres Erscheinungsbild bei. Anna Achmatowa entspricht weitgehend dem modernistischen Ideal jener

Zeit. Sie ist sehr groß, fast schon mager, ungewöhnlich geschmeidig und wirkt geheimnisvoll und kränklich. Sie leidet an Tuberkulose und das tragische Gefühl eines möglichen Todes kommt nicht nur in ihren Gedichten zum Ausdruck, sondern umweht ihre ganze Person. So wird sie zum bevorzugten Modell von Malern und Fotografen. Dichter besingen sie und junge Männer verlieben sich reihenweise in sie. Achmatowa als Frau wird zu einem Mythos. »Den Menschen gefiel die exotische Schönheit Anna Achmatowas, sie identifizierten sich mit der leidenden, liebenden und stolzen Heldin ihrer Gedichte. Sie war einzigartig, aber dennoch konnte jede Frau sich in ihr wiederfinden«[14], schreibt eine Biografin über sie. Typisch ist die schwärmerische Äußerung eines Zeitgenossen Achmatowas: »Ich habe niemals eine Frau gesehen, deren Gestalt und gesamte Erscheinung überall, auch im Kreise noch so schöner Frauen, durch ihre Ausstrahlung auch nur vergleichbar auffielen, durch eine echte Vergeistigung, durch etwas Besonderes, was alle fesselte.«[15]

Der Erste Weltkrieg bricht aus. Gumiljow meldet sich freiwillig an die Front und macht eine militärische Karriere. Während er den Krieg verklärt und romantisiert, ist Achmatowa skeptischer und weniger patriotisch. Ihr 1915 im Almanach »Hinter der Frontlinie« publiziertes Gedicht »Juli 1914« wird von der Zensur durch Ausstreichungen entstellt. In den zensierten Versen heißt es:

> Schreckliche Zeiten nähern sich. Bald
> Wird es eng vor frischen Gräbern.
> Erwartet Kälte, Hunger und Dürre
> Und der Himmelskörper Finsternis.

Die Kriegsmüdigkeit der Bevölkerung und die katastrophale Wirtschaftslage unter dem zaristischen Regime führen dazu, dass im März 1917 (dem Februar des alten russischen Kalenders) in Russland eine Revolution ausbricht. Der Zar wird zum Abdanken gezwungen. Die Liberalen und gemäßigten Sozialisten rufen die so genannte provisorische Regierung aus, die die parlamentarische Demokratie verkündet. Entgegen dem Wunsch der Mehrheit des Volkes setzt die provisorische Regierung den Krieg allerdings fort. Damit gewinnen die Bolschewisten,[16] die gegen den Krieg sind und den Bauern außerdem Land sowie die Enteignung der Großgrundbesitzer versprechen, unter Lenin an Macht. Am 7. November (der 26. Oktober des alten Kalenders) werden die wichtigsten Gebäude in Petrograd (so heißt St. Petersburg nach der Revolution vom Februar) von Soldaten, die den Bolschewisten folgen, besetzt und der Regierungssitz gestürmt. Der »Rat der Volkskommissare« übernimmt unter Lenins Führung die Regierung. In die Geschichte gehen diese Ereignisse unter dem Namen »Oktoberrevolution« ein.

Unbeeinflusst von den historischen Wirren erscheint

zwischen den beiden Revolutionen des Jahres 1917 Achmatowas dritter Lyrikband, »Weißer Schwarm« (Belaja staja). Die Sammlung enthält die noch nicht publizierten Gedichte aus den Jahren 1912 bis 1914 und neue, zwischen 1915 und 1917 entstandene Verse. Wegen der angespannten Situation in der Stadt erfährt das Buch jedoch viel weniger Beachtung als die beiden vorangegangenen Gedichtbände.

Anders als viele Künstler, die Russland nach der Oktoberrevolution für immer oder eine Zeit lang verlassen, bleibt Anna Achmatowa in ihrer Heimat. Sie fühlt sich zur Bewahrung der alten Kultur verpflichtet, deswegen kommt für sie eine Emigration nicht in Frage. Politik hat Achmatowa bisher nicht beschäftigt, ihre Interessen richten sich noch ausschließlich auf die Literatur. Sogar auf den Ersten Weltkrieg hat sie nur mit ein paar Gedichten reagiert. Nach wie vor schreibt sie fast ausschließlich Liebeslyrik. Später wird sie sich allerdings gegenüber denjenigen emigrierten Zeitgenossen verteidigen, die sie wegen ihres Verbleibens in Russland angreifen. Der entscheidende Beweggrund, so gibt sie im folgenden Gedicht zu verstehen, sei ihre absolute Heimatliebe:

Nicht mit denen bin ich, welche die Heimat
Den Feinden zum Zerreißen vorwarfen.
Ihre groben Schmeicheleien missachte ich,
Ihnen gebe ich meine Lieder nicht.

Aber auf ewig ist für mich der Vertriebene beklagenswert,
Wie ein Gefangener, wie ein Kranker.
Dunkel ist dein Weg, Wanderer,
Nach Wermut riecht das fremde Brot.

Aber hier, im stumpfen Dunst des Brandes
Den Rest der Jugend zugrunde richtend,
Keinen einzigen Schlag
Haben wir von uns abgewandt.

Und wir wissen, dass in der späteren Einschätzung
Jede Stunde gerechtfertigt wird ...
Jedoch gibt es in der Welt keine Menschen, die tränenloser,
Stolzer und einfacher wären als wir.

Der Krieg und die Revolutionswirren haben zur Entfremdung von Achmatowa und Gumiljow geführt. Gumiljow hatte sich kurzfristig nach Paris abgesetzt und lebte dort mit einer Geliebten, kehrt aber 1918 nach Russland zurück. Auch Achmatowa ist inzwischen mit einem anderen Mann zusammen, dem Orientalisten und Dichter Wladimir Schilejko, der ebenfalls zum Umkreis der Akmeisten-Vereinigung gehört hat. So ist die Scheidung von Gumiljow und Achmatowa im gleichen Jahr reine Formsache. Danach kreuzen sich die Wege der beiden nur noch selten.[17]

Kurz darauf heiratet Anna Achmatowa Schilejko. Ihre anfängliche Begeisterung verfliegt rasch. Die Ehe verläuft alles andere als glücklich. Schilejko verlangt von ihr völlige Unterwerfung. Sie muss für ihn Korrektur- und sonstige Hilfsarbeiten vornehmen und stellt sich als Künstlerin völlig zurück. So verfasst sie eine Zeit lang kein einziges Gedicht. Ihre Ergebenheit ihm gegenüber ist zunächst fast sklavisch. In einem Gedicht von 1918 schreibt sie: »Es geschehe alles nach deinem Willen: So sei es! Meinem Gelübde bleibe ich treu.«

Doch auf Dauer kann die Dichterin ein solches Leben nicht ertragen. Ihr Unabhängigkeitswille und ihr Stolz gewinnen die Oberhand. So trennt sie sich 1921 von ihrem Mann. Endlich wieder frei, schreibt sie:

> Dir ergeben? Du bist verrückt!
> Ergeben bin ich einzig dem Willen des Herrn.
> Ich will weder das Zittern noch den Schmerz,
> Mein Mann – ein Henker, und sein Haus ein Gefängnis.

Nach der Trennung von Schilejko gestaltet sich das Leben von Achmatowa sehr schwierig. Sie hungert. Hinzu kommt ihre immer wieder beschriebene Unfähigkeit, für sich selbst zu sorgen. Sie kann keinen Haushalt führen, weder kochen noch putzen. Völlig mittellos ist sie gezwungen, eine Stelle als Bibliothekarin in der Bücherei des Landwirtschaftlichen Instituts anzunehmen, eine Arbeit, die ihr jedoch sehr wenig einbringt. Sie ist zeitweise obdachlos, wohnt bei verschiedenen Freunden, manchmal sogar mit anderen in einem Zimmer. In dieser Hinsicht teilt sie das Schicksal der »Heimatlosigkeit in der Heimat« vieler Russen, die nach der Revolution Haus und Hof verloren haben.

Ihre Arbeiten werden weiterhin veröffentlicht. 1921 erscheint ein dünnes Gedichtbändchen »Wegerich« (Podorosnik), ein Jahr später folgt die Sammlung »Anno Domini MCMXXI«, die 1923 neu aufgelegt wird. Die persönliche Liebesthematik, die Anna Achmatowa so berühmt gemacht hat, wird in den beiden Bänden von den geschichtlichen Ereignissen jener Zeit überschattet und erfährt so eine zusätzliche überpersönliche Note. Sie erntet erneut viel Beachtung, vor Einladungen zu Leseabenden kann sie sich kaum mehr retten.

Dann wird Achmatowa 1925 plötzlich mit einem Publikationsverbot belegt. Man wirft ihr mangelnde revolutionäre Anpassung vor. In der Kunst herrscht inzwischen die Ideologie der »Diktatur des Proletariats«, die »im Namen des Volkes« das Bild eines »neuen«, »sozialistischen« Menschen (vor allem des Arbeiters oder des Rotarmisten) propagiert. Literatur, die sich nicht dieser Ideologie unterwirft, wird zum Schweigen gebracht. Das betrifft insbesondere Anna Achmatowa. Sie sei »mystisch, nonnenhaft und ideologisch reaktionär, folglich uns gegenüber eindeutig feindlich«[18], heißt es in einer der unzähligen Polemiken jener Zeit gegen sie. Und: »Wir können mit einer Frau, die nicht weiß, wann sie zu sterben hat, kein Mitleid empfinden.«[19] Bis 1940 werden keine Gedichte von Achmatowa gedruckt werden.

In dieser Zeit der ständigen äußeren Bedrohung wendet sich die Dichterin der Publizistik zu. Ihr Interesse gilt vor allem dem klassischen Dichter Alexander Puschkin, den sie seit ihrer Kindheit verehrt. Ihre Kenntnisse seines Werkes sind erstaunlich. So kann sie fast alle seine Gedichte auswendig zitieren. Puschkin verkörpert für Achmatowa das Ideal eines Dichters, kompromisslos in seinem Leben wie in seinem Werk, in welchem er die ewigen Werte von Schönheit und Moral zum Ausdruck bringt. Sie verfasst zahlreiche Schriften über ihn, die von hohem wissenschaftlichen Niveau zeugen und ihren Ruf als Puschkin-Expertin etablieren. Alle diese Arbeiten werden gedruckt, denn das Verbot bezieht sich nur auf Achmatowas poetische Werke. Daneben übersetzt sie aus fast allen europäischen Sprachen. Im Laufe ihres Lebens wird sie die Werke von etwa 150 Dichtern aus 13 Sprachen ins Russische übertragen.

Seit einiger Zeit lebt Achmatowa mit dem Kunsthistoriker Nikolai Punin zusammen. Die beiden kennen einander schon lange. Wie Achmatowa kommt auch er aus Zarskoje Selo. Viele gemeinsame Erinnerungen verbinden die beiden. Und doch ist auch diese Beziehung voller Spannung. Sie wohnt zusammen mit Punin, seiner Ex-Frau und seiner Tochter in zwei Zimmern des Petersburger Scheremetjew-Palais. Dort ist damals ein Teil der Exponate aus dem Museum für Russische Kunst untergebracht, und da Punin hier arbeitet, wurde ihm eine winzige Dienstwohnung in einem Flügel des Palais zugeteilt.

Anfangs noch glücklich, erlebt Achmatowa mit Punin bald dasselbe wie mit ihrem zweiten Mann. Sie muss für ihn ebenso Übersetzungsarbeiten machen, Vorträge vorbereiten und Korrektur lesen. Auch diese Ehe bringt ihr weder materielle noch moralische Unterstützung. Und genau wie Schilejko hält Punin wenig von ihr als Künstlerin. »Sie sind eine Dichterin nur von lokaler ... Bedeutung«[20], lauten seine verletzenden Worte. Sie verstummt als Lyrikerin wieder für Jahre. Erst 1936 fängt sie erneut an zu schreiben, allerdings hat sich, wie sie selber bemerkt, ihr Diktus verändert: »Die Stimme klingt anders. Es gibt kein Zurück mehr zur alten Manier.«[21]

Die Frage, warum die nach außen so stolze Achmatowa sich immer wieder auf den gleichen Typ Mann einlässt, der sie benutzt und demütigt, lässt sich nur teilweise beantworten. Einen Schlüssel dazu findet man vielleicht in ihren Liebesgedichten, in deren Mittelpunkt die unglückliche, leidende und verkannte Liebende steht, die vom Mann abgewiesen, betrogen und

Anna Achmatowa, 1926

verraten wird. Die Erniedrigung, die ihr auf diese Weise widerfährt, bedeutet aber seltsamerweise zugleich ihre Erhöhung und Entrückung. Ein solch ambivalentes Liebesideal wurzelt wohl tief in Achmatowas Wesen und kommt nicht nur in ihrer Lyrik zum Ausdruck, sondern bestimmt ihr ganzes Leben als Frau.

Die 30er Jahre in der Sowjetunion[22] sind durch die unumschränkte Herrschaft eines einzigen Mannes gekennzeichnet, der nach Lenins Tod an die Macht gekommen ist. Josef Stalin sichert seine Diktatur durch Terror, wobei er sich auf die Geheimpolizei stützt. Es folgen die so genannten »Stalinistischen Säuberungen«

mit ihren Schauprozessen, Denunziationen, Verhaftungen, Deportationen und Exekutionen. Diesen »Säuberungen« fallen vor allem hohe Funktionäre und Offiziere zum Opfer, aber auch Wissenschaftler, Schriftsteller, Künstler oder ganz einfache Menschen. Der Terror ist willkürlich, dient der Einschüchterung der Öffentlichkeit und kann jeden treffen. Die Dichterin selbst bleibt von einer Verfolgung verschont, vielleicht weil sie zu populär ist. Aber ihr 23-jähriger Sohn Lew wird 1935 als »Volksfeind«[23] verhaftet. Insgesamt verbringt er mit kurzen Unterbrechungen 15 Jahre in Gefängnissen und Lagern.

Im Jahr 1936 hat Anna Achmatowa mit ihrer Arbeit am »Requiem« begonnen. Es ist eine Folge kurzer lyrischer Verse, die die Leiden jener Zeit in beschwörenden und doch einfachen Worten beschreiben. In diesem Werk verbindet die Dichterin persönliche und überpersönliche Elemente zu einem einzigen großartigen Bild, in dem sie ihr tragisches Schicksal als leidende Mutter mit den unzähligen ähnlichen Schicksalen anderer Mütter und mit der großen Tragödie aller Russen jener Zeit verknüpft. Es gelingt ihr, die schreckliche, alptraumartige Stimmung der so genannten Jeshovschina (nach Jeshov, dem Chef der stalinistischen Geheimpolizei in den späten 30er Jahren) in extrem verdichteter, knapper Form darzustellen. Die Schrecken der Geschichte werden in ein poetisches Gedächtnis verwandelt. Im engen Sinn erscheint das »Requiem«

wie der Schmerzensschrei einer Mutter um ihren Sohn, der für Tausende anderer Söhne steht. Achmatowa beschreibt, wie sie monatelang, auch nachts, vor den Gefängnistoren zusammen mit anderen Müttern mit Lebensmittel- und Wäschepaketen wartet, in völliger Ungewissheit über das Schicksal ihres Sohnes und in Todesangst vor dem Urteil. Sie widmet diese Dichtung ihren Leidensgenossinnen. In der Einleitung zum »Requiem« schreibt Achmatowa: »In den schrecklichen Jahren unter Jeshov habe ich siebzehn Monate schlangestehend vor den Gefängnissen von Leningrad verbracht. Einmal erkannte mich jemand irgendwie. Da erwachte die hinter mir stehende Frau mit blauen Lippen, die natürlich niemals meinen Namen gehört hatte, aus der uns allen eigenen Erstarrung und fragte mich leise (dort sprachen alle im Flüsterton): ›Und das können Sie beschreiben?‹ Und ich sagte: ›Ja.‹ Da glitt etwas wie ein Lächeln über das, was einmal ihr Gesicht gewesen war.«[24]

Wie eine moderne Marien-Passion mutet diese Dichtung an, und es ist nicht verwunderlich, dass sie erst viel später im Zuge der Liberalisierung – der Perestrojka – in Russland erscheinen konnte. Achmatowa sprengt mit diesem Werk endgültig den engen Rahmen der Liebeslyrik. Sie wird zur Zeitchronistin. Den Zyklus muss sie geheim halten, um nicht der Gefahr der Denunziation und Verhaftung ausgesetzt zu sein. Nur ihre engsten Freunde dürfen die Gedichte lesen und auswendig lernen, danach werden die Aufzeichnungen verbrannt.

Ende der 30er Jahre trennen sich Achmatowa und Punin nach mehreren Jahren endgültig. Wieder steht die Dichterin völlig mittellos da, ernährt sich nur von Schwarzbrot und Tee ohne Zucker, ist bis auf die Knochen abgemagert und oft krank; sie lebt von der mildtätigen Unterstützung einiger Nachbarn. Trotz der Trennung bleibt sie wegen der katastrophalen Wohnungsnot bei Punin wohnen, tauscht lediglich mit seiner Ex-Frau die Zimmer, was durchaus in deren Interesse ist. Ein solches Leben bringt manche Demütigungen mit sich, doch Achmatowa hat keine Wahl. Die Alternative ist das Leben auf der Straße.

Dennoch schreibt Achmatowa in dieser Zeit sehr viel. Mit 51 Jahren beginnt sie 1940 ihr großes Werk »Poem ohne Held«, an dem sie mit Unterbrechungen mehr als 20 Jahre lang arbeiten wird. Noch in den letzten Tagen ihres Lebens schleift sie daran. In seinem Zentrum steht der Mythos von Petersburg, ein Mythos, der ganz auf der Erinnerung aufbaut. Mit seinen Assoziationen, Querverbindungen, Anspielungen, Zitaten aus der Literatur und sich verzweigenden Motiven ist dieses Werk schwer verständlich. Es verlangt einiges Wissen in Geschichte und Literatur. Das Poem besteht aus drei Teilen. Im ersten Teil nimmt die Autorin Bezug auf das Jahr 1913, das letzte noch ungetrübte

Jahr vor dem Ersten Weltkrieg und der Revolution. Die Ereignisse überstürzen sich. Es herrscht karnevalistische Atmosphäre, doch die Untergangsstimmung ist bereits spürbar; die kommenden tragischen Ereignisse werden vorweggenommen. Im zweiten Teil »Reschka« geht es um das, wie Achmatowa es nennt, »Schweigen der großen Schweigerin-Epoche« und deren Entschlüsselung. Der letzte Teil »Epilog« ist dem Leningrad während der Blockade gewidmet. Aber auch auf die Zeit des Terrors wird angespielt. Genauso wie das »Requiem« wird das »Poem ohne Held« erst nach dem Tod der Dichterin in Russland veröffentlicht.

Im gleichen Jahr wird unerwartet das Publikationsverbot ihrer Werke aufgehoben. Sie wird in den Leningrader Schriftstellerverband aufgenommen und im Frühsommer erscheint unter dem Titel »Aus sechs Büchern« eine Auswahl ihrer früheren Werke, zusammen mit ein paar neuen Gedichten. Achmatowa hat keinen Einfluss darauf, was von ihr publiziert wird, und ist mit der Auswahl unzufrieden; vor allem viele ihrer berühmten Liebesgedichte fehlen. Dennoch bringt ihr das Buch wieder Anerkennung. Die Leute stehen Schlange, um es zu erwerben.

1941 begeht Marina Zwetajewa, eine andere große russische Dichterin dieses Jahrhunderts, aus Verzweiflung Selbstmord. Im Gegensatz zu Achmatowa war sie Anfang der 20er Jahre nach Paris emigriert und erst 1938 nach Moskau zurückgekehrt. Doch sah sie in den schwierigen politischen Verhältnissen wie auch in ihren persönlichen Problemen kein Weiterkommen mehr und entschied sich für den Freitod. Zwetajewa schätzte Achmatowa als Dichterin und als Person sehr hoch und widmete ihr insgesamt 13 Gedichte. Anna Achmatowa brachte wiederum ihre Anerkennung für Zwetajewa in einem späteren Gedicht »Wir sind zu viert ...«[25] zum Ausdruck, in welchem sie Zwetajewa, Mandelstam[26], Pasternak[27] und sich selbst als Einheit sieht.

Beim Einmarsch der Deutschen in die Sowjetunion im Zweiten Weltkrieg und während der Belagerung Leningrads[28] bleibt Achmatowa zunächst in der Stadt. Die 52-Jährige wird als gewöhnlicher Soldat des Luftschutzes zur Wache eingezogen und erfüllt diszipliniert ihre Aufgabe. Die Dichterin empfindet den Krieg als Tragödie, als ein unvorstellbares Unglück, und reagiert darauf mit patriotischen Gedichten, die in verschiedenen sowjetischen Zeitschriften erscheinen. So schreibt sie in der »Leningrader Prawda«:

Der Banner des Feindes
Wächst wie Rauch.
Wahrheit ist hinter uns
Und wir werden siegen!

Als die Situation im belagerten Leningrad sich verschlechtert, wird Achmatowa zuerst nach Moskau, dann nach Taschkent in Mittelasien evakuiert. Das empfindet sie weniger als Rettung, sondern als ein weiteres Unglück, spricht von »Vertreibung« und »Flucht«. In Zeitschriften erscheinen erneut engagierte Gedichte von ihr, wie das berühmte »Mut«, das 1942 in der »Prawda« veröffentlicht und zur Hymne von Millionen Russen wird:

> Und wir erhalten dich, die russische Sprache,
> Das große russische Wort.
> Frei und rein werden wir dich tragen
> Und den Enkelkindern übergeben
> Und vor der Gefangenschaft retten
> Auf ewig!

Sie tritt häufig in Hospitälern auf, wo sie ihre Gedichte verwundeten Soldaten vorträgt. Für ihre patriotischen Werke bekommt Achmatowa später den Orden »Für die Verteidigung Leningrads« verliehen.

In Taschkent verfasst sie das Theaterstück »Prolog«. Darin geht es um die absurde Gerichtsverhandlung und Verurteilung der Heldin, deren einziges Vergehen darin besteht, eine Dichterin zu sein. Nach kurzer Zeit vernichtet Achmatowa jedoch dieses Stück. Alle späteren Versuche, es zu rekonstruieren, schlagen fehl.

Bis Mai 1944 bleibt sie in Taschkent. Die Stadt befindet sich weit hinter der Frontlinie und ist ganz anders als das europäisch kühle Leningrad mit seinen breiten

Straßen und hohen Gebäuden. Taschkent wirkt typisch orientalisch, mit einstöckigen Häusern, vielen Gärten, bunten Basaren. Neben Usbeken bewohnen Kasachen, Tataren und andere asiatische Völker die Stadt. Während des Krieges bietet die Stadt Tausenden von Flüchtlingen aus dem europäischen Teil der Sowjetunion Zuflucht. Das Leben von Achmatowa ist dort etwas leichter als das eines gewöhnlichen Flüchtlings, denn seit der Publikation ihrer patriotischen Gedichte ist sie nun eine gesellschaftlich »nützliche Dichterin«. Sie wird von der offiziellen Seite plötzlich als »unsere beste« oder »unsere führende Dichterin« bezeichnet. Sie bezieht eine so genannte Preisträger-Ration, die sie aber großzügig mit denen teilt, die nichts zu essen haben. Zwar klagt Achmatowa während ihrer Zeit der Evakuierung ständig über Heimweh, doch nimmt sie auch die Schönheit der orientalischen Welt auf, die sie zu einer Reihe von Gedichten über Taschkent und Asien inspiriert.

Kurz vor Kriegsende kehrt Achmatowa nach Leningrad zurück. Ihre Popularität wächst weiter und sie nimmt an zahlreichen Lesungen teil. Doch bald wendet sich das Schicksal erneut gegen sie. Nach dem Krieg beginnt in der sowjetischen Literatur die sogenannte »Schdanow-Ära« (genannt nach dem damaligen Kulturchef der UdSSR) mit ihren Attacken gegen die »entwurzelten Kosmopoliten«, den »dekadenten« Westen, mit der Verherrlichung des sozialistischen Realismus und der parteiideologischen Doktrin. Achmatowa ist eines der ersten Opfer dieser Hetzkampagnen. Zusammen mit dem Satiriker Soschenko wird sie 1946 aus dem Schriftstellerverband ausgeschlossen und wieder mit einem Publikationsverbot belegt.

Bekannt und viel zitiert wird Schdanows Rede: »Achmatowa ist eine typische Vertreterin volksfremder, hohler, ideenloser Poesie. Ihre Gedichte, durchtränkt von pessimistischem und dekadentem Geist, drücken den Geschmack der alten Salonpoesie aus ...« Der Themenkreis Achmatowas sei durch und durch individualistisch, die Reichweite ihrer Poesie bis zur Armseligkeit beschränkt – »die Poesie eines verrückt gewordenen Dämchens, das sich hin und her wirft zwischen dem Schlafzimmer und dem Gebetszimmer«. Sie sei »... Hure und Nonne, bei welcher Sünde mit Gebet vermischt ist«.[29]

Nach den eher liberalen Jahren während des Kriegs kommt diese Hetzkampagne völlig unerwartet für die gesamte Kulturwelt. In der Sowjetunion beginnt die Zeit eines extremen Chauvinismus und einer brutalen Kontrolle des Kunstbetriebs. In der Außenpolitik herrscht der Kalte Krieg.

Achmatowa wird völlig isoliert. Viele Freunde wenden sich aus Angst von ihr ab. Aber auch sie versucht, viele ihr nahe stehende Menschen zu meiden, um sie nicht in Schwierigkeiten zu bringen.

Erneut muss sie sich ihren Lebensunterhalt mit

Übersetzungsarbeiten verdienen. Obwohl damit erfolgreich, hat die Dichterin diese Tätigkeit immer als Last empfunden. So bemerkt sie in einem Gespräch mit ihrer Freundin und späteren Biografin Lydia Tschukowskaja: »Jetzt kommt es bei mir nicht mehr so darauf an, aber in produktiven Zeiten darf ein Dichter natürlich nicht übersetzen. Das wäre genau so, als wenn er sein eigenes Hirn aufessen wollte.«[30]

Nach dem Krieg war Achmatowas Sohn Lew Gumiljow wieder frei, aber 1949 verhaftet man ihn erneut. Da sie um sein Leben fürchtet, schreibt Achmatowa einen Gedichtzyklus, »Es lebe der Frieden«, in welchem sie Stalin preist. Dieser Zyklus, dessen Publikation der Diktator natürlich genehmigt, erscheint in »Ogonjok«, der bekanntesten Zeitschrift des Landes. Achmatowa ist sich voll bewusst, dass sie damit ihre tiefste Überzeugung von der Wahrhaftigkeit eines Dichters verrät. In keiner späteren Ausgabe ihrer Werke will sie daher diese Gedichte aufnehmen. Die Selbstverleugnung bringt allerdings nicht den erhofften Erfolg. Achmatowas Sohn bleibt für die nächsten sieben Jahre interniert.

Kummer und Krankheiten haben Achmatowa sehr verändert. Wenig ist von der viel bewunderten Schönheit ihrer Jugend und ihrer reifen Jahre geblieben. Anfang der 50er Jahre ist sie äußerlich eine ganz andere Frau. Sie ist »massig geworden, in die Breite gegangen. Ein volles Gesicht, der Mund zwischen den vollen

Wangen erscheint kleiner als zuvor. Das ganze Gesicht hat die scharfen Konturen eingebüßt. Sogar der Höcker auf der Nase ist verschwunden ... Nur der Blick ist geblieben. Und die Stimme«.[31]

Nach dem Tod Stalins 1953 wird sie in der sowjetischen Kritik langsam rehabilitiert. Aber erst ein paar Jahre später druckt man erneut ihre Gedichte in Zeitschriften und Almanachen. Im Jahr 1958 erscheint endlich wieder ein Lyrikband von ihr. Achmatowa ist allerdings mit der von der Redaktion getroffenen und zensierten Auswahl unzufrieden. Drei Jahre später gibt der staatliche Moskauer Literaturverlag Goslitizdat den Sammelband »Gedichte 1909–1960« heraus, die eine Auswahl von 250 ihrer Liebesgedichte umfasst.

Auch damit ist Achmatowa unzufrieden. »Das ist das dritte Buch, das eine falsche Vorstellung von seiner Autorin vermittelt«[32], beklagt sie sich. Das gleiche Schicksal der Zensur wird der Sammlung »Der Lauf der Zeit« widerfahren, dem letzten zu ihren Lebzeiten publizierten Gedichtband.

Im hohen Alter erfährt die Dichterin zahlreiche Ehrungen, auch im Ausland. So wird 1964 der 75-Jährigen in Taormina auf Sizilien ein Literaturpreis verliehen, den sie persönlich in Empfang nimmt. Ein Jahr später erhält sie in Oxford die Ehrendoktorwürde und ist so nach mehr als 50 Jahren wieder im Ausland unterwegs, macht Station in Rom, Paris und London. Im Unterschied zu den Reisen ihrer Jugend, die sie noch voller

Neugierde und Begeisterung unternommen hat, beeindrucken sie diese späten Fahrten kaum. Achmatowa ist zu alt und abgeklärt, um noch von etwas fasziniert zu sein. Nach dem Festakt in Oxford sagt sie: »Das ist meine Beerdigung. Solche Festakte sind nichts für Dichter.«[33]

Viele Arbeiten der Dichterin bleiben ungeachtet aller Ehrungen zu ihren Lebzeiten unveröffentlicht. Erst während der Perestrojka Ende der 80er Jahre wird die Publikationsbeschränkung gegen sie vollständig aufgehoben. Einige ihrer Werke, wie das »Poem ohne Held« oder das »Requiem«, werden zuerst im Ausland veröffentlicht, bevor sie in ihrer Heimat erscheinen.[34]

Gegen Ende ihres Lebens nimmt die Verehrung Achmatowas fast die Züge eines Personenkults an. So pilgern unzählige Menschen in ihr Sommerhäuschen, von Achmatowa »Budka« (Wärterhäuschen) genannt. Dieses Häuschen, in der kleinen Siedlung Komarowo bei Leningrad gelegen, hat ihr der Leningrader Schriftstellerverband in den 60er Jahren zur Verfügung gestellt. Es ist winzig und unbeheizt, Wasser muss man aus einem Brunnen herbeischleppen. Aber es ist immer voller Gäste. Vor allem junge Dichter, darunter Joseph Brodski, Anatoli Naiman und Jevgenij Rejn, suchen Achmatowa auf, um bei ihr Rat zu holen. Aber auch Redakteure, Ingenieure, Übersetzer oder ganz einfache Leute kommen vorbei, um der Dichterin ihre Ehrerbietung zu erweisen.

Bis ins hohe Alter bewahrt Achmatowa poetische Kraft und formale Meisterschaft. Mit enormer Ausdauer und Akribie arbeitet sie an ihrem späten lyrischen Werk. Sie modelliert und feilt wie eine Bildhauerin an jedem Detail, nach wie vor treu den am Anfang ihrer dichterischen Laufbahn erworbenen Grundsätzen von Klarheit, Einfachheit und Prägnanz des sprachlichen Ausdrucks.

Trotz Ruhm und Anerkennung bleibt Achmatowa bis zuletzt unbehaust und arm, besitzt kaum Möbel und wohnt hauptsächlich aus dem Koffer. Ihr einziger Besitz besteht aus ihren Manuskripten. Am 5. März 1966 stirbt sie mit 77 Jahren an Herzversagen. Obwohl die Beerdigung nicht öffentlich angekündigt wird, spricht sich die Nachricht vom Ableben der Dichterin sehr schnell herum. Ein nicht enden wollender Strom von Menschen sucht den Friedhof in Komarowo auf, wo Achmatowa beigesetzt wird.

Ein Leben voller Leiden hat Anna Achmatowa nicht bitter gemacht. Ein Jahr vor ihrem Tod schreibt die Dichterin eine kurze biographische Skizze, die sie mit den Worten abschließt: »Ich bin glücklich, in unvergleichlichen Jahren gelebt zu haben und Zeuge einmaliger Ereignisse gewesen zu sein.«

1988 wird ein Stern nach Anna Achmatowa benannt.

»Non, je ne regrette rien«*
Edith Piaf (1915–1963), Chansonnière

Von Heide Platen

Ein kalkweiß geschminktes Gesicht, eine breite Stirn über kohlschwarzen Augenbrauen. Der Blick nach oben gerichtet, verzückte Konkubine. Der Mund so breit und rot. Der weiße Häkelkragen ist ausladend gezackt wie eine Harlekinkrause. Dunkle Schatten, verwischt, aber nicht weichgezeichnet. Edith Giovanna Gassion sieht auf einem ihrer wenigen frühen Künstlerfotos aus, als werbe sie für einen Wanderzirkus: »Akrobat schöööön!« Eine Maske aus einer anderen Zeit, der des Stummfilms, als Kino noch Kintopp war und Fotografen auf den Jahrmärkten ihre Dienste anboten.

Den Hauch von Zirkusluft wird »die Piaf« nie ganz verlieren: *Bravo, bravo, pour le clown.* Die Kleider umschlottern die kleine Frau, wie drei Nummern zu groß, zum Hineinwachsen, das Dekolleté verrutscht. Und die zerrupften Locken sehen immer aus, als sei sie gerade aus dem Regen gekommen. Insgesamt eine winzige, kantige, windschiefe Person. Und eine Frau mit einem großen Herzen, voll der Liebe und geliebt von Millio-

---

* »Nein, ich bereue nichts«

nen: Edith Piaf, die Königin des Chanson. Und doch ist ihr ganzes Leben ein Kuddelmuddel, eine Legendengeschichte voller Armut, Leid und Lügen, voll der falschen Männer und der falschen Gefühle, des Ruhms und der Neider, voller Reichtum und Krankheit, immer geführt auf des Messers Schneide zwischen steilem Aufstieg und tiefem Fall, brennendem Ehrgeiz und Selbstvernichtung.

Piaf, der Spatz von Paris, war voller Lebenslust, ein Aschenputtel mit beispielloser Karriere, aber auch skandalumwitterte Femme fatale, der Schrecken der Mütter im Nachkriegseuropa. Nirgendwo außer in Frankreich hatte sie so viele Fans wie in Deutschland. Nirgendwo war die Faszination der Jugend an den rauchigen Pariser Nachtclubs, den ebenso rauchigen, anrüchigen Stimmen der Sängerinnen so groß. Nirgendwo sonst schminkten sich die Mädchen, Schneewittchen, die den Zwergen und den Prinzen nicht mehr trauten, die Gesichter so schneeweiß, so blutrot, waren die Augen so rabenschwarz umrandet.

Wer Edith Piaf war, woher sie kam, diese Frage ist immer wieder von Gerüchten umrankt worden. Dass ihre Größe in den nach ihrem Tod über sie erschienenen Beiträgen von 1,38 und 1,47 bis zu 1,50 Metern variiert, ist da kaum mehr als eine Petitesse. Falsche und wahre Freunde, eine unechte Halbschwester, Verwandte und Weggefährten haben Bücher über sie geschrieben und ihre Nähe zu ihr vergrößert oder geschönt, Gehörtes aufgebauscht, ihre eigenen Rollen im Leben der Piaf neu erfunden. Edith Piaf selbst hat es zu Lebzeiten ebenfalls gut gefallen, an ihrer Legende zu stricken. Das Pariser Gassenkind hat seine Kindheit und Jugend gerne noch elender, und damit romantischer, dargestellt, als sie es tatsächlich waren.

Geboren ist Edith Piaf unbestritten am 19. Dezember 1915 im Pariser Armenviertel Belleville. Dort hängt in der Rue de Belleville 72 eine Plakette über der Haustür mit der Inschrift: »Auf den Stufen dieses Hauses wurde am 19. Dezember 1915 in äußerster Armut Edith Piaf geboren, deren Stimme später die Welt in ihren Bann zog.« Eine Rührstory, in der Polizisten der armen Mutter im eisigen Nachtwind und im trüben Licht der Straßenlaternen unter ihren schützenden Pelerinen Geburtshilfe geleistet haben sollen. Der Geburtsschein der Sängerin sagt etwas anderes: Geboren im 20. Arrondissement in der Rue de la Chine 4, der Adresse des kaum einen Steinwurf entfernten Hôpital Tenon. Im Viertel leben auch heute noch arme Leute, Flüchtlinge, Zuwanderer aus Afrika und Arabien, aus deren Ländern jene kolonialistischen französischen Soldaten und Legionäre längst abgezogen waren, die Edith Piaf so sehr bewunderte, deren Kampf und Elend sie in romantisch verklärten Chansons besang.

Wahr ist auch, dass ihre Eltern arm waren, im Zirkus durch die Lande tingelten und in schlechtesten Zeiten auf den Straßen sangen. 1914 heiratete der 33-jährige *artiste acrobate*, der Wanderakrobat und gerade zur Armee einberufene Soldat Louis-Alphonse Gassion, die 16-jährige *artiste lyrique*, Nougatverkäuferin und Bänkelsängerin Anetta Maillard vom Kirmesplatz. Deren Familiengeschichte liegt mehr noch im Dunkeln als die der Gassions, die eine brave Arbeitertradition gelebt hatten, ehe Louis-Alphonses Großvater sich als Kunstreiter beim Zirkus verdingte. Edith mag diese Geschichten. Auch ihre Großmutter mütterlicherseits, Emma Saïd ben Mohammed, stamme, so schreibt Piaf in ihrer ersten Biografie »Au bal de la chance«, aus dem Zirkusmilieu. Sie sei aus der bitterarmen, nordalgerischen Kabylei gekommen. Als »Aicha« trat sie mit dressierten Flöhen auf.

Der Vater ist in den Veröffentlichungen ihrer Lebensgeschichte abwechselnd Schlangenmensch, Clown und Flohzirkusdirektor, immer aber ein unsteter Trunkenbold und Filou. Flöhe der undressierten Sorte wird es in Piafs Kindheit auch so genug gegeben haben. Dass Mama Anetta Mann und Tochter sitzen und das Kind bei ihren trunksüchtigen Eltern verkommen ließ, dass Vater Louis die Kleine später durch Absteigen schleppte, mag so gewesen sein. Schließlich sei Edith, gerade zwei Jahre alt, bei ihrer Großmama väterlicherseits gelandet, in einem *maison close*, einem Bordell, in Bernay in der Normandie. Die Geschichtsschreibung macht *grandmère* entweder zur Puffmutter oder zur gut bezahlten Köchin des Etablissements, dessen Damen rührend für das Kind gesorgt und es zur Schule geschickt haben wollen. Ein Kinderbild zeigt aber auch den Wunsch der Gassions nach Wohlanständigkeit. Da steht die kleine Edith im schwarzen Kleid, fein gemacht mit einer riesigen Schleife in den gedrehten Locken, mit Kniestrümpfen und Lackschuhen, die Hände gefaltet, und blickt pausbäckig mit nachdenklichen Kinderaugen in die Kamera.

Dass Edith Gassion als Kind blind gewesen und während einer Pilgerfahrt zur heiligen Thérèse von Lisieux durch ein Wunder geheilt worden sei, das ist auch eine der vielen Legenden, die die Piaf selber weiterverbreitete. Wahr ist wohl, dass sie in Bernay an einer Hornhautentzündung erkrankt, die nach ärztlicher Behandlung nach einigen Monaten von selber vergeht. Die Damen sind davon überzeugt, dass Edith am 19. August 1921 ihr Sehvermögen kraft ihrer Gebete wiedererlangt hat. Zum Dank wird das offene Haus einen Tag lang geschlossen und eine Pilgerfahrt organisiert.

Vater Gassion holt seine inzwischen achtjährige Tochter wieder ab und zieht mit ihr durch ganz Frankreich bis nach Nordspanien. Er tritt als Akrobat auf, sie sammelt das Geld ein. Er ohrfeigt sie, will aber auch, dass sie etwas lernt, und schickt sie unterwegs zur Schule. Während seiner Auftritte trällert das Kind schon früh die Marseillaise, die Internationale und kleine Liebeslieder. Manchmal muss Edith als »Sprechender Tisch« auftreten. Sie sitzt zwischen den Tischbeinen unter einer Decke versteckt und beantwortet Vater Gassions Fragen mit Klopfzeichen. Manchmal muss sie beim Sammeln die Nummer »Vom kleinen Mädchen, das keine Mutter mehr hat« abziehen. Damit rührt Papa das Herz der Damen und öffnet nicht nur ihre Geldbörsen.[1]

Piafs Mutter ist nicht, wie manche Piaf-Legende behauptet, früh gestorben. Unter dem Namen Line Marsa tingelt und trinkt sie sich als Sängerin durch Gassen und billige Clubs und stirbt 1945 in Paris. Sie geht ihre inzwischen berühmte Tochter ein paar Mal um Hilfe an. Piaf unterstützt sie manchmal halbherzig, lässt sie aber auch abblitzen.

Edith verzeiht ihrer Mutter nie, dass sie sie verlassen hat. Und wiederholt doch, fast zwanghaft, deren Schicksal. Als Jugendliche rennt sie dem trinkenden, prügelnden Vater und seiner Geliebten davon. Sie arbeitet in einem Milchgeschäft und in einer Lackiererei. Sie lernt Banjo spielen und singt im Trio »Zizi, Zozette und Zozou« auf den Straßen, in Kasernen und Vorstadtkinos. 18-jährig bekommt sie ein Kind von einem Gelegenheitsarbeiter und Dieb. Edith verlässt ihn, schleppt Tochter Marcelle eine Weile lang mit. Deren Vater will, dass Edith zu ihm zurückkehrt, und holt sich das Kind. Es stirbt mit zwei Jahren an einer Hirnhautentzündung im Hôpital Tenon, dort, wo Edith geboren ist. Auch das wird später zur Legende, die erzählt, dass sich Edith für die Beerdigungskosten beinahe, aber nur beinahe, prostituiert hätte.

Edith Gassion und ihre jüngere Freundin Simone Berteaut tingeln weiter durch die Gassen, sind im Gauner- und Zuhältermilieu ganz und gar zu Hause. Im Polizeijargon ist das Straßenbettelei. Simone, Spitzname Momone, wird die ständige Begleiterin von Edith. Die beiden jungen Frauen sind zügellos, schmutzig, leben in billigen Hotels von der Hand in den Mund. Oft zu dritt, denn Edith bringt ihre Liebhaber, am liebsten die blauäugigen und blonden, mit aufs Zimmer. Ab und zu besuchen sie Papa Gassion. Momone sieht in ihm einen Vaterersatz und ist eifersüchtig auf seine leibliche Tochter Edith. Später stilisiert sie sich daher einfach zur unehelichen Halbschwester von Edith, begabt mit jenen akrobatischen Talenten, die Papa Gassion bei Edith immer vermisst hat.

Die Freundinnen treten zusammen auf. Edith singt auf den *bals musettes*, den Akkordeon-Tanzfesten, und tritt unter wechselnden Künstlernamen in drittklassigen Etablissements auf. Momone zeigt dazu ihre Zirkuskunststückchen.

Edith Gassions mühsamer Aufstieg beginnt 1935 im Kabarett »Le Gerny's« des Louis Leplée. Rührend liest sich die Geschichte ihres ersten Auftritts, der eigentlich längst nicht ihr erster gewesen ist. Leplée präsentiert sie als von ihm auf der Straße entdecktes Gossenkind, als der Spatz, *piaf*, wie solche Mädchen in der Sprache der Pariser Armenviertel genannt werden. Piaf wird von nun an ihr Künstlername sein.

Edith, die nicht einmal ein eigenes Bühnenkleid hat, wird mit ihren schlichten, volkstümlichen Liedern von den prominenten Gästen als begabte Kuriosität bestaunt und bejubelt. Der Blitzstart im Gerny's endet nach wenigen Monaten im freien Fall. Der homosexuelle Leplée wird in seiner Wohnung ausgeraubt und erschossen. Piaf mit ihrer von ihm aggressiv vermarkteten, zwielichtigen Vergangenheit gerät sofort in Verdacht und in die Schlagzeilen. Der Aufstieg der »Kleinen« im vom Hunger geplagten Paris der Arbeitslosen, in einer Zeit der Not, des Elends und exzessiver Vergnügungssucht war ebenso gierig aufgesogen und beklatscht worden, wie nun ihr jäher Sturz vom sensationslüsternen Publikum verfolgt wird. Sie wird auf der Bühne ausgebuht.

Piaf stürzt sich in einen Wirbel von Liebschaften und erfolglosen Tourneen. Ein neuer Anlauf gelingt ihr mit Hilfe einiger weniger Freunde. Der Schauspieler und Texter Raymond Asso nimmt sich ihrer an, gilt als ihr Professor Higgins, der ihr Manieren und Rechtschreibung beibringt. Diesen Anspruch, der dem eigenen Selbstbild schmeichelt, haben nacheinander immer wieder Männer für sich reklamiert. Asso bleibt der Einzige, dem er wirklich zukommt. Er liebt Edith, schreibt ihr die ersten eigenen Chansons, zu Herzen gehende Lieder der Armen, der Entrechteten, der Legionäre, der Matrosen und Prostituierten auf den Leib. Er zwingt sie, ihre Auftritte minutiös zu trainieren. Im März 1937 bekommt sie endlich den ersehnten Auftritt im »A.B.C.«, der größten und bekanntesten Music-Hall von Paris. Das Lokalradio macht ihre Stimme populär. Ihre ersten Schallplattenaufnahmen verkaufen sich gut.

Sie genießt ihren wachsenden Erfolg, das turbulente Pariser Nachtleben – und trennt sich 1939 von Asso. Die nun folgenden Affären der Piaf entstehen aus dem Geist der Zeit und der persönlichen Unrast der Sängerin.

Die Nachtlokale der Hauptstadt sind die Domänen armer und reicher Intellektueller. Surrealisten bevölkern die Pariser Nacht, fasziniert vom Leid, Ausgeliefertsein des Einzelnen an sein Schicksal, von Elend und Sinnlosigkeit der menschlichen Existenz. Sie sind getrieben von hektischem Hunger nach dem Leben auf der dunklen Seite. Viele spielen nur mit dem Feuer, andere scheitern. Edith Piaf, die Autodidaktin von der Straße, die sich anpassen und ihren neuen Freunden gefallen will, hat all das schon erlebt: ständig wechselnde Partner, Alkohol und Drogenexzesse. Und entdeckt, dass sie, weil authentisch, *très chic* ist.

Edith Piaf und Yves Montand, 1947

Sie muss sich nicht ändern. Oder doch? Manche Kränkung, die ihr in dieser Zeit widerfährt, trifft sie tief. Sie ist noch immer das kleine Kuriosum, das sich nicht ordentlich waschen, kleiden, schminken kann und keine Tischmanieren hat. Piaf gibt sich zwar oft naiv, ist aber äußerst ehrgeizig. Sie will mitreden können, fehlerlos schreiben lernen. Sie büffelt Sprachen. Sie liest, traktiert später Liebhaber und Gefolge mit ihrem Bildungsprogramm von Baudelaire, Gide, Steinbeck, Jack London, Bertolt Brecht und Teilhard de Chardin bis hin zur französischen Geschichte.

Die Verachtung spießiger, bürgerlicher Wohlanständigkeit gehört zum Fundus des Zeitgeists, der die Finsternis der Nacht sucht. Auch Piaf sperrt die Sonne aus, aber sie kokettiert nicht mit dem Trend, sondern tarnt so die Schlaflosigkeit, an der sie zeitlebens leidet, als Provokation: »Schlafen heißt Zeit verlieren, Schlafen macht mir angst. Der Schlaf ist eine Form des Todes. Ich verabscheue den Schlaf.« Doch vor nichts fürchtet sie sich mehr, als allein zu sein mit »dieser schrecklichen Einsamkeit, die einem im Morgengrauen das Herz zusammenschnürt oder in der Abenddämmerung, wenn man sich fragt, ob es sich noch zu leben lohnt, und warum man lebt.«[2] Ihre Angst und Unsicherheit verdeckt sie nach ihren Auftritten mit nächtlichen Gelagen bis in den nächsten Tag hinein.

Piaf ist in der aufgeheizten Pariser Atmosphäre die ideale Besetzung. Ihr Leid prädestiniert sie. Grausam vor allem gegen sich selbst und in konsequenter Selbsterniedrigung und -zerstörung lebt sie jenes Grundmuster des masochistischen Charakters in Perfektion, dessen Credo ist: Ich bin schlecht, ich bin unwürdig. Liebe mich! So etwas wie mich kann kein Mensch lieben. In ihren Memoiren schreibt sie kurz vor ihrem Tod: »Jedesmal, wenn ich glaubte, den Mann meines Lebens gefunden zu haben, wurde alles zunichte, und ich war wieder allein.«[3] Und: »Nicht, daß ich den Teufel im Leibe hatte – es war nur das bohrende, beinahe krankhafte Bedürfnis, geliebt zu werden, um so mehr geliebt zu werden, je häßlicher und verächtlicher ich mich fand, je weniger für die Liebe geschaffen.«[4] Sie erkennt das Mechanische ihres Handelns nur am Symptom: »Manchmal genügt schon eine Kleinigkeit, eine harmlose Lüge, ein Wort zuviel, daß meine Liebe plötzlich erlischt und ich mich einem anderen in die Arme werfe, von dem ich mir das Wunder erhoffe.«[5] Piaf treibt jede Beziehung auf die Spitze. Nicht sie ist die Verlassene, sondern sie verlässt. Sie zehrt von den Schmerzen, die sie sich selbst zufügt, und legt sie in ihre Lieder.

Ihre Bindungsunfähigkeit stilisiert sie zum Freiheitsdrang, aber auch zur Strafe, zum Schicksal: »Nur war es so, daß ich diejenigen, welche mich an sich binden wollten, nicht oder nicht genügend liebte; und die anderen wiederum, mit denen ich mich gern verbunden hätte, liebten mich nicht oder waren nicht frei … Ich flog von einem Mann zum anderen und wünschte doch nichts sehnlicher, als endlich bleiben zu können.«[6]

Zu ihren Verehrern gehören viele Prominente. Einer der bekanntesten ist der Schriftsteller Jean Cocteau. Er schenkt ihr 1940 ein Theaterstück, das das Abbild ihrer Beziehung zu ihrem neuen Liebhaber ist, dem Schauspieler Paul Meurisse: »Le Bel Indifférent« (Der schöne Gleichgültige). Auf der Bühne agieren ein schweigender, Zeitung lesender Mann und eine Frau, die sich laut und leise, verzweifelt und zornig um seine Aufmerksamkeit bemüht. Die Piaf spielt die Rolle selbst und steht zum ersten Mal als Schauspielerin auf der Bühne. Sie lernt schnell und hat Erfolg. Die Rolle des Mannes wird auf ihren Wunsch mit Meurisse besetzt. Er ist bürgerlich und wohlerzogen und entspricht dem schönen Gleichgültigen auch im Privatleben. Sie provoziert ihn durch Szenen und Skandale, unermüdlich und im Wiederholungszwang, vermischt mit Selbstvorwürfen. Ein Mann, sagt sie einmal, dürfe alles sein, nur nicht gleichgültig: »Ich muß auf ihn zählen können, Angst haben vor seinen Reaktionen, Angst haben, ihm zu mißfallen.«[7] Mit einer Konsequenz, in der Stolz mitschwingt: »Dann versetzte er mir eine solche Ohrfeige, daß ich ein blaues Auge bekam und drei Tage lang vor Schmerzen nicht essen konnte.«[8] Meurisse und Piaf trennen sich. Das Stück »Le Bel Indifférent« bleibt Teil ihres Lebens. Immer wieder spielt sie es zusammen mit ihren jeweiligen Liebhabern.

Piaf, inzwischen in ganz Frankreich ein Star, inszeniert sich selbst und lebt immer hektischer. Das Publikum schwankt zwischen Faszination und Grauen und jubelt ihr zu: »Und drei Jahre brauchte ich, um eine Frau und ein Star zu werden statt eines bloßen Phänomens, dessen Stimme man sich anhört, wie man ein seltenes, auf einem Jahrmarktstand zur Schau gestelltes Tier bestaunt.«[9] Und macht ihre Mühen selbst zunichte: »Aber bei einer solchen Lebensweise mußte es schließlich so weit kommen, daß man mich für ein Flittchen hielt: Ich wurde zum Gespött meiner Umgebung und ›die Zuflucht‹ der durchreisenden Künstler.«[10]

1941 marschieren die Deutschen ein. Paris ist nun eine besetzte Stadt. Auch den Vergnügungsbetrieb übernehmen die Deutschen, doch Piaf und die meisten ihrer Kollegen dürfen weiter auftreten. Sie sind keine Widerstandskämpfer und bescheiden sich mit ihren eigenen, kleinen Subversionen. Der Piaf applaudieren die Pariser stehend, als sie mit dem Lied »Deux copains« auftritt: »Où sont-ils tous copains, qui sont partis un matin faire la guerre?« (Wo sind all die Kameraden, die eines Morgens in den Krieg gezogen sind?) Am Ende des Lieds leuchten im Bühnenhintergrund Scheinwerfer in den Farben der Trikolore auf und umhüllen die Sängerin. Die Zuschauer sind begeistert, singen im Chor mit und weinen. Die deutsche Zensur schreitet umgehend ein und verlangt eine Entschärfung des Programms.

Die Piaf, heißt es später in einigen Biografien, sei gänzlich unpolitisch gewesen: »Ihr persönlicher Widerstand bestand darin, daß sie sich einen jüdischen Liebhaber nahm.«[11] Jugendgefährtin Berteaut sieht das anders und meint, Edith habe sich für die Fluchthilfe »die Moneten abluchsen« lassen. Auch für die Gefangenenlager sei ihr »Herz immer blau-weiß-rot und ihr Geldbeutel stets offen«[12] gewesen. Die Sängerin, die schon 1936 bei einem antifaschistischen Treffen aufgetreten war, hilft nicht nur dem in Marseille untergetauchten jüdischen Komponisten Michel Emer, sondern auch vielen anderen Flüchtlingen. Sie zieht 1942 aus ihrer Wohnung in der Rue Anatol-de-la-Forge aus, in der sie mit Meurisse gelebt hatte, und siedelt, angeblich weil dort die Heizung besser funktioniert, in das dritte Stockwerk im Bordell der Madame Billy in der Rue Villejust um. Bei Billy floriert nicht nur der Schwarzmarkthandel, sondern es wird auch – zusätzlich verdeckt durch den Lärm und den Trubel des Piafschen Gefolges – heimlich jüdischen Flüchtlingen geholfen. Die Gestapo verdächtigt Piaf. Sie lacht die Offiziere aus: »Dédée«, sagt sie während des Verhörs zu ihrer Sekretärin Andrée Bigard, »du sagst mir doch immer, daß ich nie reich sein werde. Nun, du hast dich getäuscht! Ich besitze ein Schiff in Marseille und transportiere damit die hübschesten Männer nach England.«[13]

Die überall so populäre Piaf, fordern die Nazis, soll auch in Deutschland singen. Sie sagt zu, will aber nur in Lagern mit französischen Gefangenen auftreten. Sie reist nach Berlin und tut, was von einer Diva erwartet wird: Sie meckert, nörgelt, tyrannisiert das Personal und die Organisatoren. Die Zimmer sind zu wenig geheizt, das Essen ist schlecht. Zu einer Einladung von Joseph Goebbels rauscht sie mit einer Stunde Verspätung an. Während der Tournee ohrfeigt sie einen Leutnant der SS. Als im Juni 1944 eines der Gefangenenlager in Deutschland bombardiert wird und viele französische Gefangene dabei ihr Leben verlieren, lädt sie in Paris zur Benefiz-Gala für die Hinterbliebenen. Sie sammelt beim hochkarätigen Publikum Schmuck und Pelze ein, die gleich danach wieder an die Spender versteigert werden.

Eine Befreiungsaktion findet unter ihrem Schutzmantel statt. In einem Münchner Arbeitslager lässt sie sich mit den Gefangenen fotografieren, zur Erinnerung, wie sie vorgibt. Die Fotos werden in Frankreich vergrößert, in gefälschte Pässe montiert und den Gefangenen zugeschmuggelt, nachdem das Personal mit Luxusgütern bestochen worden war. Die Männer gehen dann später in Ediths Tross als Orchestermitglieder mit über die Grenze. Die Initiative zu dieser Aktion ging von Andrée Bigard aus. Unwahrscheinlich ist aber, dass Edith Piaf von alledem nichts gewusst haben soll. Später sagt sie dazu: »Nein, ich war nicht bei der

Résistance, aber ich habe meinen Soldaten geholfen.«[14] All jenen, die nach der Befreiung mit ihrem Widerstand kokettieren, begegnet Piaf ironisch: »Wissen Sie, was ich gerne sähe? Ich sähe gerne einen Feigling.«[15]

Dafür, dass Edith Piaf zur Freundschaft fähig, großherzig und über die Maßen großzügig war, blieben ihr auch ihre ehemaligen Liebhaber und Schützlinge dankbar, wie etwa Yves Montand, Charles Aznavour, Georges Moustaki und viele andere. Nicht alle hat sie wirklich »gemacht«, aber sie hat ihnen geholfen, berühmt zu werden: »Ich half ihnen zu entdecken, was sie schon besaßen. Man kann niemanden künstlich aufbauen, man hilft nur bei der Entwicklung.«[16]

Dafür verlangte sie allerdings viel: Unterwerfung, Disziplin, Ehrgeiz und pausenlose Arbeit. Ihre *patrons* sollten immer in allem die Besten sein, sei es als Sportler, als Sänger oder als Schauspieler. Yves Montand, der fast drei Jahre mit ihr zusammenlebte, erinnerte sich: »Sie hat mir sehr geholfen. Nicht, daß sie mich lanciert hätte, wie man oft behauptet hat. Aber sie hat mich Zeit gewinnen lassen.« Sie trieb dem Sänger die Cowboy-Masche aus, schrieb ihm neue Texte, verschaffte ihm seine ersten Filmrollen. »Edith gab mir nicht nur Ratschläge. Sie war wirklich großartig. Sie gab mir einfach alles.«[17]

Dazu gehörte unweigerlich auch die Standardausstattung à la Piaf mit goldenem Medaillon und Feuerzeug, Manschettenknöpfen, schicken Anzügen. Auch Montand ließ sich das von ihr gefallen, bewunderte ihre Kompromisslosigkeit, ihren Witz: »Es war die große Liebe zu Edith, zu ihr, die alles schwarz in schwarz sah und sich zugleich vor Lachen mit mir kringelte.« Montand blieb auch nach ihrem Tod ihr Ehrenretter. In einem Radiointerview sagte er: »Was man den Leuten heute über unsere Beziehung erzählen will, ist alles gar nicht wahr; dieser durch und durch morbide, dieser leichenfledderische Aspekt dabei stört mich wahnsinnig ... Edith war schön, wissen Sie. Als ich sie 1944 kennenlernte, war sie sehr hübsch. Viele Leute haben sie vielleicht erst gegen Ende ihres Lebens entdeckt, als sie völlig elend aussah ...« Edith Piaf, die immer wieder von Männern Verlassene? Montand, dem es nicht anders erging als den meisten Liebhabern, wird ärgerlich: »Es ist nicht sehr nett, was Sie da sagen! Ich war nicht derjenige, der gegangen ist. Sie war es, sie hat mich verlassen. Ich bin überhaupt nicht gegangen. Es ist mir sogar sehr schwer gefallen.« Und: »Sie war wunderbar, zärtlich, voller Hingebung, aber in dem Moment, wo sie einen fallen ließ, konnte sie äußerst grausam sein.« Er entschuldigt die unermüdliche Wiederholungstäterin: »Sie sang wundervoll, wenn sie verliebt war, und sie sang wundervoll, wenn sie innerlich zerrissen war. Denn es tat ihr weh, jemanden zu verlassen; danach kam dann die Freundschaft. Sechs bis acht

Monate danach.«[18] Dann, wenn sie in den nächsten Mann verliebt war.

Dankbar war ihr später auch Eddie Constantine, den sie 1951 als Partner in der musikalischen Komödie »P'tite Lili« berühmt macht. Er erzählt die Anekdote von einer selbstbewussten, bissigen Piaf, die bei Greta Garbo zu Gast war: »Ich saß neben Garbo, und sie fragte mich, ob ich Piaf dazu bewegen könnte, ein oder zwei Lieder zu singen ... aber sie wollte nicht. Sie war der Ansicht, daß sie nicht mehr für ihr Essen zu singen brauchte.«[19] Constantine verlässt sie tatsächlich, ehe er vertrieben wird. Sie nimmt es ihm nicht einmal übel.

1947 eroberte Piaf die USA. Allerdings nicht im ersten Anlauf. Ihre von ihr entdeckte neue Gesangsgruppe, die neun »Compagnons de la Chanson«, bekommen mehr Applaus als sie. Die Amerikaner hatten eine ganz andere Pariserin erwartet als diese kleine, unprätentiöse Person ohne Federboa, Cancan und Sexappeal. Stattdessen bietet sie Stoff für Satire: »Die kleine Frau hat viel zu stark geschminkte Augen und einen Mund, mit dem sie eine ganze Büchse Tomatensaft auf einen Zug leeren könnte.«[20] Piaf ihrerseits mag New York nicht: »Diese Wolkenkratzer machen mir Schiß. Das ist zu riesig. Das ist zuviel.«[21] Dann aber kämpft sie und ihr Siegeszug ist umso großartiger. Das Publikum des teuersten New Yorker Kabaretts, des »Versailles«, feiert sie frenetisch. Die »New York Herald Tribune« schreibt verwundert: »Sie ist alles andere als hübsch und besitzt keine jener oberflächlichen Eigenschaften, die in der Welt des Show-Business so sehr geschätzt sind, aber ihre geistige Ausstrahlung ist so überwältigend, daß alles, was sie tut, sie schön macht.«[22]

Am schönsten aber macht sie in diesem Jahr ihre neue Liebe: der Boxer Marcel Cerdan. Sie ist glücklich, weil sie bei ihm wieder kleines Mädchen sein darf, Edith Giovanna Gassion vom Rummelplatz. Cerdan führt sie aus in eine billige New Yorker Schnellgaststätte zu Bier und Pastrami und sie ist begeistert, als er mit ihr auf den Jahrmarkt geht und sie auffordert: »Komm, du darfst Karussell fahren!« Sie ist selig: »Übermütig wie Kinder machten wir uns auf den Weg. Nachher zog er mich in die Geisterbahn und johlte vor Vergnügen, während ich vor Angst aufschrie.«[23]

Das Glück endet mit dem Tod Cerdans. Nur ihm blieb es vorbehalten, der wirkliche, wahre Mann ihrer Träume gewesen zu sein. Wäre Cerdan nicht im Oktober 1949 bei einem Flugzeugabsturz gestorben, wäre er, vermuten auch Piaf-Kennerinnen, nicht mehr lange der Märchenprinz geblieben. Dem toten Cerdan jedoch ist sie treu und betrauert ihn bis an ihr Lebensende.

Was vorher noch ein Spiel mit dem Feuer war, wird für sie nun tödlicher Ernst. Sie nimmt Drogen, betrinkt sich, erniedrigt sich selbst, stolpert auf der Bühne und vergisst ihre Texte. Für ihre Drogensucht macht sie den Tod Cerdans wie eine Reihe der nachfolgenden durch Stress, Drogen, Alkohol und Psychoterror verursachten Autounfälle verantwortlich: »Das Schicksal, mein Unstern, wachte wieder einmal über mir, wie wenn irgendwo geschrieben stünde, daß die Göre Piaf jedesmal wieder in den Dreck zurückfallen müsse, wenn sie gerade am Herauskriechen ist.«[24]

Piaf stürzt sich in Tourneen, pendelt zwischen Paris und den USA, zwischen Entziehungskuren und Exzessen. Daran ändert auch der Sänger Jacques Pills nichts, den sie 1953 in New York heiratet: »Diesmal dachte ich: ›Jetzt ist es soweit! Endlich habe ich die Liebe meines Lebens gefunden, den Mann, mit dem ich ein Leben lang glücklich sein kann – endlich einen Ehemann!‹«[25] Die Verbindung scheitert.

Auf ihren Tourneen reist Piaf mit großem Gefolge und weiß nicht einmal, wie viele Dollar und Franc sie verdient und ausgibt. Längst ist sie nicht mehr die Protegierte, sondern die Mentorin, die ihre jungen Männer auswählt, manche auch aushält und wieder fortschickt. Sie schlägt das Publikum in ihren Bann, weil sie ihre Lieder lebt. Es ist von ihren Galanen ebenso fasziniert wie von ihrem exzessiven Leben.

Edith Piaf, das bittere Kind, lacht über die Empörung, die ihre Verschwendungssucht auslöst: »Ich räche mich dafür, daß ich als Kind auf der Straße schlafen mußte. An den Abenden meines Triumphes schüttle ich mich vor Lachen. Weil ich dann an meine Jugend denke.«[26] Sie beschenkt ihre Liebhaber mit Goldschmuck und Autos. Schlechtes Gewissen ist manchmal dabei, aber auch Humor und Selbstironie. Sie ersteht eine Villa, in der sie nicht leben will, weil sie ihr zu groß ist, und westlich von Paris einen Bauernhof: »Das war damals gerade Mode … Innerhalb von vier Jahren belief sich die Ernte auf zwei Kilo grüne Bohnen, ein Pfund Erdbeeren und einige Tomaten. Unsere Viehzucht bestand aus zwei Hühnern, einem Kaninchen … und sämtlichen Katzen der Umgebung.«[27] 1958 ironisiert sie in einem Interview ihre Ausflüge in die Häuslichkeit: »Ich lese, ich stricke … Ich stricke Dinge, die ich nie beende … Pullover, Bettsocken … ich habe schon immer gut stricken können, doch ich mache nie etwas fertig.«[28]

Piaf ist seit dem Tod Cerdans zutiefst abergläubisch. Schon in ihrer Kindheit hatte sie die heilige Therese zu ihrer ganz persönlichen Schutzpatronin erklärt, weil sie fest davon überzeugt war, dass ihr die Heilige mit Rosenduft Zeichen gebe. Ihr Aberglaube eskaliert. Sie besucht Magier, Hellseher, Astrologen und Medien und glaubt an Warnträume. Der »Sprechende Tisch« ihrer Kindheit kommt als Farce wieder in ihr Leben. Sie reist nicht mehr ohne ein Klopftischchen, das ihr Kontakt zu dem toten Cerdan herstellen soll. Als ihre treue Sekretärin es heimlich verschwinden lässt, ist sie wochenlang zornig. Alle Ereignisse werden ihr zu Zeichen. Sie ist sicher, dass ihrem »Kreuzweg«, dem irdischen Leiden auf häufigen Krankenlagern, als Belohnung eine bessere Welt im Jenseits folgen müsse.

All dies wäre uninteressant, hätte die Sängerin Piaf nicht ein Werk hinterlassen, das eigenständig und doch untrennbar mit ihrem Leben verbunden ist: über 200 Chansons, Hymnen auf todgeweihte Soldaten, verlassene Mädchen, arme und gescheiterte Menschen und verlorene Lieben. Fast alle eine Melange aus Herz und Schmerz. Über 30 davon textete sie selbst. Sie singt mit Seele und Leidenschaft, aus voller Kehle in den frühen Jahren, später dann modulierter, mit wandelndem Ausdruck, metallisch hell, scharf, aggressiv, verletzend, dann wieder trotzig optimistisch oder dunkel und voller Wärme und Trost. Die eindringlichsten erhaltenen Plattenaufnahmen stammen aus den 50er Jahren, den Jahren ihres Leidens, in denen ihre Stimme an Unbekümmertheit verlor, dafür aber eindringlicher und reifer klang.

Auch in schwierigen Zeiten ist Edith Piaf eine disziplinierte Künstlerin, die jede Zeile, jede Bewegung stundenlang trainiert, bis Vortrag und Person ganz mit sich identisch sind. Dann steht sie schmal und schwarz im Scheinwerferlicht, oft nur die weißen Hände, das weiße Gesicht ausgeleuchtet, die Gestik sparsam und doch dramatisch, ganz auf ihre größte Liebe, auf das

Publikum konzentriert. Ihre Chansons, hat sie gesagt, »das bin ich, das ist mein Fleisch, mein Blut, mein Kopf, mein Herz, meine Seele.«[29]

Eines ihrer berühmtesten ist »La vie en rose«:

> Quand il me prend dans ses bras,
> qu'il me parle tout bas,
> je vois la vie en rose.*

Ihr Erfolgsgeheimnis ist sie selbst. »Ohne sie könnte man sich viele ihrer Chansons gar nicht anhören«, schreibt ihre Biogafin Joëlle Monserrat, »sie wären unmöglich, einige sogar lächerlich. Sie aber erlebt jede Geschichte so intensiv, empfindet sie als so wirklich und bringt sie mit so großartiger dramatischer Kunst zum Ausdruck, daß man auch noch die schlechtesten beklatscht.«[30]

Dass sie ihre Geschlechtsgenossinnen gehasst, sie nur als Konkurrentinnen empfunden und sie schlecht behandelt habe, ist oft überliefert worden. Eifersüchtig sei sie gewesen, tyrannisch und arrogant und sie habe andere Frauen entweder ignoriert oder ausgenutzt. Piaf behandelt Frauen aber wohl kaum schlechter als Männer, manche eher besser.

---

* Wenn er mich in seine Arme nimmt, wenn er leise zu mir spricht, sehe ich das Leben in Rosa.

Mit Marlene Dietrich freundet sie sich nach einem ihrer ersten Auftritte in den USA an. Die Diva ist begeistert von der Kunst der kleinen Sängerin und fühlt sich anfangs als deren Mentorin, schenkt ihr ein smaragdbesetztes goldenes Kreuz. Dietrich nennt sie in ihren Memoiren »meine Freundin Piaf« und behauptet, dass sie, die große Dietrich, neben Piaf zur »Kusine-vom-Lande« reduziert sei, eingespannt in Piafsche Liebeshändel: »Verführerisch war sie, alle nur erdenklichen Freuden versprach sie – und das alles mit der ihr eigenen unwahrscheinlichen Intensität.« Marlene Dietrich unterwirft sich der kleinen Freundin, wirbt beim amerikanischen Publikum für sie: »Ich diente ihr mit allen Eigenschaften, die sie gerade benötigte, zu jeder gegebenen Zeit ... Sie hatte mich gern. Vielleicht liebte sie mich.« Piafs Freundschaft zur Dietrich ist nur eine ihrer oft heruntergespielten Beziehungen zu Frauen.

Die Dietrich hatte ihr beigestanden, als Marcel Cerdan starb. Sie hatte Angst um die Freundin gehabt, die am Abend des Todestages ihres Geliebten unbedingt auf die Bühne wollte. Ein Lied wenigstens sollte sie nicht singen, »Hymne à l'amour« (Hymne an die Liebe), mit der Zeile: »Wenn du stirbst, will auch ich sterben.« Edith Piaf aber hat dieses Lied dennoch gesungen. »Sie gebrauchte gleichsam den Schmerz, die Trauer, das Leid, den Kummer, um besser als jemals zu singen.«

Doch irgendwann erträgt Marlene Dietrich die

Drogen der Piaf nicht mehr: »Ich gab sie auf als ein verlorenes Kind – bedauerte sie, trauerte um sie, behielt sie für immer und ewig eingeschlossen in meinem Herzen.«[31]

Charles Aznavour ist einer der Freunde, die nicht aufgeben, sondern Ediths Eskapaden auch in den letzten Lebensjahren der Sängerin geduldig ertragen. Als er der Piaf im Jahr 1947 auffiel, ist er schon ausgebildeter Sänger. Auch er, mit dem sie trinkt und lacht, den sie drangsaliert, herumscheucht, verspottet und dem die »kleine Schwester aus der Gosse«[33] eine Nasenoperation bezahlt, unterwirft sich der Tyrannin Piaf, die ihren Tross zwingt, ihre Lieblingsfilme ein Dutzend Mal mit ihr anzusehen, zu essen, was sie isst, und allen das Sonnenbaden verbietet. Aznavour klagt: »›Die Hure‹, das ist die Sonne, ihre Feindin. So geht das während der ganzen Zeit, die wir hier bleiben. Das ist keine Côte d'Azur mehr, das ist das Straflager von Cayenne. Reihum hockt sich jemand zu ihr in den Schatten ihres Salons, um ihr Gesellschaft zu leisten.«[33]

Trotz allem bleibt Aznavour ihr lebenslanger Freund und sie gibt ihm gute Ratschläge auf den Weg zur Berühmtheit mit: »›Sowie man anfängt, dich anzupumpen und zu bestehlen‹, hat Edith mir erklärt, ›bist du auf dem besten Weg.‹« Diese Erkenntnis amüsiert Edith auch noch kurz vor ihrem Tod: »Ich weiß sehr wohl, daß man mich bestiehlt. Während meines ganzen Lebens ist man über meine Tasche gegangen, aber ich habe ja immer gewußt, wer die Diebe sind, und außerdem ist das auch völlig unwichtig.«[34]

Lebenslange Freunde bleiben auch Jean Cocteau und der Schriftsteller und Poet Jacques Bourgeat, der das erste eigene Chanson für Edith Piaf gedichtet hatte. Sie schreibt ihm Briefe, die er später der Nationalbibliothek vermacht. Veröffentlicht werden dürfen sie erst im Jahr 2004.

Cocteau, den Piaf bewundert und der am gleichen Tag stirbt wie sie, hat ihr seine platonische Liebe erklärt: »Schaut euch dieses kleine Wesen mit den Eidechsenhänden an, sie hat die Stirn Bonapartes und die Augen eines Blinden, der das Licht wiedergefunden hat. Wie wird sie singen? Wie wird sie sich ausdrücken? Wie werden die großen Klagen der Nacht aus ihrer schmalen Brust hervorbrechen? Jetzt singt sie oder versucht vielmehr, wie die Nachtigall im April, ihr Liebeslied erklingen zu lassen. Habt ihr je vernommen, wie die Nachtigall das tut? Sie müht sich, sie belebt sich, sie schreit sich heiser, sie erwürgt sich, sie hebt zum Höhenflug an und stürzt. Und plötzlich findet sie sich. Sie zwitschert und trällert, und sie überwältigt.«[34]

Piaf sagt 1957 in einfacheren Worten, was ihren Erfolg ausmacht: »Ich singe für die Kleinen, für die Dicken, für die Gehemmten und gebe ihnen die Hoffnung, daß die Liebe eines Tages auch zu ihnen kommt.«[36] »Sie sang«, schreibt die Biografin Monique

Edith Piaf in den 50er Jahren

Lange, »damit die anderen zerrissen würden, wie sie es war. Sie sang, um Leiden zuzufügen.«[37]

Das aber fügt sie sich vor allem selbst zu. Immer stärker werden die Medikamente und Drogen, Cortison gegen das sie schon seit langem plagende Rheuma, Morphium gegen die Schmerzen, Beruhigungs- und Aufputschmittel. Sie betrügt sich selbst.

»Sie schwor sich, es würden nur zwei Spritzen am Tag sein: Die beiden, die ihr der Arzt angeblich erlaubt hatte, zählte sie einfach nicht mit ... Weil sie sich aber von der Sucht befreien wollte, schob sie das Spritzen möglichst lange hinaus. Dann war sie so erledigt, daß sie sich nicht mehr die Zeit nahm, die Spritze und die Nadel abzukochen oder mit Alkohol zu sterilisieren, und sie piekte sich einfach durch den Ärmel oder den Strumpf in den Arm oder Oberschenkel.«[38] Diese gnadenlose klinische Beschreibung stammt von Momone, der Jugendgefährtin Simone Berteaut, alter ego und Unstern im Windschatten der Piaf. Momone ist eine derjenigen, die Edith Piaf immer wieder in ihrem selbstzerstörerischen Lebenswandel unterstützen. Momone ist ebenso anhänglich wie intrigant. Sie zu vertreiben, das hatten schon viele von Piafs Freunden vergeblich versucht.

Auch Marcel Cerdan hatte sich ohne Erfolg bemüht, Momone loszuwerden. Doch sie kam immer wieder. Sie stachelte ihre Kumpanin zu Exzessen an, schmuggelte Drogen und Alkohol in ihre Krankenzimmer, bediente sich an ihrem Geld, nahm sich abgelegte Kleider ebenso wie ausgemusterte Liebhaber.

Ihr Buch über ihr Leben mit der Freundin Piaf ist manchmal boshaft bis ins Detail: »Ediths Geschmack war entsetzlich. Rüschen, Plissees, kleine Volants und schreiendes Rouge liebte sie über alles. Es störte sie nicht im mindesten, Blau, Violett, Gelb und Grün gleichzeitig zu tragen ... Wenn wir zusammen ausgingen, ließ ich sie ruhig in ihrem Karnevalsaufzug herumrennen. Ich zog mir kleine, schlichte Kleider an, ein bißchen eng anliegend.«[39]

Momone, die mit Edith immer wieder Bad und Bett

teilt wie zu ihren Tingeltangelzeiten, weiß aber auch, wann sie sich zurückziehen muss, zum Beispiel, als der elegante Paul Meurisse Piafs Favorit ist. Sie weiß, dass sie wiederkehren wird, beim nächsten Mal, beim nächsten Mann, denn »ich war es nicht gewöhnt, allein zu sein, zu oft war ich aufgewacht und Edith hatte neben mir gelegen.«[40]

Piafs letzte Lebensjahre werden begierig von den Zeitungsredaktionen begleitet. Sie verlangen immer neue Interviews und Bekenntnisse, die sie ihnen nicht ungern zukommen lässt. Sie gibt ein Konzert nach dem anderen, nimmt neue Platten auf und spielt kleine Filmrollen. Sie feiert ihre größten Erfolge.

Der Grieche Georges Moustaki schreibt der 54-Jährigen »Milord«, das aggressiv-optimistische Lied eines Tingeltangel-Girls, das in einer Bar den Gentleman tröstet, dessen Freundin über das Meer davongefahren ist:

> Allez venez Milord
> Vous asseoir à ma table
> Il fait si froid dehors
> Ici c'est confortable ...*

Der 18 Jahre jüngere Moustaki findet Piaf zuerst

---

* Los, kommen Sie her, Milord, setzen Sie sich an meinen Tisch! Draußen ist es so kalt, hier ist es viel angenehmer.

schrecklich, dann unterwirft auch er sich ihrer Tyrannei und versucht vergeblich, Ordnung in ihr Leben zu bringen. Stattdessen soll er eine unheimliche Unfallserie verursacht haben: An einem regnerischen Septembertag 1958 fährt er Edith Piaf von ihrem Landhaus zum Flughafen Orly und kommt auf einer Straßenstelle mit ausgerechnet dem Namen »La grâce de Dieu« ins Schleudern. Edith muss ins Krankenhaus, sie hat eine Stirnwunde, zwei Sehnen an ihrer Hand werden genäht. Für sie steht der pünktliche Abflug zu einer großen Überseetournee auf dem Spiel und so zwingt sie ihn, die Strecke noch einmal zu fahren. An derselben Stelle platzt ein Autoreifen. – Vielleicht aber ist auch das Legende. Die Überlieferung der zahllosen Unfälle der Piaf entbehrt jeder zuverlässigen Chronologie.

Eine weitere Amerika-Tournee endet für Edith nach einem Zusammenbruch im Februar 1959 im Presbyterian Hospital in New York. Von nun an häufen sich die Krankheiten, ihre Stimme wird schwächer. Mit eiserner Disziplin zwingt sich Piaf dennoch immer wieder auf die Beine und vor ihr Publikum, bis es nicht mehr geht.

Doch Ende 1960, nach fast zwei Monaten Sauerstoffzelt und über einjähriger Bühnenpause, steht in der Pariser Olympia-Music-Hall eine Totgesagte auf der Bühne. Die Pariser Prominenten und die Journalisten drängen sich. Am Ende hält es die Menschen nicht mehr auf den Sitzen, sie springen auf die Stühle, applaudieren stehend, zu Tränen gerührt. Ein Berichterstatter fängt ein, was sie alle umtreibt bei dieser Frau, die Armen wie die Reichen und Schönen: »Anfangs liegt für ein paar Augenblicke bleierne Angst über dem Saal, Angst, die Frau, die da oben auf unsicheren Beinen steht, könne wieder zusammenbrechen. Aber sie fängt sich. Einmal bleibt ihr der Text weg. Sie fängt das Lied von vorn an. Dann steigert sich der Applaus von Lied zu Lied.«[41] Edith Piaf bricht nicht zusammen, diesmal nicht, und mit ihr sind alle noch einmal davongekommen.

Ihre Ehe mit dem 20 Jahre jüngeren Griechen Théophanis Lamboukas, den sie Théo Sarapo nennt, ist für sie erneut, zum letzten Mal, die große Liebe. Sie wird, mit ihrem Einverständnis, zur Farce, zum Presse-Gag. Die Idee zur Legalisierung der Affäre war bei einer Konferenz der Zeitung »France-Dimanche« entstanden, die ihre Auflage mit dem Abdruck der Lebensbeichte Piafs schon mehrfach enorm gesteigert hatte. Piaf ist angetan und veröffentlicht in dem Blatt ein Heiratsversprechen. Am 9. Oktober 1962 wird sie in der orthodoxen Kirche in der Rue Daru getraut. Das Publikum jubelt ihr zu: »Es lebe die kleine Braut Frankreichs.«[42] Am nächsten Tag muss sie, von Aufregung und Schmerzmitteln geschwächt, wieder in die Klinik. Der Direktor der »France-Dimanche« sagt später wehmütig: »Von ihrem Todeskampf haben wir drei Jahre lang gelebt.«

Krankheit und ihre disziplinierte Stehaufmentalität haben Edith Piaf schließlich auch im prüden Nachkriegsdeutschland geadelt. Die Kolumnistin einer großen Tageszeitung erteilt ihr die Absolution. Nach dem Besuch eines Auftritts von Piaf und Théo Sarapo im Herbst 1962 im »Olympia« schreibt sie: »Und dann sang Edith Piaf. Etwas Wundersames erfüllte den Riesenraum. Mir lief es kalt den Rücken herunter, als ich sie hörte, diese dunkel-vibrierende Stimme, angefüllt mit Trauer, Witz, Melancholie und phänomenaler Kraft. Das prall gefüllte, das unglaubliche Leben der Piaf ist darin, das von Colette, Maupassant und Blaise Cendrars zusammen erfunden worden sein könnte. Ihr Grauen und ihr Mut, die Liebessehnsucht und die Todesnähe schwingen mit. Elfmal von den Ärzten schon aufgegeben, erstand der ›schwarze Engel des Liedes‹ wieder und sang und sang.«[43] Ihre letzte Vorstellung gibt Piaf am 8. März 1963 in der Opéra de Lille.

Die Autobiografie der Piaf »Mein Leben« ist die einer Sterbenden. Es ist die Lebensbeichte einer Frau, die fest davon überzeugt ist, dass eine Frau ohne Mann nicht einmal die Hälfte wert ist. Das mag Feministinnen erbosen. Verwundern kann es nicht. Für Edith Piaf war das Wichtigste im Leben nun einmal die Liebe. Piaf sei, hatte Simone Berteaut geschrieben, eine Nymphomanin gewesen. Eine Journalistin prägte für sie den Begriff »Liebomanin«.[44] Sie liebte das Leben, die Männer, die Chansons: »Für mich sind das Chanson und die Liebe eins. Ich bin eine Verliebte. Ich kann ohne Liebe nicht leben, das ist unmöglich.«[45]

Edith Piaf stirbt, 47 Jahre alt, am 10. Oktober 1963 in Placassier bei Nizza. Ihre Leiche wird nach Paris gebracht und in ihrer Wohnung in der Rue Lannes aufgebahrt. Eine schier unüberschaubare Menschenmenge geleitet die Schaustellertochter und gefeierte Sängerin am 14. Oktober auf ihrem letzten Weg zur Familiengruft auf dem Friedhof Père Lachaise in Paris, dort, wo auch Chopin, Molière, Balzac und Sarah Bernhardt bestattet sind. Vor allem Frauen drängen zu ihrem Grab und überrennen die Polizeiabsperrungen. Zehntausende waren schon am Tag zuvor an ihrem Totenbett vorbeidefiliert.

Das Museum, das ihr die Franzosen in den 80er Jahren in der Rue Crespin du Gast Nr. 5 eingerichtet haben, ist ein trauriger Ort: Edith Piaf aus Pappe, mit Pantoffeln an den geschwollenen Füßen, scheint in ihre Jahrmarktbude zurückgekehrt zu sein. In einem Sessel hockt der schmuddelige Riesenteddybär, den ihr Théo Lamboukas kurz vor ihrem Tod geschenkt hat. Dazu sind Postkarten zu sehen, Briefe, Fotos, Unterwäsche, Handtaschen – das Sammelsurium eines gehabten Lebens. »Non, je ne regrette rien«, hat sie in einem ihrer bekanntesten Chansons gesungen. Nein, sie hat nichts bereut.

»*In Leonora lebt eine sehr alte Seele*«
Leonora Carrington (geb. 1917), Malerin, Schriftstellerin

Von Christine Wolfrum

> I wish I were here
> Sorry but I am very
> old — However
> I appreciate That you
> are looking at Some of
> The Places where I have
> been Thankyou
> Leonora Carrington*

Diese Grußworte setzt die bildende Künstlerin und Autorin Leonora Carrington als knapp 81-Jährige dem neuen Katalog für eine Wanderausstellung ihrer Bilder und Skulpturen in Japan voraus. Sie macht das so, wie sie es immer getan hat, in Spiegelschrift. Bereits in frü-

---

* »Ich wünschte, ich wäre hier. Tut mir Leid, aber ich bin sehr alt. Jedoch weiß ich es sehr zu schätzen, dass Sie sich einige Orte anschauen, an denen ich gewesen bin. Danke.«

hester Kindheit hat sie sich diese Art des Schreibens angewöhnt und sie über all die Jahre konsequent beibehalten. Eigenwillig war sie schon immer, diese respektable Dame, mit dem forschenden, klaren Blick, der alles zu durchdringen sucht. Wissen ist das eine, findet sie, Verstehen das andere, Wichtigere. Zeit ihres Lebens hat sie sich deshalb auf die Suche nach dem »Verstehen« gemacht. Die Frage »warum« ist bis heute die treibende Kraft in ihrem Denken.

Leonora Carrington kam am 6. April 1917 als zweites Kind streng katholischer Eltern in Clayton Green in der englischen Grafschaft Lancashire zur Welt. Vater Harold Wilde Carrington hatte es zu einem steinreichen Textilfabrikanten gebracht und somit gehörte die Familie zum Großbürgertum. Später verkaufte er das florierende Geschäft an den international arbeitenden Chemiegiganten Imperial Chemical Industries (I.C.I.) und wurde dessen Hauptaktionär. Leonoras Mutter Maureen, Tochter eines irischen Landarztes, war eine gebildete, belesene Frau und eine Verwandte der im frühen 19. Jahrhundert lebenden und gefeierten Schriftstellerin Maria Edgeworth. Nach Patrick, dem ältesten Sohn, und Leonora folgten noch die Söhne Gerald und Arthur.

Als Leonora drei Jahre alt war, bezogen die Eltern das Schloss Crookhey bei Lancaster. Dieser standesgemäße Wohnsitz mit hervorspringenden Erkern, Spitzgiebeln und einem soliden Schlossturm war gerade richtig für die Carringtons und bot den Kindern Stoff für unzählige Spukgeschichten. Dort gaben die Eltern ihren Nachwuchs, wie in solchen Kreisen üblich, in die Obhut eines irischen Kindermädchens, einer französischen Gouvernante und eines Jesuitenpaters. »Meine Mutter sah ich am Tag nur ein einziges Mal: wenn ich von meiner Gouvernante zu ihr zum Tee geführt wurde.«[2]

Kein Wunder also, dass Leonora sich eng dem irischen Kindermädchen Mary anschloss. Die besaß einen schier unerschöpflichen Vorrat an Sagen und Märchen. Wenn sie von Göttern erzählte, die sich in mächtige Tiere verwandeln können, von sagenhaften verborgenen Schätzen, von Riesen mit fünf Köpfen, von bösen Zauberern, die Menschen verwünschen, und Elfen, die den Waldrand bevölkern, lauschte das kleine Mädchen hingerissen. Diese wunderlichen Wesen lebten fortan in seiner blühenden Phantasie weiter und führten dort ein eigenständiges Leben. Den Kopf voll mit Waldgeistern und Gnomen, war es nur nahe liegend, dass Leonora Carrington wie besessen versuchte, diese Wesen auch auf Papier zu bringen. Wenn sie heute zurückdenkt, so sieht sie sich als Kind über ein Blatt gebeugt, das nach kurzer Zeit von den absonderlichsten Figuren bewohnt wird. Sie scheint immer gemalt zu haben, soweit sie sich erinnern kann. Doch fügt sie scherzhaft hinzu: »Vielleicht ist das jetzt übertrieben, ich muß ja auch einmal Mumps gehabt haben, wie alle anderen Kinder in meinem Alter.«[3]

Für die einzige Tochter aus gutem Hause gab es damals eine klar vorgezeichnete Zukunft: Als junge Dame sollte sie reich heiraten, eine brillante Partie machen. Die richtige Voraussetzung, um später einmal einen großen herrschaftlichen Haushalt zu führen, war eine gediegene Erziehung. Deshalb schickte sie ihr Vater mit neun Jahren in die Klosterschule Holy Sepulchre in Chelmsford bei Essex. Was das für ein Mädchen bedeutete, das relativ frei aufgewachsen war, einen starken Willen besaß und gelernt hatte, sich gegen drei Brüder durchzusetzen, erfuhren die Nonnen der Schule rasch. Leonora hatte keine Lust, im Unterricht aufzupassen und Dinge zu lernen, die ihrer Ansicht nach nie in ihrem Leben eine Rolle spielen würden. Das hatte nichts mit Widerspenstigkeit zu tun, wie ihr Vater mutmaßte, sondern war nur konsequent: Wenn Leonora Carrington schrieb, dann nur in Spiegelschrift, ohne auf Schreibweise und Grammatik zu achten, ähnlich wie es später die Surrealisten von ihren Anhängern forderten.

Am Ende der Schulstunden waren ihre Blätter anstatt mit den geforderten Rechnungen mit seltsamen Lebewesen voll gemalt. Die Nonnen konnten nicht glauben, dass ein neunjähriges Mädchen es wagen würde, so offensichtlich gegen die Prinzipien der Schulordnung zu verstoßen. Lieber nahmen sie an, dass das

Kind geistesgestört war. Mit der Zeit gaben sie jegliche Bemühungen auf, die Widerspenstige zu zähmen und ein braves Mädchen aus ihr zu machen. Weil Leonora Carrington nichts von den Schulschwestern annehmen wollte, wurde sie nicht länger geduldet und heimgeschickt. Der Vater tobte.

Es war für die Eltern nicht einfach, ihre Tochter in einer anderen Schule unterzubringen. Im Kloster Saint Mary in Ascot wurde sie endlich auf persönliche Fürsprache des Bischofs von Lancaster aufgenommen. Diesmal dauerte es zwei Jahre, bis die Schulverwaltung nicht mehr mitmachte. Der Familienrat tagte. Was sollte nur aus dem missratenen Mädchen werden? Sicher, sie war ein »schwarzes Schaf«, aber schließlich eine geborene Carrington. Und so musste eine halbwegs akzeptable Möglichkeit gefunden werden, Leonora irgendwo, am besten weit weg, unterzubringen. So kam die Halbwüchsige mit 15 Jahren nach Florenz in ein Mädchenpensionat, um dem guten Ruf der Familie nicht zu schaden. Dort konnte sie 1932 zum ersten Mal Museen besuchen, in denen sie die Alten Meister für sich entdeckte. Bilder aus der Renaissance hatten es ihr besonders angetan. Stunden- und tagelang versuchte Leonora Carrington, solche Werke zu kopieren.

Den letzten Schliff für eine Dame aus der Oberklasse sollte ihr ein abschließendes Jahr in einem Pariser Internat geben, das sie auch durchhielt. Leonora war jetzt 17, eine dunkelhaarige Schönheit, dazu geistreich und witzig. Der Vater hätte sie am liebsten gleich unter die Haube gebracht. Verehrer gab es genug, nachdem sie auf einem Ball am Hof Königs George des V. als Debütantin eingeführt worden war. Für die kommende Saison mieteten die Eltern eine Wohnung im vornehmen Londoner Stadtteil Mayfair und luden alles, was Rang und Namen hatte, zu einem rauschenden Ball ins Hotel Ritz. Doch das war vergebliche Mühe. Sämtliche Verehrer scheiterten an Leonoras abweisender Kühle.

Ihre damaligen Empfindungen hat die Künstlerin 1938 in der Kurzgeschichte »Die Debütantin« festgehalten: »Zum 1. Mai hatte meine Mutter mir zu Ehren einen Ball organisiert. Ich litt ganze Nächte lang: Bälle habe ich schon immer gehaßt, vor allem solche, die man mir zu Ehren gab ... Am Morgen des 1. Mai 1934, ganz in der Frühe, stattete ich der Hyäne einen Besuch ab.«[4] In der magischen Erzählung bittet sie die Hyäne aus dem Zoo, ihren Platz einzunehmen, was das Tier ohne große Umschweife tut.

Die Hyäne als unzähmbares, eigenständiges Wesen, für ihr wildes, unbändiges Lachen bekannt, wird zu einem Tier Leonoras, das ihre eigenen »ungezähmten« Seiten darstellt. Dieses Tier der Nacht taucht von Anfang an immer wieder in ihrer Bilderwelt auf und entwickelt sich parallel mit ihr: Im ersten Selbstbildnis ist es jung mit prallen Zitzen und glänzendem Fell – in einer Darstellung von 1987 kommt die Hyäne alt mit ungepflegtem, zotteligem Fell mühsam auf Krücken daher.

»Nach all diesem Scheiß sagte ich zu meinen Eltern: In Ordnung, Ihr habt Euren Spaß gehabt, jetzt werde ich meinen besorgen! Und zum Kummer meiner Eltern war für mich dann wirklich und endgültig Schluß mit diesem ganzen Gesellschaftszirkus.«[5]

Zähneknirschend musste der Vater zulassen, dass seine Tochter ihren Willen durchsetzte. Schließlich durfte sich Leonora bei der damals angesehenen Akademie Amédée Ozenfant, einer Malschule in London, einschreiben und ein einfaches Zimmer in einer Pension beziehen. »Wir mußten Äpfel malen. Er war ein sehr strenger Lehrer. Wir mußten immer wieder denselben Apfel malen, bis der völlig verschrumpelt und verfault war.«[6] Leonora Carrington war eine fleißige Kunstschülerin, hielt sich aber nicht lange mit den Ideen ihres Lehrers auf, sondern malte, was in ihrem Kopf schon längst Form angenommen hatte.

Im Sommer 1936 brach der Surrealismus – eine neue Kunstrichtung aus Frankreich – auch über London herein. Zu der Ausstellung »International Surrealist Exhibition« kamen Tausende von neugierigen Besuchern, wollten die Maler, Picasso, René Magritte, Marcel Duchamp und Max Ernst sehen. Auch Leonora ging hin und war fasziniert, denn dort sah sie zum ersten Mal Werke, die ihrer eigenen Bilderwelt nahe kamen: Menschen mit Vogelköpfen, geheimnisvolle Räume und absonderliche Traumvisionen.

Später schenkte die Mutter ihr ein Buch über den Surrealismus. Den Einband schmückte ein Bild von Max Ernst: »Zwei Kinder von einer Nachtigall bedroht«. »Ich war völlig geschockt. Das hier, dachte ich, das weiß ich, was das ist. Ich verstehe es.«[7] Im Jahr darauf kam Max Ernst zu einer Einzelausstellung nach London. Leonora Carrington gehörte zu den geladenen Gästen des Abends und des anschließenden Dinners. Der deutsche Künstler sprach kaum Englisch, sie holprig Französisch. Dennoch verstanden sich beide sofort, es war eine Art Seelenverwandtschaft. Der 46 Jahre alte Max und die 20-jährige Leonora wurden ein Paar. »Vater Carrington setzt alle Hebel in Bewegung, um die skandalöse Liaison seiner Tochter zu verhindern. Er strengt eine Klage an gegen die Bilder des verfluchten Surrealistenpacks. ›Reine Pornographie!‹, schnaubt der einflußreiche Mr. Carrington. Doch alles Schimpfen, Drohen, Verbieten nützt nichts … In einem kleinen Landgasthof in Cornwall wird Leonora die Windsbraut des Max Ernst.«[8]

Sie ist die wild gelockte, dunkelhaarige Frau, eben die Windsbraut, die er bereits in den 20er Jahren gemalt hatte: Auf dem Bild ringen zwei Pferde, eng umschlungen miteinander. Sind es männliche Potenz und sexueller Trieb oder weibliche Wildheit, die – sich gegenseitig drängend – davonstürmen wollen?

Leonora gab ihr Studium bei Ozenfant auf und begleitete Max ohne Zögern nach Paris und in den Kreis der Surrealisten, von denen sie begeistert aufgenommen wurde. Nur Marie-Berthe, Maxens zweite Frau – wer konnte es ihr verübeln? –, war von der neuen Liaison ihres Mannes nicht angetan.

Leonora schien die Vorstellung der Muse, von der die Surrealisten schwärmten, zu verkörpern: Kindfrau und wilde schöne Hexe zugleich, ausgestattet mit einem schier grenzenlosen Ideenreichtum. Der Schriftsteller André Breton war hingerissen von dieser unkonventionellen Frau, von der er glaubte, dass sie im Mittelalter als Hexe verbrannt worden wäre, weil viele Frauen damals gerade deswegen sterben mussten, weil sie jung, eigenwillig und schön waren. »Auf wen heute könnte diese Beschreibung besser passen als auf Leonora Carrington?«[9] Sie regte nicht nur die Phantasie und Schöpfungskraft von Max an, sondern die ganze Gruppe der Surrealisten rund um André Breton, dem Verfasser des »Manifests des Surrealismus«.

In diesem Manifest von 1924 forderte Breton, dass der Traum, das Unbewusste, die Vision des Wahnsinns, eine ebenso gültige Form des Begreifens von Wirklichkeit sein sollte wie das vom normalen Verstand kontrollierte Denken und Empfinden. Die Imagination, die inneren Bilder, wurden bedeutungsvoll, sollten den Platz auf der Leinwand und im Buch einnehmen. Logische Konzeptionen, ob beim Malen oder Schreiben, wurden verworfen. Das so genannte automatische Schreiben sollte ganz unmittelbar die bestehende seelische Stimmung ausdrücken. Kein Raum sollte mehr übrig bleiben, um stilistisch und grammatikalisch am Text zu feilen. Der Zufall, das Unbewusste und die Träume waren es, die das Schaffen weithin diktieren sollten.

Der gemalte Gegenstand wurde vieldeutig, zum magischen Rätsel. Jeder Künstler hatte seinen eigenen Bilder- und Sprachvorrat. Bei Leonora Carrington ist zum Beispiel das Pferd ein stets wiederkehrendes Motiv. Zunächst einmal steht es für ihr »anderes Ich«. Als kleines Mädchen hatte sie sich gewünscht, ein Pferd zu sein. »Es würde mir eine andere Art von Energie geben, wenn ich ein Pferd wäre.«[10] Eine ihrer frühesten Erinnerungen gilt einem wunderschönen Holzschaukelpferd in einer dunklen Ecke des Hauses. Mit diesem Pferd verband Leonora eine innige Beziehung, ihm hatte sie ihre Nöte in der Einsamkeit ihrer Kindheit zugeflüstert.

Leonora hatte schon immer Tiere geliebt und früh Reiten gelernt. Ihre Mutter und sie besaßen eigene Pferde und waren in den Ferien gemeinsam ausgeritten. Von dem weißen Pferd, einer mythologischen Figur, hatte die Künstlerin aus vielen Erzählungen ihrer irischen Kinderfrau gehört. Es ist einem alten keltischen Stamm heilig und schneller als der Wind – ein Tier des Lichts, das sogar durch die Luft fliegen kann.

Immer wieder taucht dieses Motiv in Leonora Carngtons Bildern auf, die deutlich ihre besondere Begabung für das Phantastische und das Absurde widerspiegeln. Schon seit ihrer Kindheit lebte sie immer wieder in imaginären Reichen und der Surrealismus entsprach ihrer ureigensten Gedanken- und Bilderwelt, was einer strengen Arbeitsweise aber nicht im Wege stand. Carrington stellte für sich selbst die Forderung auf, beim Malen – und später auch beim Schreiben – mit dem linken Auge das Mikroskop zu befragen und gleichzeitig mit dem rechten Auge durch ein Teleskop zu schauen.

Der Surrealismus war aber nicht nur eine Stilrichtung, sondern auch eine Bewegung, die in alle Lebensbereiche hineinreichte. Künstler wie die Schriftsteller André Breton und Paul Éluard, die Maler Salvador Dalí, Marcel Duchamp und Max Ernst hatten sich die Ablehnung sämtlicher gesellschaftlicher Konventionen aufs Banner geschrieben. Im Privaten sollte es keinen Tabubereich geben, auch nicht in der Liebe und der Sexualität. Sexuelle Freiheiten wurden Frauen gleichermaßen zugestanden, jedoch niemals den eigenen. Jene anderen Frauen sollten Musen sein, die schöpferische Energie von außen. Eine seltsame männliche Erfindung, die den Frauen keine eigene künstlerische Potenz zugestand. Ihre einzige Aufgabe war, der Einbildungskraft der Männer zu dienen, damit daraus neues künstlerisches Schaffen entstehen konnte.

Frauen wie Leonora Carrington, intelligent, witzig und humorvoll, erkannten unbewusst, dass neben der anregenden Arbeitsatmosphäre die Gefahr lauerte, von ihren Kollegen als Muse und Medium missbraucht und so in ihrer künstlerischen Tätigkeit behindert zu werden. Das war auch der Grund, weshalb Leonora – wahrlich eine echte Surrealistin – nie mit dieser Vorstellung in Verbindung gebracht werden wollte. Darauf angesprochen antwortete sie: »Ich hatte keine Zeit gehabt, irgend jemandes Muse zu sein ... ich war zu sehr damit beschäftigt, gegen meine Eltern zu rebellieren und zu lernen, eine Künstlerin zu werden.«[11]

Weil die Muse als unschuldige und naive, mit Verrücktheit und Schönheit gepaarte Kindfrau den Frauen damals kaum Möglichkeiten bot, eine eigene reife Künstlerpersönlichkeit zu entwickeln, wehrten sich auch andere ernst zu nehmende Malerinnen ausdrücklich dagegen, zu den Surrealisten gezählt zu werden, unter ihnen die Mexikanerin Frida Kahlo, die Spanierin Remedios Varo, mit der Leonora später sehr eng befreundet war, und die Kosmopolitin Léonor Fini. Andererseits »bot der Surrealismus Frauen einen ersten kurzen Blick in eine Welt, in der kreatives Schaffen und die Befreiung von gesellschaftlichen und familiären Erwartungen möglicherweise miteinander bestehen konnten, eine Welt, in der Auflehnung als eine Tugend betrachtet wurde, Einbildungskraft als Passierschein in ein freieres Leben.«[12] Ideen hatte Leonora

Carrington genug und Max Ernst führte sie in die europäische Kunstszene ein.

Mit ihm und anderen bekannten Surrealisten stellte sie das erste Mal 1937 in Paris und Amsterdam aus. Ihr Bild »The Inn of the Dawn House«, ein Selbstporträt, fand große Anerkennung. Auf dem Bild sitzt Leonora in einem großen Zimmer auf einem alten viktorianischen Sessel mit Füßchen in Form von hohen Pumps, ähnlich jenen, die sie selbst zu engen Hosen trägt. Bis auf die hochhackigen Schuhe ist sie zum Reiten gekleidet. Ihre dichte Haarmähne weht üppig um Kopf und Schultern wie bei einem weißen Pferd, das draußen gerade vorbeigaloppiert. Ein weißes Schaukelpferd schwebt hinter ihr in der Luft. Vor ihr steht ein Fabeltier, das an eine Hyäne erinnert. Die Haltung der rechten Hand – Leonoras kleiner und Zeigefinger sind abgespreizt: das Zauber- und Machtzeichen der Hexen – lässt vermuten, dass sie das Tier mit den drei vollen Zitzen herbeigezaubert hat. Sonst befindet sich nichts in diesem kahlen, mit Terrakotta gefliesten Raum.

Es ist das Bild einer selbstbewussten Frau, die sich mächtig und vital fühlt, so wie es Heranwachsenden zu eigen ist. Sie will hinaus in die Freiheit, ins Leben. Noch sitzt sie da, doch das wird im nächsten Moment anders sein: Leonora Carrington ist auf dem Sprung.

Heftige Szenen mit Marie-Berthe ließen das Paar im Sommer 1937 nach Süden fliehen. In der Ardèche, ei-

Selbstporträt »The Inn of the Dawn House«, 1936/37

nem damals noch abgeschiedenen Tal, aus dem Marie-Berthe stammte, kannte Max sich aus. Über einer lärmenden Kneipe im Dorf Saint-Martin, nördlich von Avignon, fanden sie ein Zimmer. Leonora begann Erzählungen zu schreiben, weil sie merkte, dass sie manches eher in Bildern, anderes in Geschichten ausdrückten wollte. Auch Max ermunterte sie zum Schreiben, begeistert von ihrer Phantasie und ihrem britischen Humor. Daneben malte und zeichnete sie viel, unter anderem ihr Werk »Frau mit Vogel«. Auf diesem Bild stellte sich Leonora Carrington mit einem pferdeähnlichen Kopf dar und ihren Geliebten als kleinen Vogel.

Max Ernst hatte in diesen ersten Monaten mit seiner neuen Liebe keine große Lust zum Malen. Der Sommer war heiß und oft wurden die beiden beobachtet, wie sie den steilen Weg zwischen den Reben hinunter zum Fluss liefen. »Die Badeslips trugen sie dabei mit Vorliebe auf dem Kopf. Splitternackt gingen sie ... Erst wenn sie unten ankamen, zogen sie die Badehosen wieder an. Man war sich einig im Dorf: Ausländer sind Spinner.«[13]

Die ungestörte sommerliche Idylle wurde jäh von der Ankunft Marie-Berthes unterbrochen. Sie hatte die Liebenden aufgestöbert und machte Max eine heftige Szene. Sie wollte ihren Ehemann zurückhaben, und in die Ecke gedrängt, lavierte der wankelmütige Max. Er war kein Mensch des klaren Entschlusses, ließ die Entscheidung in der Schwebe. Die wütende und verletzte Ehefrau fuhr allein wieder nach Paris.

Im Herbst folgte ihr Max und ließ eine verzweifelte Leonora zurück. Eine Welt brach für sie zusammen: Ihr Beschützer, ihr Mentor, ihr Liebhaber und Seelenverwandter ließ sie in dieser fremden Gegend allein zurück. Sie hatte kein anderes Zuhause als das Zimmer in dieser düsteren Dorfkaschemme. Und die Winter in dieser Gegend sind auch bei geordneten Verhältnissen trist und deprimierend. Leonora glaubte nicht daran, dass »Loplop, der Vogel Superior«, wie sich Max Ernst selbst nannte, jemals wieder zu ihr zurückkehren würde. Unglücklich und einsam schrieb sie sich ihre quälenden Gefühle in der Kurzgeschichte »Little Francis« von der Seele. Darin wird Max zu Onkel Ubriaco, Marie-Berthe zu seiner seltsamen Tochter Amelia und Little Francis, der Junge, dem aus Verzweiflung ein Pferdekopf wächst, hat Ähnlichkeit mit Leonora. Die Erzählung endet tragisch: Little Francis wird von Amelia hinterlistig in eine Falle gelockt und umgebracht. Leonora aber überstand diesen furchtbaren Winter. Und im Frühling 1938 kam Max Ernst zurück. Er hatte sich nun endgültig von seiner Frau getrennt.

Eine glückliche und produktive Zeit begann: Beide arbeiteten nun konzentriert. Max fertigte unter anderem Illustrationen für Leonoras Kurzgeschichten an, die André Breton unter dem Namen »Die ovale Dame« im gleichen Jahr veröffentlichte. Im Sommer entdeckte das Paar in der Nähe des Dorfes ein heruntergekommenes, halb verfallenes Bauernhaus ganz nach seinem Geschmack. Leonora erhielt von ihren Eltern Geld und konnte das Anwesen kaufen. Gemeinsam restaurierten beide das Haus und richteten es ein. Max schmückte es mit großformatigen Reliefs und freistehenden Plastiken, die Zwitterwesen aus Mensch und Tier darstellten. Leonora malte, schrieb oder werkelte in der Küche, im Garten oder dem eigenen Weinberg. Die beiden Künstler feuerten sich gegenseitig zu neuen

Ideen und ausgefallenen Späßen an. Und immer wieder trafen Gäste ein, um das Landleben zu genießen. Durchreisende wie Léonor Fini, die ein Porträt von Leonora begann, oder Pariser Freunde. Die Amerikanerin Peggy Guggenheim, ständig unterwegs auf der Suche nach neuen Werken für ihr Museum in New York, kam ebenfalls vorbei und erstand eine Arbeit von Carrington.

Noch einmal begann ein unbeschwerter Sommer, der letzte für das Paar: Man ging zum Schwimmen, machte Picknicks, traf sich zu Gemeinschaftsspielen und Ausflügen in die Umgebung. Ungebetene Besucher wurden rasch vergrault. Es wird erzählt, dass Leonora einem Gast, der nicht erwünscht war, das jedoch geflissentlich übersah, ein Omelette servierte, das mit einigen ihrer schwarzen Locken zubereitet war.[14] Leonora und Max lebten abgeschottet von den äußeren Ereignissen in ihrem Wolkenkuckucksheim. Auch der Kriegsausbruch im September 1939 kümmerte sie wenig. Was ging sie das Gemetzel fern in Polen und Deutschland an?

Doch Max war Deutscher und die Auswirkungen des Krieges holten auch ihn ein: Alle Deutschen sollten sich in der Gemeinde melden und als Staatsfeinde kaserniert werden. Vielleicht dachte Max Ernst, dass ihm als Künstler schon nichts passieren könne, und arbeitete weiter, als ob nichts geschehen wäre. Eines Tages klopften die Gendarmen an die Tür des Hauses, ließen

Leonora Carrington in Saint Martin d'Ardèche, 1939

ihm nicht einmal Zeit, ein paar Habseligkeiten zusammenzupacken, und führten ihn wie einen Verbrecher ab.

In den folgenden, sehr einsamen drei Monaten malte Leonora ein Porträt von ihm: Max, in einen Federpelz mit Fischschwanz gehüllt, steht inmitten einer Eiswüste. Schräg hinter ihm verharrt ein Pferd aus Eis. In der Hand trägt er eine gläserne Laterne, darin gefangen ein zweites winziges Pferd. Ist Leonoras »anderes Ich« ohne ihn zu Eis erstarrt? Max trägt das Bild seiner Leonora mit sich fort in die ungastliche Ferne.

Einen Tag vor Weihnachten kam Max wieder frei. Es sollte nur ein kurzes Intermezzo in Saint-Martin werden, denn schon im Mai 1940 wurde er erneut verhaftet. Diese abermalige Trennung schien Leonora den Boden unter den Füßen wegzuziehen: »Nachdem ich stundenlang unten im Dorf geweint hatte, war ich wieder zu meinem Haus hinaufgestiegen und hatte mich während vierundzwanzig Stunden, die nur durch einen kurzen Schlaf unterbrochen wurden, immer wieder übergeben. Ich hatte das Erbrechen bewußt herbeigeführt, indem ich das Wasser von Orangenblüten trank. Damals hoffte ich, durch die heftigen Krämpfe, die meinen Magen gleich einem Erdbeben zerrissen, mich von meinem Schmerz ablenken zu können.«[15] Sie arbeitete bis zum Umfallen in Garten und Weinberg, aß kaum etwas. Doch auch diese Brachialmethoden brachten ihr keine Erleichterung.

Catherine Yarrow, eine frühere Freundin aus England, und ihr Begleiter Michel Lucas wollten Frankreich wegen der anrückenden Deutschen verlassen und schauten bei Leonora Carrington herein. Das Paar schätzte den kritischen Zustand der Malerin richtig ein und überredete die Verzweifelte, mit nach Spanien zu fahren. Leonora packte in Panik ihre Sachen und ließ sich das geliebte Haus für ein paar Mark abschwatzen. Ohne Max bedeutete es ihr nichts mehr. Als das Auto mit den dreien nach kaum 20 Kilometern wegen blockierter Reifen stehen blieb, war Leonora zutiefst überzeugt, dass dies aufgrund ihrer Macht über die Materie geschehen war: Sie fühlte sich selbst blockiert, kam nicht weiter und das hatte sich auf das Auto übertragen.

Der Wagen wurde wieder flott gemacht und sie schafften es bis Andorra. Doch die Einreise nach Spanien war nicht ohne Visum möglich. Und während Telegramme zwischen Papa Carrington und Leonora hin und her gingen – er sollte seinen Einfluss geltend machen und die nötigen Papiere besorgen –, spürte Leonora ihre innere Veränderung, glaubte an eine Erweiterung ihrer Sinne: »Nachdem ich mein Einvernehmen mit den Bergen hergestellt hatte ... nahm ich mir vor, Einvernehmen auch zwischen mir und den Tieren herzustellen: Pferde, Ziegen, Vögel. Es war die Haut, durch die ich mich mit ihnen verständigte, in einer Berührungssprache, die zu beschreiben mir sehr schwer fällt, seit meine Sinne nicht mehr mit der gleichen Schärfe wahrnehmen wie damals«[16], schrieb die Künstlerin 1943 in ihrem Buch »Unten«.

Vater Carrington schaffte es, Leonora samt Freunden mit Papieren auszustatten, damit sie die Grenze passieren konnten. In Madrid quartierten sich die drei im Hotel Ritz ein, wo Leonoras Benehmen auch für die Freunde immer seltsamer und befremdlicher wurde. Stundenlang schloss sie sich im Zimmer ein und badete die ganze Nacht durch in eiskaltem Wasser. Und täglich ging sie zu Mister Gilliland, dem Chef des Chemiegiganten I.C.I. in Madrid, um ihm vor allen Angestellten zu sagen, was er und ihr Vater, dem ja ein großer Teil der Firma gehörte, doch für »kleine Würstchen« seien. Sie stand unter Schock, war nervlich am Ende, entwickelte abstruse Ideen und wollte eigenhändig Deutschland von Hitler befreien. Überall wähnte sie Hitlers Helfer und Helfershelfer und denunzierte sie in der britischen Botschaft. Dem Vater wurde das Treiben seiner Tochter bald zu viel. Mit Hilfe seiner Geschäftspartner ließ er Leonora im August 1940 in eine Nervenheilanstalt in Santander einliefern.

Ein Martyrium begann. Pfleger banden die junge Frau nackt ans Bett, ließen sie in ihrem eigenen Kot liegen und gaben ihr Spritzen mit Cardiazol, einem Medikament, das epileptische Anfälle hervorruft. »Und ich stürzte, stürzte in einen Schacht ... immer tiefer ... Am Ende des Schachts erwartete mich der Stillstand, ein ewiger Stillstand in der äußersten Angst.«[17] Die junge Engländerin wusste, dass sie nicht verrückt war. Aber wo war sie und warum? Warum fügte man ihr Schmerzen zu? Wer waren ihre Feinde? Die zermürbende Ungewissheit war schwer erträglich. Leonora Carrington verlor sich in verworrenen Berechnungen, im Irrgarten ihrer Gedanken.

Eines Tages traf ihr früheres Kindermädchen ein, als alte Vertraute von den Eltern nach Spanien geschickt. Mary wich Leonora Carrington von nun an nicht mehr von der Seite, beschützend und ein wenig eifersüchtig blieb sie ständig in Sichtweite.

Später machte Leonora in der Klinik die erlösende Bekanntschaft eines kleinen älteren Herrn, der sich beim Essen angeregt mit ihr unterhielt. Er sagte die für sie heilenden Worte: »Sie, Sie werden nicht lange hierbleiben.«[18] Zum ersten Mal schien ein vernünftiger Mensch zu ihr zu sprechen, der sie ernst nahm und ihr keine Angst einflößte. Er machte ihr klar, dass ihre große Nähe zu den Tieren etwas Natürliches und ihr Arzt Don Luis Morales kein Zauberer, sondern ein Schurke sei. Der Bann war gebrochen, die Kranke befand sich auf dem Weg der Besserung.

Ihr Vater hatte allerdings seine eigenen Pläne, was nun mit Leonora geschehen sollte. Das Kindermädchen war geschickt worden, um die »Verrückte« nach Lissabon zu begleiten und dort mit ihr ein Schiff zu besteigen. Endstation: eine geschlossene Anstalt in Südafrika. Für die Eltern wäre damit das Problem Leonora für immer gelöst gewesen.

Durch den Klinikaufenthalt war Carrington sehr misstrauisch geworden und äußerst sensibel für Stimmungen. Intuitiv erkannte sie, dass sie nicht in die Freiheit entlassen würde und deshalb unbedingt ihrer »Wärterin« entkommen musste. In Lissabon konnte

Leonora dann Mary einreden, sie müsse noch warme Handschuhe für die Überfahrt kaufen, wobei es ihr gelang, im Gewühl der Gassen unterzutauchen. Mit dem Taxi erreichte sie die mexikanische Botschaft. Dort wollte sie den mexikanischen Diplomaten Renato Leduc treffen, einen Bekannten aus unbeschwerten Pariser Tagen, von dem sie annahm, dass er ihr helfen würde. Obwohl der zunächst nicht da war, konnte sie die Botschaftsangehörigen davon überzeugen, dass sie verfolgt wurde, und durfte bleiben.

Als Renato Leduc später eintraf, nahm er sich ihrer liebevoll an. Er war wie Max Ernst wesentlich älter als Leonora und wurde ihr später ein beständiger, väterlicher Freund. Damit sie mit ihm bei nächster Gelegenheit nach Mexiko ausreisen konnte, heiratete sie ihn und so gelang es ihr schließlich doch noch, den Fängen des Vaters zu entrinnen. Immer wieder wird sie später über die schwierige Beziehung zu ihm sprechen, so auch in »Penelope«, einem Theaterstück, das sie 1946 schrieb und das 1962 in Mexico City aufgeführt wurde. »Mein Vater ist ein Halunke«, sagt dort Penelope. »Koch ihn, brat ihn, zerdrück ihn, zerhack ihn«[19], rät ihr der gesprenkelte Vogel.

Auch Max Ernst kam frei und strandete im Winter 1940 in Marseille, wo Peggy Guggenheim ihn auflas und sich in ihn verliebte. Seine Gefühle für sie behielt er für sich. Als er von Leonoras Aufenthalt in Lissabon erfuhr, drängte er Peggy, auch dorthin zu reisen. Er fand sie wieder, seine Windsbraut, und doch war sie eine andere geworden.

Wochenlang sah er sie regelmäßig, fast täglich. Sie zeichneten, malten und plauderten zusammen, aber er hatte nicht den Mut, ihr von Peggy zu erzählen. Und eines Tages stand diese im Zimmer und klärte Leonora über die veränderten Verhältnisse auf. Daraufhin wollte Leonora Max nicht mehr wieder sehen. »Sie fühlte, dass ihr Leben mit Max vorbei war, weil es ihr nicht mehr länger möglich war, seine Sklavin zu sein, und das war die einzige Art, wie sie mit ihm leben konnte«[20], schrieb Peggy später über diese Zeit. Sie glaubte, dass Leonora weder Max noch Renato wirklich haben wollte. »Max war immer wie ein Baby. Er konnte niemandes Vater sein. Ich glaube, sie brauchte mehr als alles einen Vater, der ihr Gleichgewicht stützte und der sie davor bewahrte, wieder verrückt zu werden.«[21] Für eine Weile konnte Renato Leduc diese Rolle ausfüllen. Später jedoch entwuchs Leonora Carrington dieser beschützenden Liebe. Vielleicht erkannte sie damals schon, was sie viel später, 1990, der Interviewerin Susan Rubin Suleiman anvertraute: »Es gibt immer eine Abhängigkeit in einer Liebesbeziehung …, wenn man abhängig ist, kann es extrem schmerzhaft werden. Ich denke, dass zahlreiche Frauen (Leute, aber ich sage Frauen, weil es fast immer die Frauen sind …) durch diese Abhängigkeit manchmal eingeengt sind und verkümmern. Ich meine nicht nur die wirtschaftliche Abhängigkeit ... sondern die emotionale Abhängigkeit und die Abhängigkeit der Meinung.«[22]

Im Sommer 1941 waren endlich alle Papiere beschafft und Renato bestieg mit seiner jungen Frau Leonora ein Schiff nach New York, während Peggy, ihre Familie und Max das Flugzeug nahmen. Nur per Zufall traf Leonora in einer New Yorker Galerie wieder auf Max und beide machte dieses Treffen unglücklich. »Ich kann mich nicht erinnern, jemals wieder so eine seltsame Mischung aus Verzweiflung und Euphorie im Gesicht meines Vaters gesehen zu haben, als er von seinem ersten Treffen mit Leonora in New York zurückkam«, erzählte später Max Ernsts 17-jähriger Sohn Jimmy aus erster Ehe. »In einem Moment war er der Mann, den ich aus Paris kannte – lebendig, strahlend, witzig und ruhig – und dann sah ich in seinem Gesicht den furchtbaren Alptraum, der so oft mit dem Erwachen kommt. Jeder Tag, an dem er sie sah, und das war oft, endete auf die gleiche Weise.«[23]

Es war in der Tat eine fast aussichtslose Situation: Leonora und Max sahen sich häufig. Renato war eifersüchtig, Peggy wütend. Leonora zog 1942 schließlich einen Schlussstrich und begleitete ihren Mann Renato nach Mexiko. Obwohl Max Ernst sehr alt wurde, sahen sich die beiden nie wieder.

Heute weigert sich Leonora, über diese Zeit zu sprechen. Sie wird sogar zornig. Warum ausgerechnet über diese fünf Jahre ihres immerhin schon 81 Jahre langen Lebens reden? Aber gerade diese Jahre waren besonders wichtig und prägend: Sie waren die Basis für ihr späteres reifes und äußerst fruchtbares Schaffen. Und sie formten auch ihr Wesen. Seit damals weiß sie, wie schmerzhaft und gefährlich bestimmte Gefühlszustände für sie werden können. Doch weil sie diese entsetzlichen Erfahrungen – vor allem die der Heilanstalt – überwinden konnte, wuchsen ihr enorme Kräfte zu. Sie hatte ihre eigenen Stärken und Schwächen aufs Intensivste ausgelotet und war sich dadurch ihrer selbst viel sicherer geworden.

»Mexiko war für mich wie ein fremder Planet«[24], erinnert sich Leonora Carrington an das Jahr 1942, als sie zum ersten Mal dieses »geheimnisvolle« Land betrat. Noch heute weiß sie genau um dieses Gefühl von Fremdheit, das sie zu Anfang befiel. Trotzdem fühlte sie sich dort besser aufgehoben und sicherer als irgendwo in Europa. Mit ihr waren noch mehr europäische Künstler nach Mexiko geflohen, und schon Jahrzehnte früher waren Maler und Schriftsteller hierher gekommen und fasziniert von diesem Land geblieben.

New York und Mexiko City galten nun weltweit als neue lebendige Zentren zeitgenössischer Kunst und liefen Europa den Rang ab. Leonora Carrington sollte aktiv an dieser Kunstszene teilhaben. Seit mehr als 55

Jahren – mit nur wenigen Unterbrechungen – ist Mexiko zu ihrer zweiten Heimat geworden.

Als Außenseitern und anerkannten Künstlern war es den Europäern dort möglich, so zu leben, wie sie wollten. Weder mussten sie sich allzu sehr den Konventionen des Gastlandes unterordnen, noch fühlten sie sich verpflichtet, die Kultur, die sie hinter sich gelassen hatten, besonders zu pflegen. Es gab keine gesellschaftlichen Hierarchien, jeder traf sich mit jedem. Europäischer Lebensstil mischte sich mit mexikanischem. Legendäre Dinnerpartys wurden gegeben, man redete sich die Köpfe heiß oder lud zu Kostümfesten ein. Einige Werke berühmter Maler zeugen davon.

Leonora machte sich zunächst daran, ihre Erfahrungen der letzten Jahre in Bildern aufzuarbeiten. Zum Beispiel mit dem Gemälde »Green Tea«. Im Vordergrund einer englisch anmutenden, sehr gepflegten Parklandschaft, steht eine junge Dame. Sie hat die Augen geschlossen. Auf dem Kopf trägt sie eine Art Baldachin. Schwarz-weiße Stoffbahnen sind eng um ihren Körper geschlungen, so dass keinerlei Bewegung möglich ist. Das Weiß des Tuchs unterscheidet sich in keiner Nuance von dem Weiß des Gesichts und der Füße. Die Dame wirkt blass und leblos. Sie steht in einem magischen Kreis. Und der Betrachter sieht, dass sich unter dieser friedlichen Landschaft, die nur eine dünne Bodenschicht besitzt, Fledermäuse, Vögel und anderes Getier tummeln. Der Abgrund des Wahns, die Tiere der

Nacht und die Wirklichkeit liegen hier offensichtlich dicht beieinander. Rechts im Bild sind zwei Pferde an Bäume gekettet. Das eine, braune, mit prallen Zitzen zerrt mit weit aufgerissenem Mund und irrem Blick wild an der Halterung, das andere, weiße, verharrt regungslos. Leonora erzählt uns hier, wie sie einst in Spanien den Tod kennen gelernt hat, die Starre und Bewegungslosigkeit. Das Ende. Das satte Grün der Landschaft, das Leben, liegen außerhalb ihres Erfahrungsbereichs. Die Pferde spiegeln ihren damaligen Seelenzustand wider.

Leonora arbeitete intensiv, las viel und machte zahlreiche neue Bekanntschaften. Unter anderem lernte sie den reichen exzentrischen Engländer Edward James kennen, der sie anfeuerte, weiterhin Dinge des Unbewussten auf ihre ganz eigene Art sichtbar werden zu lassen. Er war ein glühender Bewunderer ihrer Kunst, ihr eifrigster Sammler und Käufer. Edward machte Leonora, die immer auf der Suche nach dem Unerklärbaren war, auf das »Tibetanische Totenbuch« aufmerksam, das sich mit dem Sterben und Wiedergeborenwerden des Menschen auseinander setzt. Das Buch berührte Leonora so tief, dass sie versuchte, mit dem Dalai Lama – dem tibetischen religiösen Oberhaupt – in Kontakt zu kommen. Später, als der Dalai Lama im Exil in Indien war, führte sie über Jahre einen regen Briefwechsel mit ihm.

Leonora Carrington wollte das Unaussprechliche und Unerklärliche sichtbar machen. »Für mich ist Raum

Form, und unser Leben und die Orte, an denen wir leben, sind wie Gefäße für Gelee. Gelee verliert seine Form, wenn es erwärmt wird, und im menschlichen Leben ist das genauso; für mich ist Malen so ähnlich, wechseln und dahintreiben von einem Umriß zum anderen.«[25] Es ist ihre Zeit des Ausprobierens. Welche Form passt im Leben, welche in der Malerei? »The House Opposite« von 1945 ist ein wundervolles Beispiel, wie Leonora ihre Vergangenheit mit der Gegenwart und möglichen Zukunftsperspektiven verknüpft hat:

Auf verschiedenen Ebenen eines Hauses werden in dem Bild gleichzeitig – so wie es ein Traum möglich macht – Stationen aus ihrem früheren und jetzigen Leben gezeigt. Da sitzt im ersten Stock ein kleines Mädchen traurig in seiner Zimmerecke, den Kopf im Schoß versteckt, und weint. Vor ihm schwebt das schon von früheren Bildern bekannte weiße Schaukelpferd, mit dem zu spielen ihm vielleicht verboten ist. Aus den Holzsparren des Bodens wächst ein dichter Wald ins Zimmer. In der Küche stehen drei in kostbare Gewänder gehüllte Frauen vor einem brodelnden Kessel, gefüllt mit grünem, vor sich hin blubberndem Hexentrank. Sind das Zauberinnen, Göttinnen, Frauen mit magischen Kräften? Für Leonora symbolisieren diese Frauen das Nährende, das Leben Schenkende und sind dadurch enger mit dem Universum verbunden als Männer. An einem Tisch sitzt eine weitere Frau mit einem Pferdekopf als Schatten. Sieht sich die Malerin selbst darin? Die seltsamsten Figuren, große und winzig kleine, sind auf dem Bild in Bewegung: Da eine Frau, der Äste anstelle des Kopfes wachsen, dort eine andere, die einen insektenflügeligen Umhang trägt, und unter dem Tisch elfenhafte Gnome, die hin und her zu huschen scheinen.

Möglicherweise ist dieses Bild auch ein Hinweis auf Leonoras bevorstehende Hochzeit und die Sehnsucht nach Fruchtbarkeit in einem ganz elementaren Sinn. Denn 1943 hatte die 26-Jährige den ungarischen Zeitungsfotografen Emerico »Chiqui« Weisz kennen und lieben gelernt. Sie ließ sich von Renato Leduc scheiden, um Chiqui zu heiraten. Mit ihrem ersten Mann verband sie aber weiterhin eine enge Freundschaft.

Im Jahr der Hochzeit, 1946, wurde auch ihr Sohn Gabriel geboren. Seine Ankunft feierte sie mit einem besonderen Bild, in dem die Liebe die Sonne und den anderen Stern bewegt: »Amor che move il sole e l'altre stella.« Frauen tanzen und feiern die Ankunft von Helios, dem Sonnengott. Im Jahr darauf bekam die Künstlerin ihren zweiten Sohn Pablo. Ein weiteres Bild zeigt, was sie im häuslichen Ambiente bewegt: »Night Nursery Everything«, auf dem ein kleines Kind nachts nicht schlafen will und in einer Hängematte schaukelt. Drei Frauen, eine davon am Spinnrad wie im Märchen, und eine Katze haben sich um es versammelt.

Leonora malte viel in diesen Jahren. »Dazu gehört eine Menge Energie. Besonders, wenn man Kinder

Leonora Carrington bei der Arbeit

großzieht und das notwendigerweise eine geraume Zeitlang für wesentlich wichtiger hält als die Kunst.«[26] Für sie hatten das Kochen und Sorgen für die Söhne auch etwas mit Experimentieren und Verwandeln zu tun. Jede Arbeit – ob Kochen, Erziehen oder Malen – war für sie deshalb gleichermaßen wichtig, denn alles hatte etwas Ursprüngliches, sehr Lebendiges. Sie lebte ihren Alltag bewusst in vollen Zügen und traf ihre Künstlerfreundinnen meist in der Küche. Die Malerin Remedios Varo, der sie nach ihrer ersten Begegnung in Paris in Mexiko City wieder über den Weg gelaufen war, wurde ihre engste Vertraute. Viele Jahre lang trafen sich die beiden Frauen ständig. Nächtelang saßen sie um den Küchentisch oder in Leonoras winzigem Studio, tauschten Träume und Ideen aus, diskutierten und inspirierten sich gegenseitig. Beide glaubten sie an das Spirituelle und die Kraft der Magie, mit der sie auch experimentierten, um die weiblichen Kräfte und deren enge Beziehung mit der Natur zu erforschen. Daraus entstand eine fast explosionsartige Kreativität.

Um sich ungestört von Menschen inspirieren zu lassen, schlüpften beide Frauen mit Vorliebe in Männerkleidung. Gemeinsam zogen sie los, über die Märkte und in Gegenden, die für sie ohne männliche Begleitung sonst gefährlich gewesen wären. Oft machten sie sich auf zum Hexenmarkt von Mexiko City, wo sie Szenen einfingen, die sich in ihren Arbeiten wieder finden. Der Dichter Octavio Paz nannte die beiden Unzertrennlichen bewundernd »verzauberte Zauberinnen ohne jegliches Empfinden für die Moral der Gesellschaft und für die Ästhetik ... die unsere Stadt durchstreifen mit dem Anschein unsäglicher und äußerster Geistesabwesenheit. Wohin gehen sie? Dorthin, wo sie Imagination und Leidenschaft rufen.«[27]

Leonora verzichtet in ihren Bildern auf Effekthascherei zugunsten einer anrührenden Poesie. Viele Anordnungen ihrer Figuren sind wie geheime Tarotkarten zu lesen. Wer in der Mythen-, Legenden- und Sagenwelt zu Hause ist, findet sich schnell zurecht. Doch auch die weniger Belesenen berührt das Zarte und zugleich Allgemeingültige in den Bildern, das der Psychoanalytiker C. G. Jung das »kollektive Unbewußte« nannte. Ganz entschlüsseln lässt sich jedoch keines ihrer Werke.

Kati Horna, eine ungarische Fotografin und gute Freundin, die Leonoras Hochzeitsfotos schoss, empfand die Malerin als eine ganz besondere Frau: »In Leonora lebt eine sehr alte Seele. – Eine ihrer wunderbarsten Eigenschaften ist die mystische Fähigkeit, jeden Augenblick des menschlichen Daseins in einen festlichen Moment zu verwandeln. Beim Essen zelebrierte sie geradezu das Schneiden von Karotten für ihre Kinder und machte es so zu einem Fest – das entsprach ihrer Kreativität, die überall ihren Ausdruck findet, egal, ob es sich um Kochen, Gespräche oder Arbeit handelt. Sie ist mit einer besonderen Gabe gesegnet.«[28] Der Freundin lässt Leonora solche Sätze durchgehen. Ansonsten findet sie den Begriff Kreativität nur abgedroschen. Wird sie danach gefragt, kommt ihr hintergründiger Humor zutage: »Ich habe nie ganz begriffen, was es bedeutet, kreativ zu sein ... Ich weiß, das Wort wird häufig verwendet. Wenn man zum Beispiel dieses Tiefkühlgemüse kauft, kriegt man dazu ein kleines Plastikpäckchen, ich weiß nicht, was drin ist, es heißt kreative Sauce. Also man drückt sie heraus, gibt etwas Mayonnaise hinzu und hat eine Kreation geschaffen. Trifft das Ihre Frage?«[29], antwortete die knapp 80-Jährige bei einem Interview.

Obwohl Mexiko nun ihre Heimat ist, blieben ihre Werke zunächst beinahe unberührt von der zeitgenössischen mexikanischen Kunst, die seit den 20er Jahren von den Wandmalern bestimmt wurde. Diese waren der Meinung, Malerei solle eine soziale und politische Funktion haben. Die Maler sahen sich als Aufklärer und Vermittler mit einer Mission für das Volk. Den vielen Analphabeten in diesem Land wollten sie durch erzählende Bilder die eigene Geschichte nahe bringen und hofften so, ein nationales Bewusstsein in der Bevölkerung zu schaffen. In den Darstellungen wurde die Vergangenheit glorifiziert und eine ebenso glorreiche Zukunft im wahrsten Sinne des Wortes ausgemalt. Diego Rivera war einer der führenden Künstler dieser Richtung, den Leonora kennen und schätzen lernte. Doch mehr verband sie mit seiner Frau Frida Kahlo, die nicht Malerin von Träumen sein wollte, sondern von ihrer eigenen, durch einen Unfall verursachten, oft sehr schmerzhaften Wirklichkeit.

Obwohl diese beiden Kunstrichtungen – einerseits die ursprüngliche, oft krude Wandbemalung, andererseits der Surrealismus – scheinbar nichts miteinander gemein haben, arbeiteten Leonora Carrington und Remedios Varo in den 60er Jahren gemeinsam mit ihren mexikanischen Kollegen. So erhielt Leonora 1963 den Auftrag, ein riesiges Wandgemälde über die magische Welt der Mayas – »El mundo mágico de los mayas« – anzufertigen. Sie sollte eine Gruppe des Maya-Volkes für das Anthropologische Museum in Mexiko darstellen. Leonora nahm die Vorbereitungen sehr ernst und reiste in den Südosten Mexikos zu den ihr unbekannten Indianern, wo sie sich ein genaues Bild vom Leben dieser Menschen machen und es naturgetreu festhalten wollte.

Ihr damals 15-jähriger Sohn Pablo begleitete sie. Für ihn ist diese Reise eine seiner liebsten Erinnerungen: »Wie immer nahmen wir ihr bevorzugtes Transportmittel, die Bahn. Wir reisten mehrere Tage und schließlich ging es mit dem Bus weiter zu unserem Ziel San Cristobal de Las Casas. Damals war das ein Gebiet, wo Hunderte verschiedener Gruppen der Chamula-Indianer lebten. Leo machte Dutzende von Zeichnungen der Tiere aus der Region sowie von den Indianern dieser Gegend. So wurden wir Zeugen einer religiösen Zeremonie … Im Schatten der Kapelle lagerten Gruppen von Chamula-Indianern auf einem Teppich aus Piniennadeln, spielten ihre Harfen und achtsaitigen Gitarren, eingehüllt in Nebelschwaden von Kopalharz-Weihrauch. Ich erinnere mich, wie Leo fasziniert auf die geisterhaften Figuren starrte und dann diese flüchtigen Bilder in ihrem Notizbuch skizzierte. Wir nahmen auch an einer Zeremonie teil, die ein Schamane für einen Todkranken ausführte. Der lag auf dem Lehmboden seiner einfachen Hütte. Antun, der Zauberdoktor, nahm hypnotisierende Kulthandlungen mit Gesängen vor, die von Myriaden farbiger Kerzen erhellt wurden. Leo konnte wieder mal ihren Mund nicht halten und bot hilfreiche Ratschläge und Beschwörungen an. Glücklicherweise hatte sie so viel Respekt vor unserem Gastgeber, dass sie leise genug sprach und nur ich das hörte.«[30]

Das Ergebnis dieser ungewöhnlichen Expedition zu den Ureinwohnern Mexikos war ein hervorragendes Wandgemälde, das wohl zu den schönsten Malereien dieses Landes gezählt werden kann. In den Monaten bei den Indianern hatte Leonora Carrington Informationen aus erster Hand erhalten. Weil Fotografieren verboten war, war sie zudem mit prallvollen Skizzenblöcken zurückgekehrt.

Neben Phantasietieren tauchen in ihren Bildern von nun an häufig Jaguar und Schlange auf, zwei von den Indianern besonders verehrte Tiere. Der Jaguar etwa ist der Tiergott der Unterwelt im Mythos der Mayas und gilt als eng verbunden mit dem Kosmos.

Obgleich Leonora Carrington schon während ihrer

ersten Jahre in Mexiko mehrere erfolgreiche Ausstellungen in New York gehabt hatte, fand ihre erste Einzelausstellung in der neuen Heimat erst 1956 statt. Nach und nach konnte sie sich einen Platz unter den bedeutendsten Künstlern der Welt sichern. Nur in Europa dauerte es noch eine ganze Weile, bis Leonora Carringtons künstlerisches Werk angemessen gewürdigt wurde. Dort gelang ihr ein Aufsehen erregender Durchbruch mit ihrer Einzelausstellung von 1990/91 in der Serpentine Gallery in London. Heute sind die Werke der Künstlerin vor allem in Amerika und Japan zu sehen. Sie selbst weiß nicht, wie viele Bilder sie bisher gemalt hat und in welchen Privatsammlungen sie hängen. Das hat sie auch nie sonderlich interessiert. Vor einiger Zeit hat nun eine Angestellte der New Yorker Art Brewster Gallery – die Gallerie, die Leonora Carrington unter Vertrag hat – begonnen, alle auffindbaren Werke der Künstlerin akribisch zu katalogisieren.

Leonora Carringtons vielseitige Begabung zeigte sich auch in anderen Bereichen. Gemeinsam mit dem Schriftsteller Octavio Paz und weiteren Künstlern hatte sie die Theatergruppe »Poesia en Voz alta«[31] gegründet. Dies gab ihr die Möglichkeit, mit ihrer Freundin Remedios Varo Bühnenbilder zu malen, Kostüme und Masken zu entwerfen und zu schauspielern. Zum Beispiel wurden klassische Stücke wie »Viel Lärm um Nichts« von Shakespeare aufgeführt. Durch die Aufbruchstimmung unter den Künstlern entstanden auch Neuentwicklungen, wie die Gründung des ersten avantgardistischen Theaters in Mexiko. Später folgten Happenings und Ausflüge ins absurde Theater.

Als Stückeschreiberin konnte Leonora auch eigene Werke aufführen. »Penelope«, jenes Theaterstück, das sie schon 1947 verfasst hatte, wurde 1962 endlich inszeniert. In dem Drama verliebt sich die Heldin Penelope in ihr Pferd Tartar (nach Tartarus, der Unterwelt der Griechen, genannt). Sie rebelliert gegen die autoritären Regeln des Vaters, der ihr das Spielen mit dem Tier verboten hat. Am Ende entkommt Penelope der engstirnigen und phantasielosen Welt der Menschen, die ihr Vater verkörpert, indem sie sich in ein Fohlen verwandelt und schwerelos – wie in einem Traum – in eine andere Welt fliegt.

In dieser für Leonora Carrington künstlerisch äußerst aktiven Phase Anfang der 60er Jahre entstand neben einer Reihe von Kurzgeschichten auch der autobiografisch gefärbte Roman »Das Hörrohr«, in dem sich Leonora amüsant und selbstironisch mit dem Altern auseinander setzt: Die Ich-Person, Marion Leatherby, eine 92-jährige Frau, soll in ein Altersheim abgeschoben werden. Und wiederum geht es um Zaubertränke, Verwandlung und Wiedergeburt. Es ist ein anarchisches Feuerwerk, das die Autorin hier abbrennt. Dabei versucht sie, sprachliche und inhaltliche Grenzen zu sprengen. Im Laufe des Romans befindet sich die Leserin plötzlich in einer ganz anderen Geschichte, die wiederum zu einem weiteren Handlungsstrang führt, chaotisch, aber voller ungewöhnlicher Ideen und herrlich böser Sätze. Leonoras Forderung, der Phantasie im Leben mehr Platz einzuräumen, weil sie ihrer Gegenspielerin, der Vernunft, haushoch überlegen ist, kommt deutlich zutage. Marion: »Ich kämme die Katzen täglich ... das Haar, das im Kamm bleibt, bewahre ich für Carmella auf, die mir versprochen hat, daraus einen Pullover zu stricken, sobald genug beisammen ist. Zwei kleine Marmeladengläser habe ich schon mit dem hübschen weichen Haar gefüllt und sorge damit auf eine angenehme und billige Weise für warme Winterkleidung.«[32]

Bei diesen verrückten alten Damen scheint so manches möglich. Sie züchten Pilze in einem Empireschrank, binden ihre Bücher in Wolfshaut ein, beschäftigen einen Chauffeur, der eine schwarze Uniform mit Rosenmuster trägt, und lassen Noah betrunken über Bord gehen, damit seine Frau die Tierherde erben kann.

Die 60er Jahre waren in Mexiko aber nicht nur in der Kunst von Aufbruchsstimmung geprägt. Auch politisch brodelte es unter der Oberfläche, was in Streiks und Versammlungen zum Ausdruck kam. Tausende von Menschen gingen wegen der verschleppten sozialen Reformen für eine gerechtere Verteilung von

Grund und Boden auf die Straße. Kurz vor den 19. Olympischen Spielen in Mexiko gipfelte diese angespannte Stimmung in einer zunächst friedlichen Demonstration der Studenten auf der Plaza de las tres Culturas in Tlatelolco. Regierungssoldaten, die für einen ruhigen Ablauf sorgen sollten, begannen plötzlich wild in die wehrlose Menge zu schießen und brachten dabei mehrere hundert Studentinnen und Studenten um. Leonora war über diesen Vorfall so empört und entsetzt, dass sie mit ihren nun 22- und 21-jährigen Söhnen Mexiko aus Protest sofort verließ. Ihr Mann Chiqui Weisz begleitete sie nicht; ihre Liebesbeziehung hatte sich inzwischen in ein freundschaftliches Verhältnis gewandelt. Erst nach einem Jahr kehrte die Künstlerin wieder zurück.

Doch noch einmal, als 1984 ein furchtbares Erdbeben Mexiko erschütterte, sollte sie aus Zorn gegen die Praktiken verantwortlicher Politiker Mexiko verlassen. Leonora stand ihrem Sohn Pablo helfend bei, der als Arzt die Erdbebenopfer versorgte. Viele der Menschen waren noch verschüttet und so flog man neben Hilfsgütern auch Deutsche Schäferhunde ein, die nach den Opfern suchen sollten. Doch anstatt die gut ausgebildeten Tiere für diese sinnvolle Arbeit einzusetzen, verschwanden sie als kostbare Wachhunde und Haustiere in den Häusern von einflussreichen Leuten. Immer wieder hatte sich die Engländerin über Korruption und Machtmissbrauch in diesem Land geärgert. Nun reichte es ihr erst einmal. »Nach dem Erdbeben in Mexiko kam ich fast völlig mittellos in New York an«[33], erzählt Leonora Carrington. Sie war allein gekommen, hatte sich nun endgültig von Chiqui Weisz getrennt, bezog ein kleines Appartement in der Nähe des Union Square und kam mit der »Art Brewster Gallery« in Manhattan ins Geschäft: »Wir einigten uns auf eine bestimmte Zahl von Bildern, die ich zu malen habe, dafür erhalte ich von ihnen jeden Monat eine Summe, mit der ich jetzt mein Leben bestreiten kann.«[34] Seitdem pendelt die über 80-Jährige zwischen den Städten New York, Mexiko City – wo sie nun hauptsächlich wieder lebt – und Chicago, wo ihr Sohn Gabriel als Literaturprofessor arbeitet.

Im Vorwort zu ihrem Buch »Unten« hat Leonora Carrington geschrieben: »Wenn die jungen Leute mir heute sagen, daß ich einen jungen Geist habe, fühle ich mich beleidigt – ich habe einen alten Geist. Versuchen Sie, das zu verstehen.«[35] Dann aber muss es ein rebellischer alter Geist sein, der auch im hohen Alter immer noch forscht und in Bewegung ist. »Sie ist eine Inspiration, ob sie es möchte oder nicht.«[36]

»In die Schönheit der Erde weiß ich nur Dunkles zu sagen«
Ingeborg Bachmann (1926–1973), Lyrikerin, Schriftstellerin

Von Maren Gottschalk

An einem sonnigen Frühlingstag geht ein kleines Mädchen von der Schule nach Hause. Plötzlich ruft ein großer Junge von der anderen Straßenseite: »Du, du da, komm her, ich geb dir etwas!« In wilder Freude läuft das Mädchen auf ihn zu, steht erwartungsvoll vor ihm. Der Junge holt aus und schlägt das Mädchen mitten ins Gesicht. Ohne Grund, ohne Warnung. »Es war der erste Schlag in mein Gesicht und das erste Bewußtsein von der tiefen Befriedigung eines anderen, zu schlagen. Die erste Erkenntnis des Schmerzes. Mit den Händen an den Riemen der Schultasche und ohne zu weinen und mit gleichmäßigen Schritten ist jemand, der einmal ich war, den Schulweg nach Hause getrottet, dieses eine Mal ohne die Staketen des Zauns am Wegrand abzuzählen, zum erstenmal unter die Menschen gefallen, und manchmal weiß man also doch, wann es angefangen hat, wie und wo, und welche Tränen zu weinen gewesen wären.«[1]

Ingeborg Bachmanns Leben war durchzogen von Schmerz, von Todesangst und dem Gefühl der Ohnmacht. Sie wusste nur einen Weg, die Angst zu besiegen, oder wenigstens, ihr begegnen zu können. Sie schrieb. Sie schrieb wie besessen, grimmig oft, genial auch, selten schnell, nie mit Leichtigkeit. Das Schreiben ermöglichte ihr das Überleben – bis das Feuer ihre Stimme erstickte.

Am 25. Juni 1926 wird Ingeborg Bachmann in Klagenfurt geboren. Dort, im österreichischen Grenzland Kärnten, wächst sie in beschränkten Verhältnissen auf. Das kleine Tal, die provinzielle Heimatstadt und das Bewusstsein von der nahen Grenze, sagt sie später, haben ihr das Fernweh eingetragen. Zu Hause ist es eng: »In dem Mietshaus in der Durchlaßstraße müssen die Kinder die Schuhe ausziehen und in Strümpfen spielen, weil sie über dem Hausherrn wohnen. Sie dürfen nur flüstern und werden sich das Flüstern nicht mehr abgewöhnen in diesem Leben.«[2]

Ingeborg ist anders als ihre beiden jüngeren Geschwister Isolde und Heinz, ein kränkliches Kind, empfindlich. Sie hat eine Sonderstellung in der Familie, sie braucht nicht im Haushalt zu helfen, zieht sich zurück, sucht nach Ersatzwelten in Büchern und schreibt alles, was ihr durch den Kopf geht, auf. Der Vater, Matthias Bachmann, ist Lehrer an der örtlichen Hauptschule. Ihm verdankt sie die Offenheit und Toleranz den benachbarten Ländern, ja allen fremden Nationen gegenüber. Italienisch, die Sprache ihrer zweiten, späteren Heimat, wird sie von ihm lernen. Olga Bachmann, Ingeborgs Mutter, stammt aus einer katholischen Familie, die einen Strickwarenbetrieb führte. Trotz großer Begabung durfte sie nur »den Kochlöffel studieren«. Den Lesehunger ihrer Tochter sieht sie mit viel Verständnis und stellt sich auch in Zeiten finanzieller Schwierigkeiten nicht gegen deren Wunsch, sich dem wenig zukunftsträchtigen Studium der Philosophie zu widmen.

Der Einbruch der Politik in das stille Klagenfurt hat Ingeborg bereits mit elf Jahren aus dem ohnehin instabilen seelischen Gleichgewicht geworfen. Am 15. März 1938 wurde Österreich dem nationalsozialistischen Deutschland einverleibt oder wie es damals hieß: Österreich kehrte heim ins Reich. »Es hat einen bestimmten Moment gegeben, der hat meine Kindheit zertrümmert. Der Einmarsch von Hitlers Truppen in Klagenfurt … diese ungeheure Brutalität, die spürbar war, dieses Brüllen, Singen und Marschieren – das Aufkommen meiner ersten Todesangst. Ein ganzes Heer kam da in unser stilles, friedliches Kärnten.«[3] Hatte die Ohrfeige in dem sechsjährigen Mädchen bereits die Angst vor den Menschen entfacht, so wurde diese nun ins Tausendfache verstärkt.

Die Spiele der Kindheit sind vorbei und die strengen Regeln der Erziehung plötzlich aufgehoben. Hausaufgaben dürfen liegen bleiben, weil Bomben fallen. Nur Soldaten sind noch wichtig. Für sie müssen die Kinder beten, Strümpfe stricken, auf das Essen verzichten. Es gibt keine Fürsorge mehr für Kinder. »Die Zeit der Andeutungen ist zu Ende. Man spricht vor ihnen von Genickschüssen, vom Hängen, Liquidieren, Sprengen, und was sie nicht hören und sehen, riechen sie, wie sie die Toten in St. Ruprecht riechen, die man nicht ausgraben kann, weil das Kino darüber gefallen ist, in das sie heimlich gegangen sind, um die ›Romanze in Moll‹ zu sehen. Jugendliche waren nicht zugelassen, aber dann waren sie es doch, zu dem großen Sterben und Morden ein paar Tage später und alle Tage danach.«[4] Wie für die meisten Kinder ihrer Generation war auch für Ingeborg Bachmann der Krieg ein traumatisches Erlebnis. Die Wunden, die er schlug, konnten nicht verheilen. Ingeborg Bachmann hat nie wieder an den Frieden geglaubt.

Die Schule erlebt Ingeborg als Ort des Zwangs. Sprache wird hier benutzt zum Begrenzen, zum Formen und Unterdrücken kindlicher Phantasie und kindlichen Selbstbewusstseins. Ingeborg lernt zu funktionieren, trotzdem fällt sie auf. Sie ist zart und wenig belastbar, vor allem aber überdurchschnittlich intelligent. Ihre Abiturarbeit schreibt sie in griechischen Versmaßen – was nach dem üblichen Notensystem »nicht qualifizierbar« ist. So lautet zumindest der hilflose Kommentar der Lehrerin. Auf dem Pult der Schülerin Bachmann liegen keine ordentlich geführten Hefte. Ständig wühlt sie in ihrer chaotischen Zettelwirtschaft; das meiste hat sie ohnehin im Kopf. »Elfe« und »Eule« sind ihre Spitznamen, die sich die Mitschülerinnen hinter ihrem Rücken zuflüstern.

Mit 18 Jahren begegnet sie der ersten großen Liebe: Felician. Wer dieser Mann gewesen ist, wie er in Wirklichkeit hieß und wo sie ihn getroffen hat, weiß niemand. Vielleicht ist er auch nur der Phantasie des liebeshungrigen Mädchens entsprungen. Geblieben sind aber die »Briefe an Felician«, heiße, schwärmerische Briefe, nie abgeschickt, verfasst in grenzenloser Sehnsucht: »Über uns wird Nacht sein und blasser Mondschein. Ich werde Dir meine Hände lassen und meinen Mund. Vielleicht wirst Du mir dann auch sagen, daß Du glücklich bist.«[5] Doch der Geliebte enttäuscht sie, Anklagen und Zorn geben jetzt den Ton der Briefe an: Das ist der neue Schmerz in Ingeborg Bachmanns Leben.

1945, nach dem Ende des Krieges, hat sie nur einen Gedanken: fort aus der Provinz, der Enge, der zerstörten Heimat, nach Innsbruck, Graz, schließlich Wien. Der Weg aus dem Tal nach Wien wird immer der längste in ihrem Leben bleiben, erinnert sie sich später.

In Wien steigt eine junge Frau aus dem Zug, blond, schlank, hübsch und schüchtern. In ihrem Gepäck hat sie das erste Gedicht »Ich«:

Sklaverei ertrag ich nicht
Ich bin immer ich

Will mich irgend etwas beugen
Lieber breche ich.

Kommt des Schicksals Härte
oder Menschenmacht
Hier, so bin ich und so bleib ich
Und so bleib ich bis zur letzten Kraft.

Darum bin ich stets nur eines
Ich bin immer ich
Steige ich, so steig ich hoch
Falle ich, so fall ich ganz.[6]

Ingeborg Bachmann studiert Philosophie, Psychologie und Germanistik. 1950 promoviert sie über »Die kritische Aufnahme der Existenzialphilosophie Martin Heideggers« an der Universität Wien. Eigentlich habe sie nicht *über*, sondern *gegen* Heidegger promoviert, gesteht sie. Heideggers Irrationalismus lehnt sie ab, seine Theorien sind ihr zu verschwommen, zu vage in der Aussage und unpräzise im Ausdruck. Wenn Heidegger vom »Nichts« spricht, »in das das Dasein hineingehalten sei«, wenn er an die Stelle des Verstandes das »Erleben« setzen will, so kann Bachmann das nicht akzeptieren. Sie sucht nach Klarheit der Gedanken. Ludwig Wittgenstein, der führende Vertreter der analytischen Philosophie und des Pragmatismus, wird für sie zur Leitfigur. Sie ist, wie er, überzeugt davon, dass es möglich ist, eine neue Sprache zu finden und beweisbare

Sätze zu bilden. Philosophie darf nicht in abgehobenen Sphären stattfinden, sondern muss dabei helfen, die reale Welt zu begreifen. Und auch da, wo die Begriffe enden, folgt Ingeborg Bachmann dem Philosophen Wittgenstein: »Wovon man nicht sprechen kann, darüber muß man schweigen.«

Jetzt beginnt sie ernsthaft zu schreiben: Gedichte, Erzählungen, Essays. Sie überwindet ihre Schüchternheit und sucht den Kontakt zu den Literaten Wiens. Im Café Raimund in der Museumstraße trifft sich regelmäßig ein Kreis junger Autoren und Künstler um den Schriftsteller Hans Weigel, einen unermüdlichen Förderer junger Talente wie Ilse Aichinger und Friedericke Mayröcker. Hans Weigel erkennt sofort die Begabung der jungen Klagenfurterin und verhilft Ingeborg Bachmann zu ersten Veröffentlichungen. 1948/49 werden Gedichte von ihr in der Zeitschrift »Lynkeus« abgedruckt. 1949 erscheinen verschiedene Erzählungen in Wiener Tageszeitungen und Zeitschriften: »Das Lächeln der Sphinx«, »Die Karawane und die Auferstehung«, »Das Ufer«, »Die Mannequins des Ibykus«. Noch wird die junge Ingeborg Bachmann von den erfahrenen Schriftstellern als kleine Provinzlerin belächelt, die staunend durch die Großstadt Wien irrt, aber schon fallen ihr Ehrgeiz und ihr Stolz auf. Hermann Hakel, Herausgeber von »Lynkeus«, erinnert sich: »Sie war grantig, weil ich, ohne sie zu fragen, ein kleines Gedicht von ihr zum Druck gegeben hab ..., diese zweiundzwanzigjährige Kärntner Lehrerstochter, die in ihre Intelligenz verliebt, völlig gespalten einmal nur in ihrer Wortwelt, einmal nur in der Realwelt lebt.«[7]

Hier klingen Herablassung und Bevormundung mit, unter denen Ingeborg Bachmann in diesen Jahren zu leiden hat. Ihr unerbittlich analytischer Verstand und ihre Vorliebe für männliche Erzählperspektiven lösen Befremden aus. Der Romancier Heimito von Doderer nennt sie höhnisch »den Bachmann« und verletzt sie auf einer Abendgesellschaft mit einer abschätzigen Bemerkung so sehr, dass sie in Tränen ausbricht. Alle Anwesenden sind peinlich berührt. Für Ingeborg Bachmann wird diese Zeit der Kränkungen und Schmähungen immer mit Wien verbunden bleiben. Wien ist die verhasste Stadt, in der sie nicht sein kann und von der sie – noch – nicht loskommt. »Stadt ohne Gewähr«, »Scheiterhaufenstadt«, »Schweigestadt«, viele Namen hat sie für Wien gefunden. Wien ist das Symbol für ihre Verlassenheit, nicht nur ihre persönliche, sondern auch die ihrer Generation. Ratlos blicken die jungen Menschen auf die Trümmer, die der Krieg hinterlassen hat, und suchen verzagt nach einem Sinn, einer Zukunft für sich selbst. In dem bittern Gedicht »Entfremdung« hat Ingeborg Bachmann dieses Gefühl in Worte gefasst:

> In den Bäumen kann ich keine Bäume mehr sehen.
> Die Äste haben nicht die Blätter, die sie in den Wind halten.

Die Früchte sind süß, aber ohne Liebe.
Sie sättigen nicht einmal.

Was soll nur werden?
Vor meinen Augen flieht der Wald,
vor meinem Ohr schließen die Vögel den Mund,
für mich wird keine Wiese zum Bett.
Ich bin satt vor der Zeit
und hungre nach ihr.
Was soll nur werden?

Auf den Bergen werden nachts die Feuer brennen.
Soll ich mich aufmachen, mich allem wieder nähern?

Ich kann in keinem Weg mehr einen Weg sehen.[8]

Im Sommer 1950 reist Ingeborg Bachmann nach Paris, um den Dichter Paul Celan wieder zu treffen, den sie bereits in Wien kennen gelernt hat. Eine Liebesgeschichte ohne Zukunft beginnt. Celan, Autor des berühmten Gedichts »Todesfuge«, ist durch seine Kriegserlebnisse zu zerstört, um an etwas Dauerhaftes glauben zu können. Seine Eltern starben im KZ. Er selbst entging nach einer dramatischen Flucht nur knapp dem Tod. Als verwandte Seelen empfinden sich die Liebenden: »Es ist einer, der hat, was ich sagte.«[9] Sie tauschen ihre zarten, traurigen Botschaften über Gedichte aus und hüten das Geheimnis ihrer Liebe gut.

Vielleicht wird man mehr davon erfahren, wenn Bachmanns persönliche Briefe zur Einsicht freigegeben werden. Bis dahin gibt es nur die Metaphern und Bilder, die leisen Fragen und Antworten, unüberhörbar die Abschiedsworte[10] wie in dem Gedicht »Dunkles zu sagen«:

> Wie Orpheus spiel ich
> auf den Saiten des Lebens den Tod
> und in die Schönheit der Erde
> und deiner Augen, die den Himmel verwalten,
> weiß ich nur Dunkles zu sagen.
>
> Vergiß nicht, daß auch du, plötzlich
> an jenem Morgen, als dein Lager
> noch naß war von Tau und die Nelke
> an deinem Herzen schlief,
> den dunklen Fluß sahst, der an dir vorbeizog ...[11]

Den Traum, eine akademische Laufbahn einzuschlagen, muss sie im selben Jahr aufgeben: »Ich hoffte natürlich, ich würde an der Universität bleiben, aber das war dann nicht möglich und so bin ich eben sofort in ein Büro gegangen, Matritzenschreiben. Sekretärin wäre zuviel gesagt. Es war schon ein Glück, in diesen Jahren in Wien überhaupt eine Stelle zu finden.«[12]

Sie beginnt ihre Arbeit bei der amerikanischen Besatzungsbehörde in Wien. Von hier aus vermittelt man sie als Script-Writer an den Radiosender Rot-Weiß-Rot, der damals unter amerikanischer Aufsicht steht. Bald schon steigt sie zur Redakteurin auf. Der Alltag erschöpft sie. Nach der Arbeit im engen Gemeinschaftsbüro voller Zigarettenqualm und Schweißgeruch taumelt sie in ihre kleine, zugige Wohnung in der Beatrixgasse. Sich um Essen und Kleidung zu kümmern ist ein zeitraubender Akt. Erst nachts kann sie schreiben. »In den Ruinen war damals gar keine Hoffnung, das hat man einander eingeredet, nachgeredet ... Ich habe mir beinahe auch weismachen lassen, wenn die Türstöcke und Fensterstöcke erst wieder eingesetzt werden, wenn die Schutthaufen verschwinden, dann wird es sogleich besser werden, man wird wieder wohnen und weiter wohnen können ... Niemals hätte ich gedacht, daß zuerst alles geplündert, gestohlen, verhandelt und dreimal ums Eck wieder verkauft werden muß.«[13]

1952 begegnet sie Hans Werner Richter, dem Gründer der »Gruppe 47«. In diesem lockeren Zusammenschluss treffen sich deutsche Autoren, Verleger und Kritiker der Nachkriegszeit, wie Alfred Andersch, Heinz Friedrich, Isolde und Walter Kolbenhoff. Die langen Jahre des nationalsozialistischen Terrors hatten die literarische Szene Deutschlands zerstört, die einen ins Exil getrieben, die anderen mundtot gemacht oder ermordet. Nun beginnt die Spurensuche: Worüber kann man angesichts der Zerstörung, der unermesslichen Schuld schreiben, welche Hoffnungen und Utopien halten jetzt noch stand? Wie muss die Sprache beschaffen sein, die der neuen Zeitrechnung nach 1945 gerecht wird? Und: Wo verstecken sich die neuen jungen literarischen Talente, welche Ermutigung brauchen sie?

Hans Werner Richter trifft Ingeborg Bachmann bei deren Freundin Ilse Aichinger, die seit dem Erscheinen ihres Romans »Die größere Hoffnung« (1948) schon einen Namen hat. Die Bachmann hinterlässt zunächst keinen bemerkenswerten Eindruck bei ihm. Ein paar Tage später sucht er die junge Redakteurin dann im Sender Rot-Weiß-Rot auf, um eine Radiosendung mit ihr vorzubereiten, und muss ein paar Minuten im Büro auf sie warten. Als er sich an ihren Schreibtisch setzt, fällt sein Blick auf ein Gedicht. Richter ist sofort gefangen genommen, er blättert in Bachmanns Unterlagen und findet andere Gedichte. Begeistert liest er weiter, doch er kann kaum glauben, dass die Texte aus der Feder dieser auffallend schüchternen, fahrigen Frau stammen: »... für eine Anfängerin zu vollendet, zu ausgereift, in ihrer Weltsicht und Sprache nicht die Gedichte einer jungen Frau, dieser Frau.«[14] Richter lädt Ingeborg Bachmann spontan zur nächsten Tagung der deutschen Literatenrunde ein.

Im folgenden Monat trifft sich die »Gruppe 47« in Niendorf an der Ostsee. Zur Lesung sitzen alle Mitglieder und deren Gäste erwartungsvoll in einer großen Hotelhalle. Eine unbekannte Österreicherin beginnt, ihre Gedichte vorzutragen. Da ist auf einmal ein neuer Ton im Raum. Die Zuhörer in ihren bequemen Sesseln beugen sich vor: Was war das? Was hat diese junge Frau gerade gesagt? Ihre Stimme ist so leise, kaum mehr als ein Flüstern. Sie presst, manche sagen später, sie weint ihre Gedichte – wie etwa »Dunkles zu sagen«:

Verwandelt ward deine Locke
ins Schattenhaar der Nacht,
der Finsternis schwarze Flocken
beschneiten dein Antlitz.

Und ich gehör dir nicht zu
beide klagen wir nun

aber wie Orpheus weiß ich
auf der Seite des Todes das Leben,
und mir blaut
dein für immer geschlossenes Aug.[15]

Der Vortrag wirkt wie eine bizarre Inszenierung. Zart und schmal sitzt Ingeborg Bachmann da, spricht stockend und leise, das Rascheln der Seiten übertönt ihre Stimme, die Blätter gleiten ihr aus den Händen, manche wirft sie von sich, schließlich sinkt sie vom Stuhl, muss auf ihr Zimmer getragen werden, wo sie ohnmächtig wird. Die Anwesenden sind gleichermaßen fasziniert wie verunsichert, wissen das Schauspiel nicht einzuordnen, das doch nur zum Teil Schauspiel ist.

Auf der nächsten Tagung liest Bachmann wieder, diesmal sicherer, selbstbewusster. Für die Gedichte »Große Landschaft bei Wien«, »Die große Fracht«, »Holz und Späne« und »Nachtflug« wird ihr 1953 der Preis der »Gruppe 47« zugesprochen. Damit ist der Durchbruch da, die erste öffentliche Anerkennung, das lang ersehnte Lob. Von nun an stiegt der Stern der Lyrikerin unaufhaltsam empor.

Mit 1000 Mark in der Tasche – erste Honorare für Lesungen – wähnt sie sich reich und gibt ihren festen Job als Redakteurin in Wien auf. Sie folgt der Einladung des Komponisten Hans Werner Henze, mit dem sie sich in Niendorf angefreundet hat. Henze bewundert Ingeborg Bachmann sehr, er will unbedingt mit ihr arbeiten, sich von ihr inspirieren lassen, stundenlang mit ihr reden, lachen, träumen. In Forio auf der Insel Ischia leben sie ein »tägliches Fest«, wie er erzählt. Sie haben wenig Geld, aber Personal, eine kaputte Heizung, dafür aber ein riesiges Haus. Die Liebe mit dem homosexuellen Henze bleibt platonisch, lange Zeit ist sie auch ungetrübt von Eifersucht und Lügen. Das Paar erwägt sogar die Ehe, lässt es dann aber doch bleiben.

Ingeborg Bachmann schreibt verschiedene Libretti für Hans Werner Henzes Kompositionen. Eine neue, beglückende Erfahrung für die Dichterin. Bescheiden versucht sie, sich zurückzunehmen, unterwirft ihre Worte der Musik. Sie besteht darauf, dass es das Werk des Komponisten ist, das der Öffentlichkeit übergeben wird, nicht ihres. Die Musikalität ihrer Sprache kommt ihr zu Hilfe. Für eine Oper Henzes setzt sie verschiedene Stimmen gegeneinander: Personen fallen sich singend ins Wort, rhythmisierte Texte unterstützen die Melodie. Die Musik beruhigt die Seele der Dichterin ein wenig, vor allem aber ist es die Schönheit Italiens, welche die Krankheit »Wien« zumindest vorübergehend heilen kann. Italien wird *ihr* Land, sie nennt es in einem Gedicht »Mein erstgeborenes Land«:

Und als ich mich selber trank
und mein erstgeborenes Land
die Erdbeben wiegten,
war ich zum Schauen erwacht.

Da fiel mir Leben zu.

Da ist der Stein nicht tot.
Der Docht schnellt auf,
wenn ihn ein Blick entzündet.[17]

Lange geht es nicht gut mit Henze. Er setzt sie unter Druck. Sie soll schreiben, schneller, immer schneller, mehr noch, er hat sich in die Idee verrannt, dass er sie antreiben muss. Immer häufiger flieht sie nach Neapel, nach Rom, wo sie sich heimlich eine Wohnung nimmt.

Henze holt sie zurück, hatte sie ihm doch versprochen, das Libretto für »Der junge Lord« zu schreiben. Henze erinnert sich an aufreibende Szenen: »Du kannst dir nicht vorstellen, wie schwer es ist, dieses Libretto aus ihr herauszuholen, mit fürchterlichen repressiven Maßnahmen mußte ich arbeiten. Nicht mehr grüßen. Oder einschließen. Oder wütend sein, was weiß ich, mit Geschenken überhäufen! Nur um einen kleinen Dialog zu kriegen.«[18] Ingeborg Bachmann kann sich nicht wehren. Sie kommt nicht gegen den Mann an, gegen seine Übermacht und Lautstärke. Sie reist ab und dichtet später die »Lieder auf der Flucht«:

Kälte wie noch nie ist eingedrungen
Fliegende Kommandos kamen über das Meer.
Mit allen Lichtern hat der Golf sich ergeben.
Die Stadt ist gefallen.[19]

In den nächsten Jahren wird sie immer wieder zu Henze zurückkehren, zu seinem Haus und ihrer gemeinsamen Freundschaft. Aber die Pausen dazwischen werden länger, sie richtet sich in Rom ein neues Zuhause ein, schließlich entfremden sie sich.

Endlich erscheint Ingeborg Bachmanns erster eigener Gedichtband, »Die gestundete Zeit«. Unüberhörbar ist hier der dringliche Ton, der den Menschen als politisches Wesen auffordert, sich seiner Verantwortung bewusst zu werden:

> Es kommen härtere Tage.
> Die auf Widerruf gestundete Zeit
> wird sichtbar am Horizont.
> Bald mußt du den Schuh schnüren
> und die Hunde zurückjagen in die Marschhöfe.
> Denn die Eingeweide der Fische sind kalt geworden im Wind.
> Ärmlich brennt das Licht der Lupinen.
> Dein Blick spurt im Nebel:
> die auf Widerruf gestundete Zeit
> wird sichtbar am Horizont ...[20]

Der Gedichtband erscheint in der von Alfred Andersch herausgegebenen Buchreihe »Studio Frankfurt«, die zehn Tage nach Auslieferung der ersten Exemplare aufgelöst wird. Das Echo ist daher zunächst gering. Und trotzdem wird Ingeborg Bachmann 1954 berühmt, fast schon ein Star. Sie erscheint auf dem Titelblatt des Nachrichtenmagazins »Der Spiegel«. Ihr Foto zeigt existenzialistisches Pathos: der dunkel geschminkte Mund, die kurzen Haare, der ernste Blick nach oben, in die Ferne gerichtet. Im Leitartikel heißt es: »'Trauer und Klage um das Verlorene; das Gefühl des Absterbens; Angst vor dem Unheimlichen einer mechanisierten Welt; die Vereinsamung des Menschen; Feindlichkeit der Zeit und Erlösung in Schlaf und Traum – so schattenhaft und ganz ungefähr nur lassen sich die Inhalte vieler Gedichte Ingeborg Bachmanns angeben. Alles wird so andeutungsweise gesagt, daß es dem Leser freisteht, seine Empfindungen und Gedanken in diese oder jene Richtung zu lenken.«[21]

Von nun an widmet sich die Literaturkritik ausführlich den Gedichten und Erzählungen Ingeborg Bachmanns. Die Welle der Begeisterung erreicht in den folgenden Jahren absurde Ausmaße. Peter Conrady untersucht in seinem Aufsatz »Fragwürdige Lobrednerei«[22], wie phrasenhaft und unkritisch die Rezensionen häufig sind, widersprüchlich und ohne Textbezug. Als ein Kritiker schreibt: »Dieser Ton, diese Ferne, dieses Wagnis und diese zarte Unerbittlichkeit gehören nur ihr; es sind die Höhenzüge deutscher Lyrik ...«[23], entgegnet Conrady ihm missmutig: »Hat es die Lyrik Ingeborg Bachmanns noch nötig, so unkritisch gelobt zu werden?«[24] Die Bachmann wird zur rätselhaftesten Figur der deutschsprachigen Nachkriegsliteratur, zur Königin der neuen Lyrik, die durch ihre Sprache ebenso wie durch ihre geheimnisvolle Ausstrahlung fasziniert.

Sie bleibt in Italien. Jetzt, da der Ruhm sie verfolgt, braucht sie dieses Land noch viel stärker, um sich zurückzuziehen: auf ihre Terrasse, wo verwilderter Oleander blüht, in ihre Wohnung, von der die Freunde sagen, sie sei eher »wienerisch« als »römisch«. Die wuchtigen, dunklen Bücherschränke mit den Glastüren, die Jugendstillampen und schweren Sessel nehmen sich seltsam aus in der Via Vechiarelli. Ein Stück Wien aber ist notwendig, denn wenn sie arbeitet, sagt sie, ist sie immer in Wien, egal wo der Schreibtisch steht. Wien und Rom symbolisieren die Zerrissenheit der Dichterin. Quälend das eine, befreiend das andere: »In Italien, könnte ich sagen, bin ich froher geworden, hier habe ich gelernt, Gebrauch von meinen Augen zu machen, habe schauen gelernt. In Italien esse ich gern, gehe ich gern über die Straße, sehe ich gerne Menschen an.«[25]

Ingeborg Bachmann entwickelt sich immer mehr zum Doppelwesen. Die spröde, auf Privatsphäre bedachte Dichterin ist ernst und zurückhaltend. Aber sie ist auch die schillernde Figur auf den Partys der römischen »guten Gesellschaft«. Man trifft sie auf Empfängen der Botschaft, in Nachtclubs, im legendären Café Greco. Sie ist eine elegante Erscheinung, stark geschminkt, teuer gekleidet, sie trägt gern Ketten und Armbänder, schlichte Kostüme und hochhackige Pumps. Manchmal übertreibt sie, wenn sie die neueste Mode mitmachen will oder sich betont vornehm kleidet. Bis ein italienischer Freund sich ihrer annimmt. Er durchforstet ihren Kleiderschrank, wirft die unpassenden Sachen weg und begleitet sie von nun an beim Einkaufen in die eleganten Läden der Via Condotti.

Am Abend genießt Ingeborg Bachmann die Aufmerksamkeit der Herren, die von ihrem Charme und ihrem anziehenden Äußeren hingerissen sind. Sie hat unzählige Affären mit »namenlosen« Männern, keiner weiß vom anderen und selbst ihre wenigen Freunde kennen die Auserwählten nicht. Ihr Liebesleben ist »stark und skrupellos«[26]. Ingeborg Bachmann weiß, dass sie ihre erotischen Abenteuer geheim halten muss, um nicht ins Gerede zu kommen. Denn davor hat sie eine fast krankhafte Angst.

Das Leben in Rom wird mit der Zeit teuer. Sie muss zugeben, dass sie ihren sicheren Arbeitsplatz zu früh verlassen hat, denn als freie Schriftstellerin verdient sie noch lange nicht genug. Deshalb schreibt sie Reportagen für deutsche Zeitungen und Radiosender. Diese, unter dem Pseudonym Ruth Keller veröffentlichten Artikel, hat sie später nie erwähnt. Erst 1998 sind sie als »Römische Skizzen« in Buchform erschienen.[27]

Eine besondere Ehre ist die Einladung zu einem internationalen Seminar der Harvard »Summer School of Arts and Sciences and of Education« im Jahr 1955. Ingeborg Bachmann genießt die Schiffsreise, ist begeistert von New York und wählt die Stadt zum Schauplatz ihres Hörspiels »Der gute Gott von Manhattan«. Wieder zurück in Europa veröffentlicht sie den zweiten Gedichtband, »Anrufung des großen Bären«, der begeistert aufgenommen wird.

Der Alltag als arrivierte Autorin klingt beneidenswert: Preise, Ehrungen, Reisen, Lesungen, Rundfunkaufnahmen. Für Ingeborg Bachmann jedoch wird der

Kontakt zur Außenwelt immer anstrengender. Auch spürt sie, dass ihre lyrische Kraft sich aufbraucht. Die politische Entwicklung enttäuscht sie Tag für Tag und langsam formt sich in ihrem Inneren ein schreckliches Gefühl: Todesangst.

Ohne Zögern tritt sie dem »Komitee gegen die Atomrüstung« bei und protestiert 1958 zusammen mit anderen Künstlern, Intellektuellen und Bürgern gegen die Atombewaffnung der Bundesrepublik Deutschland. Die Schriftsteller Günter Grass, Ingrid Bachér und Uwe Johnson, inzwischen ebenfalls Mitglieder der »Gruppe 47« und Freunde von Ingeborg Bachmann, schließen sich dem Protest an. Hans Weigel aber, der ehemalige Mentor, kritisiert das politische Engagement der Dichterin. In einem offenen Brief in der Wiener Zeitschrift »Forum« heißt es, sie habe ihre Kompetenzen als Lyrikerin und Österreicherin überschritten; sie solle sich nicht in die Angelegenheiten eines fremden Staates einmischen. Unbeirrt von dieser öffentlichen Ohrfeige setzt Ingeborg Bachmann ihr Engagement fort. Schon ein paar Jahre zuvor hatte sie das Gedicht »Früher Mittag« geschrieben, eine Warnung, die nichts an Deutlichkeit zu wünschen übrig lässt:

> … schon hebt sich unter den Scherben
> des Märchenvogels geschundener Flügel,
> und die vom Steinwurf entstellte Hand
> sinkt ins erwachende Korn.

Wo Deutschlands Himmel die Erde schwärzt,
sucht sein enthaupteter Engel ein Grab für den Haß
und reicht dir die Schlüssel des Herzens ...

Sieben Jahre später,
in einem Totenhaus,
trinken die Henker von gestern
den goldenen Becher aus.[28]

Für Ingeborg Bachmann gibt es kein Schreiben außerhalb der politischen Wirklichkeit. Der Dichter darf nicht aus der Gesellschaft austreten, sondern er muss sie kritisch beobachten und »die anderen zur Wahrheit ermutigen«, wie sie in ihrer beeindruckenden Rede »Die Wahrheit ist dem Menschen zumutbar« fordert. Anlässlich der Verleihung des Hörspielpreises der Kriegsblinden für »Der gute Gott von Manhattan« bewegt sie die Gemüter, als sie schließt: »Wer, wenn nicht diejenigen unter Ihnen, die ein schweres Los getroffen hat, könnte besser bezeugen, daß unsere Kraft weiter reicht als unser Unglück, daß man, um vieles beraubt, sich zu erheben weiß, daß man enttäuscht, und das heißt, ohne Täuschung zu leben vermag. Ich glaube, daß dem Menschen eine Art des Stolzes erlaubt ist – der Stolz dessen, der in der Dunkelheit der Welt nicht aufgibt und nicht aufhört, nach dem Rechten zu sehen.«[29]

Das Bayerische Fernsehen offeriert ihr einen Job als Dramaturgin, den sie gerne annimmt. Die feste Anstellung ermöglicht ihr eine kurze Verschnaufpause vom Alltag der freien Autorin. 1957/58 lebt sie in München. In ihrer winzigen Wohnung in einem Schwabinger Hinterhaus zelebriert sie sich selbst. Sie empfängt die Gäste »nicht ohne schöne Mühe«, wie Martin Walser, einer der Geladenen, ironisch bemerkt: Teeschalen zerbrechen, Aschenbecher fallen herunter, Türen klemmen. Ingeborg Bachmann erscheint als Hilflose, »... als hätte sie in ihrem Leben viel zu viele Türen selber aufmachen müssen, viel zu oft einen Regenschirm selber aufheben ...«[30]

Reinhard Baumgart, einer ihrer ersten Lektoren beim Piper Verlag, beschreibt genüsslich, welch »existenzielles« Chaos sie angerichtet habe, als sie einmal an seinem Frühstückstisch Platz nahm: Er starrte alsbald auf ein Durcheinander aus Eierschalen, Wurstpellen, zerkrümeltem Brot, Aschehäufchen in Untertassen, Papierschnipseln und Obstschalen. Ihre Zerfahrenheit ist aufreizend. Sie verliert Schlüssel, Fahrkarten und Geld. Steht ein Mann in der Nähe, gleiten ihr die Handschuhe zu Boden, die Puderdose, die Tasche. Manuskriptseiten rutschen ihr aus den Händen, Lippenstifte kullern und bleiben in Sesselritzen stecken. Baumgart übersieht ihre Hilfe suchenden Augen und sagt freundlich provozierend: »Das schaffen Sie schon alleine, Frau Bachmann.«[31] Dann lacht sie, ihre Augen, ihr ganzer Körper lacht, dann ist sie die Dichterin, die manchmal glockenhell jubeln kann: »Nichts Schönres unter der Sonne als unter der Sonne zu sein ...«[32] Sie hat die Fähigkeit, sich einer Sache vollkommen zu widmen, so wie Kinder im Spiel, denen sie sich auch besonders verbunden fühlt.

Die ungeheure Konzentration auf einen Menschen, auf eine Situation hält ein Beobachter fest: »Am Austragungsort so vieler beiläufiger Begegnungen, auf einer Party also, schien mir die Insistenz, mit der sie zuzuhören vermochte, geradezu beunruhigend. Selbst in der Runde von Vertrauten, von Bekannten, schien es für sie stets nur den einen zu geben, jenen, der gerade zu ihr sprach. Die Hand, in die sie beim Zuhören den Kopf stützte, bedeckte die untere Seite ihres Gesichts, wuchs aus zum schützenden Verschlag, mit dem sie sich aufdringlicher Nähe erwehrte. Und wenn sie gewisse Fragen statt mit Worten mit einem nachdenklichen Blick beantwortete, so glaubte ich zu erkennen, dass sie von Dingen schwieg, ›weil es darüber nichts zu sagen gibt‹.«[33]

Ihr berühmtestes Hörspiel, »Der gute Gott von Manhattan«, erzählt von einer ungewöhnlichen und unmöglichen Liebe. Jan und Jennifer lernen sich zufällig in New York kennen, verlieben sich ineinander und verbringen ein paar Tage und Nächte zusammen. Ihre Liebe sprengt alles bisher Gekannte, sie umfasst den anderen mit Haut und Haar, bis in den Tod. Nichts mehr hat neben dieser Liebe Platz: »Ich weiß nicht weiter, nur daß ich hier leben und sterben will mit dir und zu dir reden in einer neuen Sprache; daß ich keinen Beruf mehr haben und keinem Geschäft mehr nachgehen kann, nie mehr nützlich sein und brechen werde mit allem, und daß ich geschieden sein will von allen anderen.«[34]

Der gute Gott aber, der in Wirklichkeit grausam ist, tötet das Mädchen, um den Jungen ins normale, mittelmäßige Leben zurückzuholen, ihn zu »retten«. Vor Gericht muss er sich für den Mord verantworten. Sein Credo lautet: »Ich glaube, daß die Liebe auf der Nachtseite der Welt ist, verderblicher als jedes Verbrechen, als alle Ketzereien. Ich glaube, daß, wo sie aufkommt, ein Wirbel entsteht wie vor dem ersten Schöpfungstag. Ich glaube, daß die Liebe unschuldig ist und zum Untergang führt; daß es nur weitergeht mit Schuld und mit dem Kommen vor alle Instanzen. Ich glaube, daß die Liebenden gerechterweise in die Luft fliegen und immer geflogen sind. Da mögen sie vielleicht unter die Sternbilder versetzt worden sein.«[35]

Eine solche schicksalhafte Liebe begegnet auch Ingeborg Bachmann, als sie den Schweizer Schriftsteller Max Frisch kennen lernt. Er schreibt ihr, nachdem er »Der gute Gott in Manhattan« gehört hatte, »… wie gut es sei, wie wichtig, daß die andere Seite, die Frau, sich ausdrückt … Wir brauchen die Darstellung des

Mannes durch die Frau, die Selbstdarstellung der Frau.«[36]

Sie treffen sich zum ersten Mal in Paris. Sie hat einen Logenplatz für sein Theaterstück »Biedermann und die Brandstifter« in der Tasche, aber er überredet sie, das Stück nicht anzusehen, sondern lieber mit ihm essen zu gehen. Er fragt sie, ob sie mit einem Kind lebe, und sie ist entzückt darüber, dass hier jemand sitzt, der so wenig von ihr weiß. Sie vertraut ihm an, dass sie sich immer eine ganz normale Ehe gewünscht habe. Ingeborg Bachmann ist 31 Jahre alt, Max Frisch 48. Er ist gerade dabei, sich von seiner ersten Frau zu trennen, und bleibt zunächst auf der Hut: »Paris. Die ersten Küsse auf einer öffentlichen Bank, dann in den Hallen, wo es den ersten Kaffee gibt: am Nebentisch die Metzger mit den blutigen Schürzen, diese zu plumpe Warnung. Ihre Reise nach Zürich. Die Verstörte am Bahnhof; ihr Gepäck, ihr Schirm, ihre Taschen. Eine Woche in Zürich als Liebespaar und aus klarer Erkenntnis der erste Abschied.«[37]

Max Frisch hat sie fortgeschickt, zurück nach München, aber bald schon bereut er die Trennung und überredet sie zum Zusammenleben in Rom. Strahlend vor Glück erzählt Ingeborg Bachmann einem Freund von ihrer großen Liebe. Nun scheint ihr alles möglich: Nähe und Vertrauen, die Heilung ihrer verletzten Seele. Doch Max Frisch verlässt sie nach sieben Monaten zum zweiten Mal. Bald darauf versucht er alles, um sie wiederzugewinnen. Ein dritter Versuch folgt, diesmal mit zwei Wohnungen in Zürich. Die beiden Dichter können nicht unter einem Dach leben. Er geht vom Frühstückstisch direkt hinauf ins Arbeitszimmer, kurz darauf hört sie das Klappern der Schreibmaschine. Sie indessen quält sich herum, wütend auf ihn, sie brütet, raucht, wartet. Jede Zeile ein Kraftakt, eine Geburt. Irgendwann gewöhnt sie sich an aufputschende Tabletten.

Max Frisch will sie heiraten, aber sie sagt nein. Vielleicht hätte sie anfangs gewollt, jetzt ist es zu spät, denn diese Liebe befindet sich im Absturz und sie weiß es. Sie fragt ihn, was er unter einer Ehe verstehe, so kurz nach seiner Scheidung. Er hat keine Antwort. Später wird er in seinen Büchern »Montauk« und »Mein Name sei Gantenbein« sehr beredte, indiskrete Andeutungen über das Scheitern dieser Liebe machen. Der aufmerksame Leser findet die Dichterin skizziert als passive, kokette, schwierige, beleidigte, vorwurfsvolle Frau: »… ihr Dulden-Können, ihr Kniff, das Opfer zu sein, dazu ihre entsetzliche Tröstbarkeit in jedem Augenblick, ihre Flirt-Anfälligkeit noch im Glück, ihre Bereitschaft und List …«[38] Frisch kann nicht verzeihen, dass sie ihre eigenen »Dämonen« behält. Sie will ihn nicht immer dabeihaben, nicht bei Treffen der »Gruppe 47«, nicht bei den Frankfurter Poetikvorlesungen, die sie 1959/60 hält, nicht bei ihren Begegnungen mit Henze in Neapel.

Manchmal ist ihre Zurückhaltung verletzend. Als

der Autor Peter Huchel das Paar in einem Restaurant trifft, redet Ingeborg Bachmann eine halbe Stunde an ihrem Tisch mit ihm, ohne die beiden Männer einander vorzustellen. Ihre Freundin Toni Kienlechner, die als Auslandskorrespondentin des Bayerischen Rundfunks in Rom lebt, bemerkt, dass jedes Mal, wenn sie das Paar trifft, sich einer von beiden in der Krise befindet. Frisch schreibt später: »Ich bin ein Narr und weiß es. Ihre Freiheit gehört zu ihrem Glanz. Die Eifersucht ist der Preis dafür und ich bezahle ihn voll.«[39]

Frisch geht zu einer anderen Frau. Und er tut noch etwas Schlimmeres: Er schreibt über die Bachmann, zerrt sie ans Licht der Öffentlichkeit. Sie entdeckt ein Tagebuch, das er während einer längeren Krankheit geschrieben hat, und findet sich darin wieder. Sie verbrennt es. »Ich habe nicht mit dir gelebt als literarisches Material, ich verbiete es, daß du über mich schreibst!«[40] Die endgültige Trennung erfolgt 1963. Frisch schreibt dazu: »Das Ende haben wir nicht gut bestanden, beide nicht.«[41]

Zerbrochen kehrt Ingeborg Bachmann allein nach Rom zurück. Sie ist nicht mehr dieselbe. Ratlos fragen sich die Freunde, wie sie ihr helfen können. Es wird geflüstert, geraunt. Sie duldet nicht, dass der Name Max Frisch in ihrer Gegenwart genannt wird.

Was kann es gewesen sein, das sie so sehr hat leiden lassen? Toni Kienlechner erinnert sich an lange ge-

Ingeborg Bachmann, 1964

meinsame Spaziergänge oben auf dem Hügel Gianicolo, kurz nach der Trennung. Die beiden Frauen sprechen über alles zwischen Himmel und Erde, aber nie über Max Frisch. Toni Kienlechner fragt nicht nach. Aber sie weiß, woran die Freundin denkt, als sie sagt: »Warum nur kann man eine Demütigung, die man sich selbst zugefügt hat, nicht vergessen?«[42] Toni Kienlechner reagiert schnell: »Weil man sich unter die eigene Würde begeben hat.« Ingeborg Bachmann hat die weibliche Rolle bis zur Selbstaufgabe gespielt und muss nun begreifen, dass sie diese sich unterordnende Frau gar nicht ist und niemals war. Sie will umschwärmt werden, charmant sein, als verletzliches Wesen behütet werden, aber ihren Verstand, ihre Stärke und Unabhängigkeit kann sie mit diesem Bild nicht in Einklang bringen. Ihre »weiblichen« und »männlichen« Eigenschaften erlebt sie als inneres Chaos, als unaufhörliche Zerreißprobe.

Nur wenig hat Ingeborg Bachmann über ihr Privatleben erzählt und man muss sich davor hüten, jeden Satz ihres Werkes als autobiografische Aussage zu werten. Doch der Schrecken über die Verletzungen, die durch Liebe entstanden sind, flackert in vielen ihrer Texte auf. Ohne Zweifel gehört die Liebesgeschichte Bachmann/Frisch zu einer der traurigsten der Literaturgeschichte und der Vorwurf, dass Max Frisch an der Zerstörung Ingeborg Bachmanns beteiligt gewesen ist, wird immer im Raume stehen. Die Frage nach der Schuld aber ist »kleinlich«, wie die Biografin des Paares, Gerda Marko, richtig feststellt. Beide haben sich gegenseitig gründlich verletzt. Max Frisch erzählte lange nach ihrem Tod mit unbeweglichem Gesicht in einer Fernsehsendung, dass er nicht über sie sprechen kann, nur schreiben, zwischen Hymnus und Klage. Aber ob das, was er über Ingeborg Bachmann in seinen Büchern gesagt hat, ihr wirklich gerecht wird, kann niemand beurteilen. Die Dichterin selbst hat dem nichts entgegengesetzt, ihn in ihren Texten niemals erwähnt. Allenfalls in dem Roman »Malina« finden sich Spuren dieser Beziehung, Spuren, die jedoch fast bis zur Unkenntlichkeit verschlüsselt sind.

Ingeborg Bachmann ist krank, niemand weiß genau, was sie hat, und sie gerät in immer stärkere Abhängigkeit von Medikamenten. Sie verbringt Wochen in verschiedenen Kliniken, doch es gibt keine Besserung. Toni Kienlechner besucht sie in ihrer Wohnung und versucht, sie von ihrer unvernünftigen Lebensweise abzubringen. Sie füllt den stets leeren Kühlschrank auf, redet ihr zu, mehr zu essen und zu schlafen, weniger zu rauchen. Aber die Selbstzerstörung lässt sich nicht mehr aufhalten. Weil sie sich Sorgen macht, fährt Kienlechner auch nach Klagenfurt, um mit der Mutter Ingeborg Bachmanns zu sprechen. Sie verheimlicht die Reise vor der Freundin, die ihre kleinbürgerliche Herkunft nicht gerne vorzeigt. Ihren Eltern und besonders dem Bruder fühlt sie sich zwar immer eng verbunden, aber sie hält die Familie, ebenso wie die Freunde, auf Abstand.

Ingeborg Bachmann schreibt nur noch wenige Gedichte. Die letzten verfasst sie zwischen 1964 und 1967. Die Lyrikerin verstummt. Ihre unbarmherzige Selbstkritik sagt ihr, dass sie ihre Möglichkeiten ausgeschöpft hat. »Ich habe aufgehört, Gedichte zu schreiben, als mir der Verdacht kam, ich ›könne‹ jetzt Gedichte schreiben, auch wenn der Zwang, welche zu schreiben, ausbliebe.«[43] Für sie gibt es keine neuen, richtigen Metaphern mehr, sie hat alles gesagt, was zu sagen war.

Mit ganzer Kraft widmet sie sich nun der Prosa.

Für den ersten Erzählband, »Das dreißigste Jahr«, erhält sie den begehrten »Literaturpreis des Verbandes der deutschen Kritiker«. Die Geschichten erzählen von Macht, Gewalt, von der Unmöglichkeit der Nähe, aber auch von Utopie und dem Prinzip Hoffnung. Eine der Erzählungen, »Unter Mördern und Irren«, entlarvt eine Runde von hoch gestellten Männern aus Industrie und Kultur in ihrer Unfähigkeit, die Vergangenheit, den Krieg, zu bewältigen. »Undine geht« dagegen ist eine selbstkritische Schmährede auf die Ignoranz und Brutalität des männlichen Prinzips und malt gleichzeitig ein trauriges Bild weiblichen Rollenverhaltens. Schließlich die Titelgeschichte »Das dreißigste Jahr«: Atemlos, wie mit fliegender Feder geschrieben, präsentiert sie das Resümee eines Mannes nach dem ersten Drittel seines Lebens. Pessimismus und Hoffnung verschmelzen in der namenlosen Hauptfigur. Nach der Verzweiflung über all die vergeudete Zeit bricht der Ton der Erlösung durch: »Dann spring noch einmal auf und reiß die alte schimpfliche Ordnung ein. Dann sei anders, damit die Welt sich verändert, damit sie die Richtung ändert, endlich! Dann, tritt du sie an!«[44]

Über zwei Jahre dauert es, bis Ingeborg Bachmann und ihr Lektor Reinhard Baumgart diesen Erzählband in Druck geben können. Korrekturen, Streichungen, neue Formulierungen müssen diskutiert werden. Baumgart findet vieles »schön gedacht, aber falsch gesagt«. Voller Bewunderung gesteht er: »An keinem Autor – mich selbst eingeschlossen – habe ich je eine solche schmerzfreie, ungekränkte Einsichtigkeit bei der Korrektur eines Textes erlebt. Sie konnte, nach einigem Zögern und Überlegen, Verbesserungen geradezu genießen. Diese entscheidungsfreudige, konzentrierte, allem Narzissmus entwachsene Person, mit der ich zusammenarbeitete, das war nicht mehr die Dame, das Weltwaisenkind, dem jedes Taschentuch, jede Flugkarte entgleiten konnte – das war, wie ich damals noch nicht wußte, Malina, der in Ingeborg Bachmann verborgene und nüchtern waltende Mann.«[45]

Zehn lange Jahre wird es still um die Dichterin. Sie unternimmt Reisen nach Prag, Ägypten und in den Sudan, geht als Stipendiatin der »Ford Stiftung« für ein Jahr nach Berlin, wo sie sich für ein weiteres Jahr eine Wohnung nimmt und Lesungen hält. 1968 wird ihr der »Große Österreichische Staatspreis« zugesprochen – die erste Ehrung ihres Heimatlandes. Aber kein neues Werk erscheint von ihr, obwohl ihre Freunde spüren, dass sie wie besessen arbeitet.

1971 erscheint endlich der Roman »Malina«, der erste aus einem geplanten Zyklus mit dem Titel »Todesarten«, der nie vollendet wird. Malina sprengt alles, was man bisher von der Bachmann kannte. Die Kritiker schweigen einen Moment ratlos, dann stürzen sie sich

auf das Buch. Die Folge ist eine Flut von abenteuerlichen Interpretationen. »Malina« wird zum Klassiker, lange bevor es wirklich verstanden worden ist. Dass die Figur »Malina« das männliche Prinzip verkörpert, welches Ingeborg Bachmann seit ihrer Kindheit als zerstörerisch erlebt hat, ist leicht zu erkennen. Dass Malina gleichzeitig aber auch ein Teil der Frau ist, der Ich-Erzählerin, macht es komplizierter. Der weibliche Teil zerstört sich selbst, weil er neben Malina, dem männlichen Wesen, nicht existieren kann. Geht es um Mord oder Selbstmord? Wie können beide Prinzipien miteinander in Einklang gebracht werden?

Ingeborg Bachmann gibt geduldig Auskunft: »... daß ich immer gewußt habe, ich muß dieses Buch schreiben – schon sehr früh, noch während ich Gedichte geschrieben habe. Daß ich immerzu nach dieser Hauptperson gesucht habe. Daß ich wußte: sie wird männlich sein. Daß ich nur von einer männlichen Position aus erzählen kann. Aber ich habe mich oft gefragt: warum eigentlich? Ich habe es nicht verstanden, auch in den Erzählungen nicht, warum ich so oft das männliche Ich nehmen mußte. Es war nun für mich wie das Finden meiner Person, nämlich dieses weibliche Ich nicht zu verleugnen und trotzdem das Gewicht auf das männliche Ich zu legen.«[46]

Ingeborg Bachmann, um 1970

Ein Reporter wagt die Frage, warum nie von Sexualität die Rede sei. Die Antwort ist kurz: »Weil es darüber nichts zu sagen gibt. Das gehört in die Intimität von zwei Personen.« Dann spricht Ingeborg Bachmann von der unheilbaren Krankheit der Männer.

Reporter: »Aha? Woran sind die Männer unheilbar krank?«

Bachmann: »Sie sind es.«

Reporter: »Sie sind es?«

Bachmann: »Wissen Sie das nicht?«

Reporter: »Wenn Sie es mir sagen!«

Bachmann: »Alle.«[47]

Ärgerlich ist Werner Schröters Verfilmung »Malina« von 1991, in dem Isabelle Huppert als masochistische Verrückte rauchend und stöhnend umherirrt. »Malina« entzieht sich einer zweidimensionalen Umsetzung; eine »Performance« könnte dem Stoff eher gerecht werden. Ingeborg Bachmann nennt das Buch autobiografisch, aber gleichzeitig verbirgt sie ihre Geschichte geschickt, denn sie will nicht ablenken von der Allgemeingültigkeit der Aussage. Daher ist das Buch weder eine feministische Ortsbestimmung noch eine private Abrechnung mit Max Frisch, selbst wenn es viele Passagen gibt, die ihn gemeint haben können. Die Ich-Erzählerin zerbricht an der Gleichgültigkeit Iwans, der sagt: »Ich möchte wissen, nein, ich möchte es nicht wissen, wer das angerichtet hat, dein Zusammenfahren, dein Kopfeinziehen, dein Kopfschütteln, dein Kopfwegdrehen.«[48] Am Ende des Buches steht der Tod. Ob der Filmemacher Peter Hamm Recht hat, wenn er sagt, sie habe ihren Tod schon so oft vorweggedichtet?

Der Freund Alfred Grisel erinnert sich an seine letzte Begegnung mit Ingeborg Bachmann: »Ich war zutiefst erschrocken über das Ausmaß ihrer Tablettensucht. Es müssen an die 100 Stück pro Tag gewesen sein, der Mülleimer ging über von leeren Schachteln. Sie hat schlecht ausgesehen, war wachsbleich und am ganzen Körper voller Flecken. Ich rätselte, was es sein konnte. Dann, als ich sah, wie ihr die Gauloise, die sie rauchte, aus der Hand glitt und auf dem Arm ausbrannte, wußte ich's: Brandwunden, verursacht von herabfallenden Zigaretten. Die vielen Tabletten hatten ihren Körper schmerzunempfindlich gemacht.«[49]

Ihr Sterben ist unsagbar grausig und qualvoll. Sie raucht eine Zigarette im Bett, das Nachthemd fängt Feuer, sie erleidet starke Brandverletzungen, liegt im Koma, nach drei Wochen, am 17. Oktober 1973, kommt der Tod. Sie wird in Klagenfurt beerdigt, dort, wohin sie niemals wieder zurückkehren wollte.

Um den Tod von Ingeborg Bachmann ranken sich viele Spekulationen. Sie hätte die Brandverletzungen überleben können, wenn das Klinikpersonal früher von ihrer Tablettenabhängigkeit unterrichtet worden wäre. Auch ließen die großflächigen Verbrennungen den

Verdacht aufkommen, es handele sich nicht um einen Unfall. Ganz geklärt wurden die Umstände ihres Todes nie, obwohl die römische Staatsanwaltschaft sieben Monate lang ermittelte.

Der rätselhafte Tod war das letzte Geheimnis im Leben der Ingeborg Bachmann. Die ganze Wahrheit über ihre komplizierte Persönlichkeit wird wahrscheinlich auch dann nicht zutage kommen, wenn ihr Nachlass im Jahre 2025 zur Einsicht freigegeben wird. Denn Diskretion galt für Ingeborg Bachmann als eine der größten menschlichen Tugenden. Und nur weil sie ihr Privatleben sorgsam schützte, konnte sie in ihren Büchern ihre Seele bloßlegen.

Die 47-jährige Ingeborg Bachmann war lange noch nicht fertig, weder mit ihrem Leben noch mit ihrem Werk. Bei allem Schmerz und aller Trauer, die sie fühlte und so meisterhaft auszudrücken verstand, darf man nicht vergessen, dass sie es war, die daran glaubte, »daß unsere Kraft weiter reicht, als unser Unglück«. Ihr Lebensziel jedoch war nicht das Glück, die Heilung oder die Hoffnung auf ein zufriedenes Leben. Ihr Ziel war das Verstehen. »Ich träume, aber ich versichere Dir, daß ich zu begreifen anfange.«[50]

»Ich bin als Griechin geboren und werde als Griechin sterben«

Melina Mercouri (1925–1994), Schauspielerin, Politikerin

Von Christine von dem Knesebeck

»Melina hat die Menschen verzaubert, mit ihrer Schönheit, ihrem Charme, ihrer Ausstrahlung, ihrer sinnlichen Stimme, vor allem mit ihrer flammenden, leuchtenden Persönlichkeit.«[1] Diese Liebeserklärung des französischen Kultusministers Jack Lang an Melina Mercouri gibt das wieder, was unzählige nahe Freunde und ferne Bewunderer an der griechischen Schauspielerin und späteren Politikerin liebten. Egal, wo sie auftrat, übte sie eine Faszination auf die Menschen aus.

Auf der Bühne und der Leinwand war sie eine der seltenen Darstellerinnen, die Erotik und ungebändigte Lebenslust ausstrahlte, die Hässlichkeit und innere Zerstörtheit verkörpern konnte und bei allem Eleganz und Souveränität besaß. Dieser große menschliche Reichtum begründete auch ihren Erfolg als Politikerin, zuerst – aus dem Exil – als kompromisslose Gegnerin des griechischen Obristenregimes und später als Abgeordnete des Hafenviertels Piräus und als Kultusministerin, die für den Erhalt des kulturellen Erbes Griechenlands kämpfte. Das Leben hatte ihr eine Fülle von Gaben in den Schoß gelegt, doch stellte es sie auch vor harte Entscheidungen, bei denen sie durchaus nicht den leichtesten Weg wählte.

Melina Mercouri wuchs in dem selbstbewussten Gefühl heran, etwas Besonderes zu sein: »Ich war kein kleines Mädchen wie andere, nie. Ich war Melina, seit ich ich war.«[2] Am 18. Oktober 1925 wurde sie geboren, Kind einer großbürgerlichen Athener Familie, die zwar nicht sonderlich reich, aber sehr angesehen war. Ihr Großvater väterlicherseits, Spiros, in dessen Haus Melina in ihren ersten Lebensjahren aufwuchs, war über 30 Jahre lang Bürgermeister von Athen, eine unangefochtene Autorität, nicht nur in der Politik, auch in der Großfamilie, der er wie ein Patriarch vorstand. Seine Frau Amalia sprach von ihrem Ehemann voll Achtung nur als dem »Bürgermeister«. Er liebte seine Enkelin und verwöhnte sie über alles; sie war seine »kleine Königin«[3], die neben ihm in der offenen Kutsche durch die Straßen Athens fuhr und artig lächelnd nach rechts und links grüßte.

Der »Große Spiros«, wie Melina ihn später nannte, war eine aristokratische Persönlichkeit, hervorragend aussehend, stets gepflegt und nach Rosenwasser und Basilikum duftend. Eine ähnlich beeindruckende Erscheinung war Melinas Vater, von dem sie allerdings früh getrennt wurde. Er verließ ihre Mutter Irini wegen einer anderen Frau, ausgerechnet, als sie Melinas jüngeren Bruder Spiros erwartete. Der Großvater, der sich selbst das Recht herausnahm, zahlreiche Affären zu haben, sprach daraufhin jahrelang nicht mehr mit seinem Sohn.

Irini entschloss sich, zu ihrer Mutter zu ziehen, ein tiefer Einschnitt in Melinas Leben. Zum ersten Mal war sie tief unglücklich. Es kam ihr vor, als ob sie »vom Karneval in ein Kloster«[4] gekommen sei, denn das Leben bei ihrer Großmutter war streng und trist. Melinas Trost war, dass die Mutter ihr voll Verständnis erlaubte, jeden Tag weiter zu dem geselligen Mittagessen ihres Großvaters zu gehen.

Die Rolle, in die ihre verlassene Mutter gedrängt wurde, hat Melina tief verletzt. Irini war eine schöne und ausdrucksvolle Frau und Melina vergötterte sie, wie sie in ihren Memoiren schrieb: »Leute, die mich kennen, wissen, daß ich meiner Mutter ihr ganzes Leben lang nacheiferte und besonders ihrer Art zu lachen.«[5]

Auch Großmutter Amalia, eine liebenswerte und reizvolle Frau, erlitt das gleiche Schicksal wie ihre Schwiegertochter. Der »Große Spiros« verliebte sich noch im fortgeschrittenen Alter in eine »fremde Frau«, wie Melina sie tief gekränkt bezeichnete. Empört sah Melina, wie ungerecht das zweierlei Maß war, dem das Leben der Frauen und das Leben der Männer unterlag.

Nach außen hatten sich die Frauen ihrer Familie in die traditionelle – und Melina schon früh verhasste – Rolle der Hausfrau und Mutter gefügt. Doch waren sie selbstbewusst und stolz und nicht gewillt, still zu leiden. Sie vertrauten dem Mädchen mehr vom Leben der Erwachsenen an, als es damals üblich war. Über die Untreue ihrer Männer sprachen sie zu ihr voll Offenheit und bezogen sie in ihren Kummer ein.

Früh reifte in Melina der Entschluss, auf keinen Fall diese entwürdigende Frauenrolle hinzunehmen. Ihrem Vater hat sie es lange nachgetragen, dass er ihre Mutter verlassen hatte. Erst spät hat sie zu ihm, der wegen seiner vielen Eroberungen in der Familie »d'Artagnan« genannt wurde, eine innige Beziehung entwickelt. Doch prägten Großvater und Vater Melinas Bild vom anderen Geschlecht. Sie verbrachte ihr Leben an der Seite von Männern, die eine starke Ausstrahlung auf Frauen besaßen.

Die gegenseitige tiefe Zuneigung von Enkelin und Großvater formte Melinas Wesen mehr als alle anderen Beziehungen ihrer Kindheit. Mit seiner Begeisterung für das Theater steckte er Melina an, die er schon als kleines Kind ins Marionettentheater ausführte. Als sie dort in Angst und Schrecken vor dem Bösewicht weinend die Augen schloss, sagte er einen Satz, an den sich Melina noch oft erinnern sollte: »Weine nicht, und mache nie die Augen zu.«[6] Von seiner gestrengen Liebe fühlte sie sich beschützt und gestärkt.

Früh in der Rolle des Lieblings dieses von allen verehrten, mächtigen Mannes, wurde sie auf der einen Seite überaus selbstsicher und eigenwillig, auf der anderen aber auch abhängig von Liebe und Bewunderung. Sie war unbeugsam und sah es schon als Kind nicht ein, sich in den Schulalltag fügen zu müssen. Das Lernen langweilte sie und so flog sie bald von einer Schule nach der anderen. Ohne den Einfluss des »Großen Spiros« hätte sie ihr Abschlussexamen auf der Höheren Töchterschule nie erhalten.

Für Melina stand fest, dass sie sich ihren Beifall woanders holen wollte als auf der Schulbank. Sie fand es viel aufregender, in einem Kleid ihrer Mutter auf Kaffeehaustischen zu tanzen, umringt von Männern, die ihr belustigt zuschauten. Als die Mutter sie entdeckte – Melina war gerade zehn Jahre alt –, setzte es eine Ohrfeige, die sie aber überhaupt nicht beeindruckte. »Für mich zählte in diesem Augenblick nur eins: daß die Leute mir zugeklatscht hatten ... Von diesem Moment an wollte ich nichts weiter, als ihnen gefallen, und wünschte mir keine andere Belohnung als ihren Applaus.«[7] Es war ihr Kindertraum, die »größte Schauspielerin auf der Welt zu sein«.[8]

In der Familie ihres Großvaters, in der die Politik zum Alltag gehörte, ging es offen und liberal zu. Menschen kamen und gingen ein und aus, Abgeordnete, Geschäftsleute, Künstler und Bauern. Alle wurden vom Bürgermeister mit dem liebenswürdigen Gruß »*Jassou mátia mou*!« willkommen geheißen, was übersetzt heißt: »Sei gegrüßt, Freude meiner Augen«. Athen war eine Art großes Dorf, in dem es einfach und unbefangen zuging, erinnert sich Melina. »Ich habe die Trennung der Gesellschaft in Klassen nie dulden können. In unserem Haus war sie undenkbar.«[9] Die demokratische Atmosphäre im Haus ihres Großvaters war für sie gelebte politische Kultur.

Neben den Männern in Melinas Familie hat auch ihre Mutter ihr politisches Rechtsbewusstsein geweckt. »Krieg«, »Gefängnis« und »Exil« waren Worte, die Melina zuerst von ihr gehört hatte. Ihre Familie war von den innenpolitischen Kämpfen der jungen griechischen Republik unmittelbar betroffen gewesen.[10] Ihr monarchistisch orientierter Vater war 1924 in politische Haft geraten und hatte sich mit ihrer Mutter im Gefängnis trauen lassen. 1936, als Melina elf Jahre alt war, wurde er unter der faschistischen Diktatur von General Metaxas ins Exil verbannt. Die menschenverachtenden Methoden eines autoritären Regimes – Deportation, Gefängnis, Folter und Geheimpolizei – lernte Melina früh kennen und verachten. Das Gefühl für Freiheit und Gerechtigkeit, das sich dadurch in ihr entwickelte, verband sie mit einer leidenschaftlichen Liebe zu ihrem Land. Griechenland war – nach der Schauspielerei – ihr zweiter Traum, ein Ideal, für das sie später im Leben leiden und kämpfen würde.

Mit 14 verliebte sich Melina stürmisch in einen jungen, gut aussehenden Schauspieler, der wesentlich älter als sie war. Jeden Abend saß sie in der ersten Reihe des Theaters, hatte sich zu Hause mit Lügen davongestohlen und das Eintrittsgeld zusammengebettelt. Sie bombardierte ihren Schwarm mit Anrufen und verfolgte ihn hartnäckig – er war an dem jungen Mädchen nicht im Geringsten interessiert – bis in seine Wohnung. Es blieb nicht aus, dass ihre Familie davon erfuhr. Melina wurde verdächtigt, mit ihm geschlafen zu haben, und niemand wollte ihr glauben, als sie es bestritt. Dieses mangelnde Vertrauen, besonders ihres Großvaters, traf sie tief. Mit dramatischer Geste warf sie sich vor ein Auto.

Es war das erste aber durchaus nicht das letzte Mal, dass Melina ihrem ausgeprägten Hang zu Theatralik nachgab. Sie verstand es sehr gut, ihre Wünsche mit Tränenausbrüchen, Wutanfällen oder dramatischen Inszenierungen durchzusetzen. So kopflos und impulsiv sie oft auch handelte, ging es immer glimpflich für sie aus. Bei ihrem Sturz vor das Auto kam sie ebenfalls nur mit einigen Quetschungen davon – der Bruch mit dem Großvater verletzte sie weit mehr. Als er wenige Monate später starb, ohne dass sich beide richtig hätten aussöhnen können, geriet sie in eine tiefe Krise.

Den Tod des Großvaters empfand sie wie einen Verrat. Sie hatte das Gefühl, von ihm betrogen worden zu sein. Wie hatte er seine geliebte Melina nur verlassen können? Unfähig sich zu kontrollieren, verfiel sie in eine fast hysterische Trauer. Verzweifelt vernichtete sie alle seine Fotografien. Erst nach Monaten konnte sie in dem Gedanken Trost finden, dass er – wo immer er auch sei – niemals aufhören würde, an sie zu denken und sie zu lieben.

Melina brauchte die Geborgenheit und Nähe von Menschen; sie war unfähig, allein zu leben. Doch als sich die Familie ihrem Freiheitsdrang und vor allem ihrem Wunsch, Schauspielerin zu werden, widersetzte, wurde sie ihr zu eng. Elegant löste sie den herannahenden Konflikt und heiratete 1941 den attraktiven, reichen und unkonventionellen Pan Characopos. Als Absolvent von Cambridge wirkte er eher britisch als griechisch. In seiner ersten Ehe war er mit einer rumänischen Tänzerin verheiratet gewesen und hatte damit die konservative Athener Gesellschaft gehörig schockiert. Er galt als skandalumwittert und Melina fand ihn gerade deswegen hochinteressant, verliebte sich Hals über Kopf und brannte mit ihm durch. Eine Woche später setzte sie ihre Familie mit einer heimlich vollzogenen Hochzeit vor vollendete Tatsachen.

Wie Melina war Pan an einem traditionellen Hausstand nicht interessiert. Melina hatte einen Tross von ihr nahe stehenden Menschen mit in die Ehe gebracht: ihre geliebte alte Kinderfrau Eleni, das Mädchen Anna, die Köchin, Zofe und Freundin zugleich war und von der sie sich ein Leben lang nicht trennte, schließlich die lebenslustige und impulsive Rena, eine der engen Vertrauten von Melina, die alles mit ihr durchlebte und durchlitt. Weitere Freunde und ihr Bruder Spiros fanden in Pans großzügigem Haus Unterschlupf, als Griechenland im Laufe des Zweiten Weltkriegs von den Deutschen besetzt wurde und Mangel an allem herrschte. Der Hausherr zog sich, um in Ruhe Zeitung lesen zu können, in den nahe gelegenen Park zurück und mied den Trubel der ungewöhnlichen Wohngemeinschaft.

Pan ließ Melina alle Freiheit. Er unterstützte sie in ihrem Wunsch, Schauspielerin zu werden, und förderte ihre Begabung. Mit gerade 16 Jahren hatte Melina durchgesetzt, was sie wollte: Sie war Ehefrau eines in jeder Beziehung unabhängigen Mannes und besuchte die Schauspielschule des Athener Nationaltheaters. Die Aufnahmeprüfung hatte sie – ebenfalls heimlich – bereits bestanden.

Melina, die äußerlich schon wie eine reife junge Frau wirkte, hatte ihr Leben entschlossen in die Hand genommen. Mit ihrem ausdrucksstarken Gesicht, den großen, intensiven Augen unter kräftigen Brauen und ihrem sinnlichen Mund war sie schon damals eine Schönheit von eigenwilligem, sinnlich-herbem Charme.

Täglich ging sie nun in die Schauspielschule. Ihr Leben war damit ausgefüllt. Dort gab es keine Melina mehr, es gab nur ihre Rollen: Gretchen, Ophelia, Elektra. Sie fühlte sich wie im Himmel. Ihr Lehrer Rondiris, der spätere Direktor des Griechischen Nationaltheaters, nahm sie in eine strenge Lehre. Drei Jahre lang erarbeitete sie mit ihm Tragödien, hauptsächlich griechische. Mit Hartnäckigkeit und Hingabe entwickelte sie in den Proben ihre ganz eigene Art, sich eine Figur zu erschließen. Sie war keine Analytikerin, die sich in die Rollen versetzte und sich ihnen von innen her näherte, so wie es ihr Lehrer von ihr verlangte. Ihre Wahrnehmung und Einfühlung in eine Person war körperlich: »Wenn ich so gehen kann wie die Person, die ich darzustellen habe, so sitzen, die Hände so wenden kann wie sie, dann dringen mir die Bewegungen unter die Haut bis in die Knochen, und auf diese Weise komme ich zu ihr.«[11]

Zwischen dem Lehrer und Melina kam es zu heftigen Auseinandersetzungen. Rondiris wollte sie zu einer großen klassischen Tragödin machen. Sie dagegen liebte zeitgenössische Stücke von Eugene O'Neill und Tennessee Williams. Als sie 1947 die Blanche in »Endstation Sehnsucht« spielen wollte, der sie sich sehr nah fühlte, war Rondiris strikt dagegen. In ihrer Wut rannte Melina davon und wollte sich vor eine Straßenbahn werfen. Ihr Lehrer lief hinterher, packte sie in letzter Minute am Arm – und erlaubte ihr, die Rolle zu spielen, die einer ihrer ersten Theatererfolge werden sollte. Melina hatte über Rondiris gesiegt. Sie hatte ihr dramatisches Talent wieder einmal mit Erfolg im Leben eingesetzt.

Selbstbewusst und ehrgeizig versuchte Melina, auch

Paris zu erobern, das nach dem Krieg das geistige Zentrum der Intellektuellen und Künstler war. Zu ihrer Verstärkung nahm sie ihre Freundin Rena mit, Pan hatte ihr einige Kontakte vermittelt.

Es gelang Melina tatsächlich, die französischen Dramatiker Marcel Achard und Jacques Deval von ihrem Talent zu überzeugen. Zwar fiel sie zunächst bei der Kritik durch, spielte dann aber mit Bravour in »Le Moulin de la Galette«, das Achard ihr gewidmet hatte. Doch trotz aller Anerkennung der französischen Avantgarde – es zog sie in ihre Heimat Athen zurück. Dort trat sie bis 1965 in mehr als 100 klassischen und modernen Theaterstücken auf – und begann mit einem ganz und gar griechischen Stück ihre große internationale Karriere beim Film.

Im Jahr 1953 hatte der Autor Jokovos Kampanellis – zunächst für die Bühne – ein Stück geschrieben, deren Titelfigur, »Stella«, er für Melina entworfen hatte. Sein Freund, der Filmregisseur Michael Cacojannis, der später mit »Alexis Sorbas« berühmt wurde, sah darin einen idealen Filmstoff, natürlich mit Melina in der Hauptrolle. Sie spielte ein lebenslustiges, unabhängiges Mädchen, das den Mann, den sie liebt, zwar als Geliebten haben, aber nicht heiraten will. Ihre Verachtung der gesellschaftlichen Zwänge muss Stella mit dem Tod bezahlen.

Melina war eine ideale Besetzung. Sie trug die Stella in sich, lebte mit derselben Vitalität und Freiheitsliebe, hatte sich nie um Konventionen gekümmert. Aus der Ehe mit Pan war sehr schnell eine rein freundschaftliche Beziehung geworden. Melina hatte einen Geliebten, Alexis, eine leichtsinnige Spielernatur, der mit den ihm zutiefst verhassten deutschen Besatzern Geschäfte machte und das Geld zum Fenster hinauswarf. Nach dieser wilden Affäre verliebte sie sich in Pyros. Er war ein Mann voll Lebensfreude, Optimismus und Sinnlichkeit und verkörperte für Melina die Schönheit des heidnischen Griechenlands. Nur einen Fehler hatte er in ihren Augen: ein unverbesserlicher Macho zu sein. Sieben Jahre blieb sie mit ihm zusammen und ein Leben lang befreundet.

Anfang der 50er Jahre herrschten in Griechenland noch strenge patriarchalische Sitten. Liebschaften waren den Männern vorbehalten, Frauen wurde keinerlei Freiheit zugestanden. Das Leben von Melina gab Anlass zu Redereien und ein Film wie »Stella« war etwas Unerhörtes. Er spielte in einem Bouzouki-Lokal, in dem Männer aus dem Volk sich bei den melancholischen Klängen von Gitarrenmusik mit Ouzo betranken und der schönen Stella bei ihrem wiegenden Tanz zuklatschten. In Griechenland eher ein Skandal, wurde der Film international ein großer Erfolg und bekam 1955 eine Einladung zu den Filmfestspielen in Cannes. Melina war in ihrer Rolle überzeugend und fast hätte sie den Preis der besten Schauspielerin bekommen, doch die Jury konnte sich zwischen ihr und einer amerikanischen Konkurrentin nicht entscheiden und vergab die Auszeichnung überhaupt nicht.

Einer jedoch war hingerissen von »Stella«: der amerikanische Regisseur Jules Dassin, dessen Gangsterfilm »Rififi« in Cannes den Regiepreis erhalten hatte. Zufällig war er in die Vorstellung des griechischen Films geraten und sah Melina auf der Leinwand. »Ich dachte: ›Oh, mein Gott! ... Oh, mein Gott!‹« Noch 27 Jahre später, als er in einem Fernsehinterview[12] von diesem Augenblick erzählt, leuchtet das Gesicht von Jules Dassin.

Auch Melina lächelt, als sie sich an ihre erste Begegnung erinnert: »Nach der Vorführung sah ich einen Mann, der über die Sitzreihen sprang. Er sah aus wie ein Intellektueller und wie ein Athlet ... Er sagte zu mir: ›Es ist wunderbar, wie Sie sich bewegen und wie Sie lachen!‹« Für beide war es keine zufällige Begegnung. »Es war wie ein Wunder!«, sagt auch Melina. Beide hatten schon in diesem Augenblick das Gefühl zusammenzugehören. Als Melina ihn wenige Wochen später wieder sah, war sie sich sicher: Der charmante, sensible und intelligente Jules war der Mann ihres Lebens. Ihm ging es ebenso. »I am hooked – mich hat es erwischt«[13], sagte er zu Melina beim Abschied.

Dassin war damals noch verheiratet und hatte einen Sohn und zwei Töchter, an denen er sehr hing. Zu den privaten kamen politische Probleme. Er lebte ohne Pass in Paris, da er zu jenen linken Intellektuellen gehörte, die während der McCarthy-Ära in den USA als Kommunisten und »subversive, illegale Elemente« verfolgt wurden. Er hatte das Land verlassen müssen, in dem ihm jede Existenzmöglichkeit entzogen war. Finanziell war es eine ausgesprochen schwierige Zeit für ihn.

Als Sohn jüdischer Immigranten aus Polen war er in New York in der Lower East Side aufgewachsen. Seine Kindheit fiel in die Zeit der wirtschaftlichen Depression, sein Vater, ein Friseur, war aktiver Gewerkschafter. In diesem politischen Klima wurde Dassin engagierter Sozialist und fand sich Anfang der 50er Jahre auf der »Blacklist« wieder. Jahrelang waren die USA für ihn verschlossen.

Melina und Jules wurden ein ideales Paar. Er war ihr Regisseur, sie seine Schauspielerin. Neun Filme drehten sie zusammen, für Melina die besten, die sie machte. Von Dassin wird gesagt, dass er sich in seinem künstlerischen Schaffen Melina untergeordnet habe. Tatsächlich hat er Filme ausgeschlagen, die er nicht mit ihr drehen konnte, und sich dadurch manche Chance versagt. Melina gibt zu, dass sie ihn aus Eifersucht an sich band.[14] Doch beide empfanden die gemeinsame künstlerische Arbeit als Teil ihrer Beziehung. Später, als Melina die Schauspielerei zugunsten der Politik aufgegeben hatte, sagte sie: »Ich vermisse, daß er mich nicht mehr inszeniert. Es war wie ein Liebesspiel.«[15]

Unter seiner Regie konnte sie alles ausleben, was sie an Gefühl und Ausdruckskraft besaß. Und Dassin war fasziniert von ihrer Hingabe: »Sie scheint zu sagen: ›Ich liebe euch alle – liebt mich auch, und laßt es uns genießen.‹ Und die Zuschauer gehen darauf ein.«[16]

Von Anfang an empfanden sie eine große Nähe zueinander und trotzdem waren sie in vielem grundverschieden. Melina hatte einen eigenwilligen Charakter, liebte das Vergnügen, war ständig von Freunden umgeben und besaß eine gute Portion vom griechischen »Kefi«: eine Mischung aus Lebenslust und Selbstvertrauen, Wagemut und Spontaneität. »Ich hatte schlechte Angewohnheiten«, sagte sie. »Ich liebte Nachtklubs, Tanz, Flirts, und da kam jemand, der sagte ja, aber es gibt ein anderes Leben, eine andere Liebe, es gibt eine andere Treue.«[17] Jules Dassin hat ihr Leben verändert. Sie lernte von ihm Verantwortung und Disziplin und wurde – wichtig für ihr späteres Leben – auch in ihren politischen Ansichten beeinflusst.

40 Jahre, bis zum Tod von Melina, lebten und arbeiteten sie zusammen, zuerst in Griechenland und Paris, später in New York und schließlich in Athen. 1966, nachdem beide ihre ersten Ehen hatten scheiden lassen, heirateten sie. Der unmittelbare, tiefe Eindruck voneinander bei ihrem ersten Kennenlernen in Cannes hatte nicht getrogen.

Spontan hatte Jules Dassin ihr damals eine Rolle in seinem nächsten Film angeboten, der Bearbeitung des

Melina Mercouri in »Sonntags ... nie«, 1959

Romans »Die griechische Passion« von Nikos Kazantzakis. Doch bis sie gemeinsam auf Kreta mit den Dreharbeiten beginnen konnten, vergingen Monate. Der Film brachte wenig Geld, wohl aber viel intellektuelle Anerkennung. 1958 folgte der zweite gemeinsame Film: »Wo der heiße Wind weht«, zusammen mit Gina Lollobrigida und Yves Montand. Melina spielte eine ältere Frau, die eine tragische Affäre mit einem jüngeren Mann hat. In den Filmszenarien, die Dassin für Melina entwickelte, ging es immer um menschliche Leidenschaften. Er schrieb ihr die Rollen auf den Leib.

Ihren ersten durchschlagenden Erfolg hatten sie 1959 mit dem Film »Sonntags ... nie«, der zunächst wie immer mit großen finanziellen Risiken begonnen hatte. Den Anstoß zum Film verdankte Jules Dassin seiner – damals noch nicht legalen – Schwiegermutter Irini. Ihre Ansichten gingen oft auseinander und er pflegte einen freundlichen familiären Dauerstreit mit ihr, aus dem er häufig als Sieger hervorging. Als er bei einem gemeinsamen Frühstück ihre Meinung über einen Film hören wollte, fragte sie zurück: »*Darf* ich ihn denn gut finden?« Ihre Frage machte ihn betroffen. Er versank in tiefes Nachdenken – die Geschichte von einem Narren, der den anderen seine Gedanken aufzwingen will, war geboren, die Idee zu »Sonntags ... nie«.

In nur zehn Tagen schrieb er das Drehbuch: Ein schüchterner, intellektueller Amerikaner glaubt, er könne den Griechen erzählen, was Griechenland ist. In Piräus trifft er das sinnliche, weitherzige Hafenmädchen Illya – und alles kommt anders: Sie bringt »Homer Noface« um seinen trockenen Verstand und zeigt ihm das wahre Leben. Eine Starrolle für Melina – und auch für Jules Dassin, der aus Geldnot und mit linkischem Charme den Part des naiven Amerikaners selbst übernahm. Es ist ein leichter, witziger und lebensfroher Film, der die Bouzouki-Musik berühmt gemacht hat. Das Lied »Ein Schiff wird kommen«, das Melina mit rauchiger Stimme sang, wurde wie der Film ein internationaler Hit.

Auf den Filmfestspielen in Cannes 1960 gewann Melina für die Darstellung der Illya die goldene Palme als beste Schauspielerin. Jules und sie gaben ein Fest, auf dem 700 vornehm gekleidete Gäste bis in die frühen Morgenstunden tanzten und tranken, nach griechischer Art die Gläser auf dem Boden zerschmetterten und sich von der Bouzouki-Musik verrückt machen ließen.

Mit ihrer Rolle der Illya wurde Melina auch für den Oscar nominiert. Wie es hieß, soll sie ihn nur nicht bekommen haben, weil sie eine »Ausländerin« war, wohl aber wurde dem Titelsong ein Oscar verliehen. Von allen Seiten wurde sie nun mit Angeboten überhäuft und drehte Filme mit Jeanne Moreau, Albert Finney, Romy Schneider und den Regisseuren Vittorio de Sica und Carl Foreman.[18] Von der Kritik oft hoch gelobt, waren jedoch keine eigentlichen Publikumserfolge darunter.

Am liebsten arbeitete sie mit Jules Dassin zusammen. Ihr nächster gemeinsamer Film war »Phaedra«, die moderne Version der griechischen Tragödie, in der eine Frau an der Leidenschaft zu ihrem Stiefsohn zugrunde geht. Von Melinas faszinierenden Ausstrahlung lebt auch »Topkapi«, eine Gaunerkomödie über einen Juwelenraub in Istanbul, in dem so hervorragende Schauspieler wie Robert Morley, Peter Ustinov und Maximilian Schell die weiteren Hauptrollen übernahmen. Der Film wurde ein Kassenschlager, der zweite große Erfolg.

Trotzdem zog es Melina immer wieder zur Bühne. 1967 bekam sie die Chance, mit »Illya Darling«, einer

Musical-Adaption von »Sonntags ... nie«, in New York am Broadway aufzutreten. Sie sang, tanzte und spielte, ihre Fans waren begeistert, doch die Kritiker enttäuscht. Melina und Dassin, der Regie führte, waren selbst mit ihrer Arbeit unzufrieden.

1967 wurde ein Jahr, das Melinas Leben grundlegend veränderte. Am 21. April übernahm eine Militärjunta, geführt von den Obristen Papadopulos und Pattakos, gewaltsam die Macht in Griechenland. Nach innenpolitisch unruhigen Jahren war eine kommunistische Wende befürchtet worden, der die Obristen mit ihrem Putsch zuvorkamen. Die Nachricht traf Melina wie ein Schock. Aus der Ferne erlebte sie mit, wie brutal das Regime vorging. Mehr als 10 000 Politiker, Intellektuelle, Gewerkschafter waren schon in der ersten Nacht verhaftet worden, Deportationen in Internierungslager folgten. Ihr damals schon sehr kranker Vater Stamatis, der sich in London befand, rief als einer der Ersten zum Widerstand auf und bat alle demokratischen Staaten um Hilfe.

Melina, immer noch in New York, wollte spontan den Kampf mit der Junta aufnehmen. Jules Dassin, der selbst Jahre des Exils durchlebt hatte, bat sie, den Schritt gut zu bedenken: »Sei vorsichtig. Es ist eine Diktatur, sie kann vierzig Jahre dauern wie in Spanien; vielleicht wirst du Griechenland nicht wiedersehen.«[19] Ein unerträglicher Gedanke für Melina, doch noch unerträglicher war die Vorstellung, dass Griechenland unter einer Diktatur leiden musste. Sie durchlebte 40 Tage und Nächte voller Angst und innerer Qual, in der ihr klar vor Augen stand, wie viel Mut und Stärke der Widerstand von ihr fordern würde. Dann war der Entschluss in ihr gereift: Sie würde zu der Diktatur nicht schweigen. Sie hatte das Gefühl, sonst ersticken zu müssen.

Der Verlust ihres geliebten Griechenlands, das für Melina Freiheit und Kultur verkörperte, erweckte in ihr etwas zum Leben, das lange geruht hatte: die antifaschistische Tradition ihrer Familie. Das Vorbild ihres Großvaters und Vaters vor Augen, entwickelte sie sich zu einer engagierten Kämpferin. Voll Empörung bezog sie Stellung: »Mit dem Unrecht entdeckte ich auch die Würde ... Pattakos hat mir eine Seele gegeben.«[20] Ihre Entscheidung, offen gegen die Diktatur zu kämpfen, hatte eine andere Frau aus ihr gemacht. Aus der vom Leben verwöhnten Schauspielerin wurde eine überzeugte Politikerin, die mit Engagement gegen das diktatorische Regime stritt und bereit war, dafür einen hohen Preis zu zahlen. Griechenland mit seiner strahlenden Sonne, seinen Bergen und dem unendlichen Meer würde sie sieben Jahre lang schmerzlich vermissen.

In einem landesweit ausgestrahlten Interview des amerikanischen NBC Fernsehens startete Melina ihren Angriff gegen die Obristen: »Griechenland ist ein Land in Ketten. Wenn Touristen die griechischen Inseln besuchen wollen, dann müssen sie wissen, daß auf einigen von ihnen Gefängnisse sind, auf denen Menschen gefoltert werden ... Wenn sie mit ihren Dollars ein terroristisches Regime unterstützen wollen, dann sollen sie nach Griechenland reisen.«[21] Das waren klare Worte. Ohne Rücksicht auf persönliche Konsequenzen sagte sie geradeheraus, was sie dachte. Die Wirkung blieb nicht aus, sie wurde mit begeistertem Applaus und groben Schmähungen überhäuft.

Unbeeindruckt von allen Drohungen, die sie in Briefen und Telefonanrufen als »Hure« und »Kommunistin« attackierten, führte sie ihren Kampf weiter. Nach jeder Vorstellung von »Illya Darling« trat sie vor den Vorhang und sang das Lied »Zorbas« des Komponisten Mikis Theodorakis – ein Bekenntnis zur Freiheit. Die Musik des Kommunisten war in Griechenland verboten, er selbst untergetaucht. Aus seinem Versteck schleuste er eine Kassette an Melina, auf der seine Stimme erklang: »Die Front ruft die Griechen zum Kampfe, auf unsrer Fahne steht Freiheit oder Tod.«

In der Nacht, in der Melina unter Tränen dieses Lied hörte, wurde Mikis Theodorakis verhaftet. Voll Empörung organisierte Melina einen öffentlichen Protest, der ihn schließlich aus dem Gefängnis befreien konnte. Sein Lied, das Melina unzählige Male bei ihren Auftritten gegen die Obristen gesungen hatte, wurde zu einem Symbol des Widerstands.

Wenige Monate nach dem Putsch erlitt Melina einen schmerzlichen Verlust: Am 7. April 1967 starb ihr Vater in London an Krebs. Wie jeden Abend musste sie auch an diesem Tag am Broadway auftreten. 800 Gäste warteten danach bei einem Treffen des »Amerikanischen Komitees für Demokratie und Freiheit in Griechenland« auf den Star des Abends. Trotz ihrer Trauer kam Melina, stieg aufs Podium und sagte bewegt: »Mein Vater wäre glücklich gewesen, wenn er heute nacht hätte bei euch sein, mit euch hätte kämpfen können. Er ist vor ein paar Stunden gestorben. Im Namen meines Vaters sage ich zu euch: Gebt nicht nach! Die Demokratie wird siegen!«[22]

Fünf Tage später um vier Uhr früh wurde sie vom Telefonanruf eines Journalisten der englischen Zeitung »Evening Standard« geweckt. Er teilte ihr mit, dass der griechische Innenminister Pattakos sie zum Staatsfeind erklärt habe. Ihre Bürgerrechte und ihr Eigentum seien ihr entzogen. »Was haben Sie dazu zu sagen?« Einen Augenblick verschlug es Melina den Atem, dann sagte sie den Satz, der um die Welt gehen sollte: »Ich bin als Griechin geboren und werde als Griechin sterben, Pattakos ist als Faschist geboren und wird als Faschist sterben.«[23]

Diese Worte wirkten wie ein Fanal. Die Reaktion

Melina Mercouri, Anfang der 60er Jahre

darauf war ein Schlag gegen die griechischen Obristen, denn Melinas Kampagne erregte eine ungeheure öffentliche Aufmerksamkeit. Dabei verschonte sie auch die USA nicht, die die griechische Junta unterstützten. Unerschrocken griff Melina den amerikanischen Vizepräsidenten an, den griechischstämmigen Spiro Agnew, dem sie am liebsten »ins Gesicht gespuckt hätte«[24]. Drei Monate lang wurde sie unter Polizeischutz gestellt, wobei ihr nicht klar war, ob sie beschützt oder bewacht werden sollte. Als diese Aktion der Stadt New York schließlich zu teuer wurde, engagierte Jules Dassin einen privaten Leibwächter für sie, dem zu entwischen Melinas größtes Vergnügen wurde.

Unterstützt von ihrem Bruder Spiros, der ihre Tourneen organisierte, unternahm sie einen Propagandafeldzug gegen die Diktatur, zuerst durch die USA, anschließend 1968 durch Europa. Sie schloss sich der Widerstandsbewegung PAK an, der Pan-Hellenistischen Befreiungsbewegung, die der Exilpolitiker Andreas Papandreou gegründet hatte. Wo immer Melina auftrat, wurde sie mit frenetischem Jubel begrüßt. Das Publikum skandierte »Me-li-na«, »Frei-heit«, »Re-vo-lu-tion« und Melina sprach zu den Menschen, sang und tanzte. Sie fühlte sich als »Palikari«, als Kämpferin, die selbst im Unglück noch lachen kann und die Kraft hat, anderen Mut zu machen.

Mut brauchte sie, die von der Militärjunta als »Feindin des Volkes« verfolgt wurde, selbst am allermeisten.

Unter dem strahlenden Äußeren verbarg sie ihre Verzweiflung. »Ich bin eine von Angst getriebene Frau geworden, die nicht mehr schläft und die bereit ist, für Griechenland zu sterben.«[25] Bei jedem ihrer Auftritte tauchten die bezahlten Schläger der Obristen auf, nur durch einen Zufall entging sie 1969 in Genua einem Bombenattentat.

Vom Glauben an die Befreiung an das Ende der Unrechtsherrschaft durchdrungen, schrieb sie in dieser Zeit ihre Biografie »Ich bin als Griechin geboren«, mit der sie die Menschen aufrütteln wollte: »Einer Wahrheit können wir uns nicht verschließen. Trotz ihrer [der Unterdrücker] Computer und ihrer Waffen sind sie die Wenigen, und wir sind die Vielen. Wir sind unermeßlich viel stärker als sie, und doch lassen wir uns von ihnen zu Feiglingen machen.« Ihre Zuversicht galt der Jugend: »Was sie fordert, ist, daß das Leben einen Sinn haben soll. Was ihr vorschwebt, ist die Vision eines von Schönheit, Güte und Wahrheit überstrahlten Lebens ... Sie wird uns in eine freie, schönere Welt führen. Daran glaube ich mit meiner ganzen Seele.«[26]

Melina führte nicht nur einen ideellen Kampf, sondern unterstützte die Widerstandsbewegung auch materiell mit den Einnahmen aus ihren Gagen für Konzerte, Plattenaufnahmen und Filmen wie zum Beispiel »Gaily, Gaily«, den sie mehr zur Geldbeschaffung als aus künstlerischer Überzeugung drehte. Enteignet zu sein und wenig Geld zu haben beeindruckte die verwöhnte Melina nicht, es schien sie eher zu befreien.

Zusammen mit Jules Dassin arbeitete sie 1969 an einem Film, »Versprechen in der Dämmerung«, nach dem autobiografischen Roman von Romain Gary. 1974 produzierten sie gemeinsam »Die Probe«, einen halb dokumentarischen Spielfilm über den Athener Studentenaufstand 1973, der blutig niedergeschlagen wurde. Namhafte Autoren und Schauspieler wie Arthur Miller, Sir Laurence Olivier und Maximilian Schell wirkten mit und bekundeten so ihre Solidarität mit dem griechischen Volk.

Nur einmal im sieben Jahre währenden Exil in den USA erhielt Melina Mercouri die Erlaubnis, nach Griechenland einzureisen: als 1972 unerwartet ihre Mutter gestorben war. Sechs Stunden Aufenthalt wurden ihr von der Junta genehmigt, nicht einmal das Haus ihrer Mutter durfte sie betreten. Nachts um drei musste sie das Land wieder verlassen.

Im Juli 1974 stürzte die griechische Militärdiktatur infolge der Zypernkrise. Immer noch ohne Pass kehrte Melina nur 48 Stunden später in ihre Heimat zurück, um für immer dort zu leben. Das Wiedersehen mit dem befreiten Griechenland war einer der glücklichsten Augenblicke in ihrem Leben. Das Leiden lag hinter ihr. Ihr Mann, der selbst Jahre im Exil verbracht hatte, verstand ihre Gefühle sehr gut. »Die Wurzeln sind da, wo man zuerst gelitten hat, wo man zuerst gelacht hat.«[27]

Für ihn war dieser Ort New York, doch er ging mit ihr, denn er wusste, dass Melina von Griechenland nie wieder zu trennen war.

Melina hatte sich zu lange und zu intensiv politisch engagiert, als dass sie sich nun hätte zurückziehen wollen. Ihre Popularität als Schauspielerin und Widerstandskämpferin halfen ihr, bald schon eine der bekanntesten politischen Persönlichkeiten zu werden. Ihr erster Anlauf, für die PASOK, die Panhellenische Sozialistische Bewegung von Andreas Papandreou, als Abgeordnete ins Parlament einzuziehen, scheiterte an wenigen Stimmen. So verlegte sie sich zunächst darauf, politische Dokumentarfilme zu drehen. Als der Junta-General Joannidis, über dessen Prozess sie als Journalistin berichtete, sich anzüglich über ihre »vielen Berufe« äußerte, fiel sie ihm scharf ins Wort: »Ich habe viele Berufe, aber ich könnte nie ein Henker sein.«[28]

Im Jahr 1977 kandidierte sie wieder für die Sozialisten und wurde mit Bravour ins Parlament gewählt. Ihr Wahlkreis war das vernachlässigte Hafenviertel Piräus, in dem einst »Sonntags ... nie« gedreht worden war. Mit Enthusiasmus setzte sie sich für die Bewohner dort ein. Sie kämpfte mit ihnen gegen Armut, schlechte Schulen, Schmutz und mangelnde Hygiene. Als der Müll ganz Athens hier ungeklärt ins Meer gekippt werden sollte, stellte sie sich – bedroht von den Schlagstöcken der Polizei – Seite an Seite mit den Menschen den Müllwagen in den Weg; bei einer Überschwemmungskatastrophe harrte sie mit ihnen in einem bedrohten Haus aus. Die Menschen liebten sie, und Melina, die so gerne geliebt wurde, war glücklich in ihrer neuen Rolle.

Sie war »das Mädchen von Piräus«, war eine von ihnen. Weder sie noch die Arbeiterfamilien sahen einen Widerspruch darin, dass sie in einem Penthouse im vornehmen Viertel Kolonaki wohnte und teure Mode trug. »Warum müssen Sozialisten arm und schlecht gekleidet sein?«[29], entgegnete sie souverän auf Fragen zu ihrem Lebensstil. Sie bewies, wenn sie in ihrem klapprigen offenen Jeep mit Palästinensertuch um den Kopf durch die Straßen von Piräus fuhr, dass sie auch anders konnte.

Im Parlament gehörte sie zu der verschwindenden Mehrheit von nur elf Frauen unter 300 Männern. Sie beschwor einen Skandal herauf, als sie mit einem Hosenanzug zur Sitzung erschien: »Meine Hosen sind durchaus anständig«[30], protestierte sie, fügte sich dann aber widerwillig der weiblichen Kleiderordnung. Sie war klug genug, sich nicht in Nebenschauplätzen zu verzetteln. Als Politikerin wollte sie ernst genommen werden und so stürzte sie sich in das ihr wesensfremde Studium von Akten und Berichten und verstand es schnell, sich Respekt zu verschaffen. Ihre große Stärke waren mitreißende Reden, mit denen sie im Parlament ihre Forderungen vertrat.

Nach dem Wahlsieg der PASOK am 18. Oktober 1981,

Melinas 56. Geburtstag, machte Andreas Papandreou sie zu seiner Kultusministerin. Für diese Aufgabe schien sie wie geschaffen: Sie war in der Welt der Kultur zu Hause und durch ihre Zeit im Exil mit besten internationalen Verbindungen ausgestattet. Ihre Gegner sprachen ihr jedoch jede Befähigung ab und bemängelten, sie habe keine Erfahrung. Auf die kritische Frage eines amerikanischen Journalisten konterte sie: »In Amerika genügt es, ein drittklassiger Schauspieler zu sein, um Präsident zu werden. Warum also sollte in Griechenland eine gute Schauspielerin nicht Kultusministerin werden?«[31]

Der Arbeitsstil der neuen Ministerin entsprach ganz und gar ihrem lebhaften Temperament. Ihr Amtszimmer glich einem Taubenschlag. Besucher empfing sie nicht hinter einem pompösen Schreibtisch, sondern auf der Schreibtischkante sitzend. »Meist telefoniert sie gerade, den Hörer zwischen Schulter und Kinn geklemmt, während sie mit einer filterlosen Zigarette und einem Feuerzeug hantiert. Ist eine Hand frei, kommt der Gast in den Genuß eines ihm über die Länge des Raums zugepusteten Handkusses.«[32]

Freunde und Gegner nannten sie »Melina« und sie liebte diesen familiären Stil. Wo immer sie öffentlich auftrat, schallten ihr »Jassou, Melina«-Rufe entgegen; vor ihrer Vereidigung als Ministerin hatten ihre Fans sie auf den Schultern zum Parlamentsgebäude getragen. Menschliche Nähe war ihr ein elementares Bedürfnis, sie war populär wie kein zweiter Minister und die Attraktion des Kabinetts von Papandreou. Die politische Bühne beherrschte sie wie die im Theater und sie genoss publikumswirksame Inszenierungen. Für kulturelle Belange stritt sie mit Hingabe, setzte unter Tränen die Verdoppelung ihres Etats durch, förderte Theater, Museen und Ausgrabungen nicht nur in Athen, sondern im ganzen Land und kämpfte für die Bildung aller Schichten. Aus parteiinternen Diskussionen hielt sie sich, wenn möglich, heraus und handelte meist weniger ideologisch als gefühlsmäßig, was ihrer Beliebtheit zugute kam.

Internationales Aufsehen erregte Melina mit ihrer Kampagne für die Rückkehr des Parthenon-Frieses nach Griechenland, der um 1800 von dem britischen Archäologen Lord Elgin nach London gebracht worden war. Der Fries sei ein Stück der griechischen Seele und seine Entführung ein Akt der Barbarei, klagte Melina die Briten an. Bei einem Besuch im Britischen Museum zog sie alle Register. Sie strich einem geraubten Marmorpferd über die Nüstern und tröstete es: »Du bist so wunderschön. Wir werden dich bald nach Hause holen.«[34]

In lateinamerikanischen, asiatischen und afrikanischen Ländern hatte Melinas Forderung riesige Resonanz. Schon lange galt dort der Westen als imperialistischer Räuber der heimischen Kunstschätze. Auf der UNESCO-Weltkonferenz in Mexiko-City im Jahr

1982 sorgte Melina für Aufbruchstimmung unter den Teilnehmern. Ihr Antrag auf Rückgabe der »Elgin Marbles«, wie die Briten den Parthenon-Fries nannten, wurde mit großer Mehrheit angenommen. Unterstützt von dem französischen Kultusminister Jack Lang beschuldigte sie die USA, die nationalen Kulturwerte »mit Blue-Jeans, Filmen, Musik, Spielen und den Namen von Bars und Hotels« zu überfluten. Eine von einer kleinen Minderheit kontrollierte Medienindustrie werde zu »Konformismus und Standardisierung« führen.[34]

Auch die männlich beherrschte Politik klagte Melina Mercouri – eine von damals nur zehn Kultusministerinnen auf der Welt – an. Wenn es mehr Frauen an verantwortlicher Stelle gäbe, wäre die Welt ein kultivierterer und menschlicherer Ort. Frieden und Weisheit seien in der griechischen Mythologie immer von Frauen vertreten worden. Allerdings vertraute sie nicht immer auf weibliche Solidarität: Sie rechnete damit, dass die englische Premierministerin Maggie Thatcher den Parthenon-Fries nicht in seine angestammte Heimat zurückbringen würde. Sie hatte Recht. Noch heute steht er im Britischen Museum und nicht unter dem blauen Himmel Griechenlands, wie sie es sich erträumt hatte.

Das Thema »Kulturimperialismus der USA« beschäftigte Melina weiter. Sie begeisterte Jack Lang, der inzwischen zu einem engen Freund geworden war, für die Idee, eine jährlich wechselnde »Europäische Kulturhauptstadt« ins Leben zu rufen. Die Europäische Gemeinschaft sollte mehr zum Inhalt haben »als nur Tomaten« und ein Gegengewicht zur kulturellen Invasion der USA schaffen. Es war Melinas persönlicher Triumph, dass Athen 1985 die erste »Kulturhauptstadt« wurde.

Auf diese europäische Initiative reagierte der amerikanische Präsident Ronald Reagan ausgesprochen kleinlich. Wegen angeblicher Sicherheitsmängel rief er zu einem Boykott des Athener Flughafens auf. Die Europäer ließen sich dadurch nicht schrecken. Der deutsche Außenminister Hans-Dietrich Genscher, der, angesteckt von Melinas Charme, zu ihrem energischsten Mitstreiter geworden war, hielt auf dem Hügel der Akropolis die Eröffnungsrede des Kulturfestivals. Über 20 Länder beteiligten sich, für Wochen und Monate war Athen Schauplatz für Kunst, Theater und Musik, wie es seitdem jedes Jahr eine andere europäische Stadt ist.

Melina, die für ihr kulturelles Engagement immer wieder internationale Preise und Auszeichnungen erhielt, überstand mehrere Amtsperioden, eine absolute Ausnahme in dem krisengeschüttelten griechischen Kabinett. Erst 1989, als die Konservativen die Parlamentswahlen gewannen, wurde Melina nach acht Jahren als Kultusministerin wieder einfache Abgeordnete. Damals war ihre Gesundheit bereits angeschlagen, seit einem Jahr litt sie an Lungenkrebs, eine Folge ihres lebenslangen starken Rauchens.

Neben ihrer politischen Tätigkeit war Melina nie ganz von der Schauspielerei weggekommen. Durch ihre Politisierung hatte sie ein anderes Bewusstsein ihrer Rolle als Frau entwickelt. Schon immer hatte sie als Schauspielerin starke, selbstbewusste Frauen gespielt, doch sah sie jetzt immer klarer, wie sehr sie auf Männer bezogen gelebt hatte. »Ich bin von Männern abhängig ... Alles ist männlich: Medienpublicity, Politik, der Sitz der Macht. Tausende von Jahren ist uns beigebracht worden, daß andere Frauen Feindinnen sind. Jetzt lerne ich, was Schwesterlichsein bedeutet.«[35] In den Frauenrollen, die sie während ihrer Zeit als Abgeordnete in den Sommerpausen an Athener Theatern spielte – die Alexandra in Tennessee Williams' »Süßer Vogel Jugend«, Klytämnestra in der »Orestie« des Aischylos –, versuchte sie dieses Gefühl auszudrücken.

1978 hatte Jules Dassin noch einmal eine außerordentliche Rolle für sie entwickelt: die Medea in »Traum einer Leidenschaft«, eine moderne Adaption der griechischen Tragödie. Melina verkörpert darin eine Schauspielerin, die die klassische Medea spielen soll. Tief bewegt setzt sie sich mit einer Frau im Gefängnis auseinander, die wie die mythologische Medea ihre beiden Kinder getötet hat, um sich an ihrem Mann, der sie betrogen hat, zu rächen.

Mit ihrer Darstellung erschütterte sie ihr Publikum. »Nichts schreckt sie, weder die Maßlosigkeit noch die Gewalt, noch die allergrößte Intimität ... Was jeder Schauspielerin zur Tour de force geriete, das wird für sie ein natürliches Spiel, durch das sie beständig Grenzen erweitert.«[36] Für Melina ist Medea eine der bedeutendsten Frauengestalten, die bis an ihr Äußerstes geht, um dem, woran sie selbst glaubt, treu bleiben zu können. »Wir betrachten sie als menschliches Ungeheuer, aber so ist das Stück nicht geschrieben. Eurypides ist für sie. Er ist auf ihrer Seite.«[37]

Frauen, die sich selbst treu blieben, waren Vorbild im Leben Melina Mercouris. Leidenschaftlich verehrte sie Greta Garbo, für sie »der Inbegriff der Schönheit, die höchste Vollendung der Künstlerin und unvergleichliche Zauberin«.[38] Sie hatte die größte Hochachtung davor, dass die große Schauspielerin sich zurückgezogen hatte, als sie nicht mehr sein konnte, was sie einmal gewesen war. Als Melina während einer Reise durch die griechischen Inseln von Greta Garbo auf ihrem Schiff empfangen wurde, war Melina so aufgeregt, dass sie sich in die Hose machte, wie sie später selbst eingestand. Überglücklich war sie, als die Garbo auf ihren Wunsch hin die Sonnenbrille abnahm und Melina ihr in die wunderbaren Augen sehen konnte.

Es gab eine zweite Frau, die Melina bewunderte: La Passionara, die große alte Dame des spanischen Widerstands gegen das faschistische Franco-Regime. Melina lernte sie auf einer Spanienreise kennen und meinte, einer Legende gegenüberzustehen. In ihrer Schönheit und Vitalität verkörperte sie das, was Melina an Menschen am meisten faszinierte: Treue, Mut und die Fähigkeit zum Widerstand.

Sich selbst sah Melina Mercouri nicht in einer Linie mit den von ihr so bewunderten Frauen, sie war sich ihrer Schwächen und Widersprüche bewusst. »Wenn ich das eine Mal als eine hemmungslose Genießerin aller Lebensfreuden, das andere Mal aber eine Jeanne d'Arc zu sein scheine, so darum, weil ich das eine und das andere bin.«[39] Die Rolle der politischen Kämpferin hatte sie sich nicht freiwillig ausgesucht, sondern das Leben hatte ihr sie aufgezwungen, wie sie in ihren Memoiren sagt. Doch hätte sie sich auch für den bequemeren Weg der Anpassung entscheiden können, statt sich mit der ihr eigenen Stärke und Unbedingtheit dieser Rolle zu widmen. »Wir leben heute in einer Zeit, in der es jedem von uns passieren kann, in eine solche hineingedrängt zu werden.«[40]

Nur wenige Dinge im Leben machten Melina Mercouri Angst. Alleinsein gehörte dazu und der Verlust der Nähe von Menschen. Als ihr klar wurde, dass sie dem Krebs erliegen würde, sagte sie: »Ich habe keine Angst vor der Krankheit ... ich habe Angst, daß man mich nicht mehr liebt.«[41] Sie trug ihr Leiden mit Würde und kämpfte bis zuletzt dagegen an. Doch auch eine

Jules Dassin und Melina Mercouri in ihrem Haus in Athen, 1992

Operation in New York konnte sie nicht mehr retten. Am 6. März 1994 starb sie.

Von griechischen Düsenjägern eskortiert, wurde Melina in ihre Heimat zurückgeflogen und dort mit den höchsten politischen Ehren beigesetzt. Aus ganz Griechenland waren die Menschen nach Athen gereist. Vier Stunden bewegte sich ein überwältigender Trauerzug durch die Innenstadt von Athen zum Zentralfriedhof, wo Melina Mercouri im Familiengrab bestattet wurde. Unzählige Trauernde bewiesen ihr, wie unbegründet ihre größte Angst gewesen war, nicht mehr geliebt zu werden.

Quellenverzeichnis

Elisabet Ney

1 http://www.austin360.com/community/neys/
2 Eugen Müller-Münster, Elisabeth Ney. Leipzig: Koehler & Amelang 1931, S. 22
3 ebd., S. 17
4 ebd.
5 Bride Neill Taylor, Elisabet Ney, Sculptor. New York: The Devin-Adair Co. 1916, S. 10
6 ebd., S. 16, 18
7 Emily F. Cutrer, The Art of the Woman, The Life and Work of Elisabet Ney. Lincoln and London: University of Nebraska Press 1988, S. 9
8 Edmund Montgomery in einem Brief an Charles Alva Lane, 22.4.1908. Zit. nach Cutrer, a. a. O., S. 10
9 Elisabet Ney im Interview mit der Washington Post vom 19.5.1904. Zit. nach Cutrer, a. a. O., S. 23
10 Edmund Montgomery in einem Brief an Charles Alva Lane vom 22.3.1904. Zit. nach Cutrer, a. a. O., S. 25
11 Müller-Münster, a. a. O., S. 36
12 ebd., S. 39–41
13 Taylor, a. a. O., S. 34
14 Müller-Münster, a. a. O., S. 32
15 Hermann Hüffer, Lebenserinnerungen. Berlin: Verlag Georg Reimer 1914, S. 123, 124
16 Cutrer, a. a. O., S. 37
17 ebd., S. 42
18 Christopher Hibbert, Garibaldi and his Enemies. Boston: Little Brown 1966. Zit. nach Cutrer, a. a. O., S. 44
19 Cutrer, a. a. O., S. 51
20 Das Haus wurde 1895 von Adolf Furtwängler, dem Vater des Dirigenten Wilhelm Furtwängler, gekauft, später abgerissen und neu erbaut.
21 Jo von Ammers-Küller, Diana, Lebensgeschichte der Bildhauerin Elisabet Ney 1833–1907. Zürich: Sanssouci 1960, S. 146, 147
22 Louise von Kobell, König Ludwig II. von Bayern und die Kunst. München: Kunstverlag von Josef Albert 1898, S. 28
23 Müller-Münster, a. a. O., S. 74, 75
24 Cutrer, a. a. O., S. 60
25 Anton Memminger, Der Bayernkönig Ludwig II. Würzburg: Gebrüder Memminger GmbH 1918, S. 9
26 Müller-Münster, a. a. O., S. 77, 80, 86
27 Ammers-Küller, a. a. O., S. 179
28 Taylor, a. a. O., S. 46
29 Aus Justus Liebigs und Friedrich Wöhlers Briefwechsel. Weinheim: Verlag Chemie 1958, S. 371

30 Ammers-Küller, a.a.O., S. 239
31 Marjory Goar, Marble Dust. Austin: Eakin Press 1984, S. 216
32 ebd., S. 218
33 Cutrer, a.a.O., S. 95
34 ebd., S. 143
35 Ammers-Küller, a.a.O., S. 302
36 Goar, a.a.O., S. 258
37 Müller-Münster, a.a.O., S. 146
38 Lorado Taft, zit. nach Cutrer, a.a.O., S. 204
39 Taylor, a.a.O., S. 117
40 In allen Büchern über Elisabeth Ney wird die Frage erörtert, wann die Bildhauerin anfing, sich mit der Figur der Lady Macbeth zu beschäftigen. Sie selbst äußerte ihrer Biographin Bride Neill Taylor gegenüber, dass sie 1870 während der langen Wartezeiten in der Residenz des bayerischen Königs damit begonnen habe. Ich bin dagegen sicher, dass die Anregung bereits 17 Jahre früher durch den Leiter der Kunstakademie München, Wilhelm von Kaulbach, kam. In der Zeit, als sie bei ihm studierte, 1853, fertigte er mehrere Skizzen der schlafwandelnden Lady Macbeth für seine »Shakespeare-Galerie« an.

Werke von Elisabet Ney können unter anderem an folgenden Orten besichtigt werden:

Elisabet Ney Museum, Austin, Texas, USA
Stadtmuseum, Münster
Kunstsammlung der Georg-August-Universität, Göttingen (Jacob Grimm)
Schopenhauer-Archiv Frankfurt (Arthur Schopenhauer)
Deutsches Historisches Museum, Berlin (Otto von Bismarck)
Schloss Herrenchiemsee, Insel Herrenchiemsee (Ludwig II.)
Niedersächsisches Landesmuseum, Hannover (Ney-Porträt von Friedrich Kaulbach)
National Museum of American Art, Washington, USA (Lady Macbeth)

Literatur über Elisabet Ney

Bride Neill Taylor, Elisabet Ney, Sculptor. New York: The Devin Adair Company 1916
Eugen Müller-Münster, Elisabeth Ney. Leipzig: Koehler & Amelang 1931
Jo von Ammers-Küller, Diana, Lebensgeschichte der Bildhauerin Elisabet Ney 1833–1907. Zürich: Sanssouci 1960
Marjory Goar, Marble Dust, The Life of Elisabet Ney. Austin: Eakin Press 1984
Emily F. Cutrer, The Art of the Woman, The Life and Work of Elisabet Ney. Lincoln and London: University of Nebraska Press 1988

Gabriele Münter

1 Annegret Hoberg, Wassily Kandinsky und Gabriele Münter in Murnau und Kochel 1902–1914, Briefe und Erinnerungen. München: Prestel-Verlag 1994, S. 37 f
2 Johannes Eichner, Kandinsky und Gabriele Münter. Von Ursprüngen moderner Kunst. München: Bruckmann-Verlag 1957, S. 29
3 Gisela Kleine, Gabriele Münter und Wassily Kandinsky, Biographie eines Paares. Frankfurt: Insel-Verlag 1994, S. 69
4 Gabriele Münter, Bekenntnisse und Erinnerungen 1952, zit. nach Katalog (2), Gabriele Münter, 1877–1962, Retrospektive 1992. München: Prestel-Verlag 1992, S. 27
5 Bernd Fäthke, Marianne Werefkin. Leben und Werk 1860–1930. München: Prestel-Verlag 1988, S. 37
6 Eichner, a. a. O., S. 38
7 Katalog (1), Gabriele Münter 1877–1962, Ausstellung in der Städtischen Galerie im Lenbachhaus vom 13.10. bis 2.12.1962. München: Eigendruck 1962, o. P.
8 Annette und Luc Vezin, Kandinsky und der Blaue Reiter. Paris: Finest S. A./Editions Pierre Terrail 1991, S. 34
9 ebd., S. 41
10 ebd., S. 42
11 Die hier zusammengefassten Anreden und Zitate Münters und Kandinskys stammen aus dem Buch Annegret Hoberg, Briefe und Erinnerungen, a. a. O.
12 Brief Münter an Kandinsky, Januar 1904. Zit. nach Gisela Kleine, a. a. O., S. 192
13 Brief Kandinsky an Münter, 17.6.1907. Zit. nach Gisela Kleine, a. a. O., S. 275
14 Aufzeichnungen und Briefe Gabriele Münters. Zit. nach Gisela Kleine, a. a. O., S. 322
15 Vezin, a. a. O., S. 62
16 Aus Gabriele Münters Aufzeichnungen »Beichte und Anklage«, Heft II, Murnau, Juni 1925. Zit. nach Johanna Werckmeister, »Kritische Berichte« Heft 1/1989, S. 70
17 Gabriele Münter, Bekenntnisse und Erinnerungen 1952. Zit. nach Katalog (2), Gabriele Münter, a. a. O., S. 65, Fußnote 24
18 Vezin, a. a. O., S. 124
19 Elisabeth Erdmann-Macke, Erinnerung an August Macke. Frankfurt: Fischer-Verlag 1987, S. 233
20 Wolfgang Macke, August Macke – Franz Marc. Köln: Dumont-Verlag 1964, S. 110–114
21 Klaus Lankheit, Wassily Kandinsky, Briefwechsel. München: Piper-Verlag 1983, S. 147
22 ebd., S. 41
23 Brief Kandinsky an Münter, 6. November 1912. Zit. nach Gisela Kleine, a. a. O., S. 421
24 Katalog (2), Gabriele Münter, a. a. O., S. 61
25 ebd., S. 70
26 Eichner, a. a. O., S. 174 f

27 Sabine Windecker, Gabriele Münter, eine Künstlerin aus dem Kreis des »Blauen Reiter«. Berlin: Reimer-Verlag 1991, S. 162
28 Nell Walden an Münter, 14.11.1917. Zit. nach Gisela Kleine, a.a.O., S. 497
29 Briefe von Ludwig Baehr, August 1921. Zit. nach Gisela Kleine, a.a.O., S. 506
30 Kandinsky an Münter, 27.7.1922. Zit. nach Gisela Kleine, a.a.O., S. 523
31 Katalog (1), Gabriele Münter, a.a.O., o.P.
32 Beitrag zum Thema »100 Jahre Gabriele Münter«, Welt am Sonntag, 20. Februar 1977
33 Nach dem Tod Gabriele Münters am 19. Mai 1962 wird nach ihrem Willen die »Gabriele Münter und Johannes Eichner-Stiftung« mit Sitz in der Städtischen Galerie im Lenbachhaus, München, ins Leben gerufen. Ausgestattet mit einem finanziellen Fonds soll »das Verständnis der Allgemeinheit für das künstlerische Anliegen der modernen bildenden Kunst geweckt und vertieft werden«. Auch das Münterhaus in Murnau ist Teil dieser Stiftung. Das Haus wird zur Zeit gründlich saniert und soll spätestens im Jahr 2000 wieder für Besucher offen stehen.
34 Münchner Merkur vom 17. Februar 1957
35 Hinzu kommt eine bleibende Ehrung: Seit 1994 wird vom Deutschen Frauenmuseum Bonn alle drei Jahre der hoch dotierte »Gabriele-Münter-Preis für Bildende Künstlerinnen ab 40« vergeben.

Ergänzende Erklärung der Autorin: Es war mir nicht möglich, die erhaltenen Aufzeichnungen und Briefe Gabriele Münters selbst einzusehen. Das Archiv der »Gabriele Münter und Johannes Eichner-Stiftung« in München, das u.a. 700 Briefe Kandinskys an Münter und 200 Briefe Münters an Kandinsky enthält, ist laut Auskunft der Leiterin Ilse Holzinger entsprechend der Vorgabe Gabriele Münters noch bis zum Jahr 2012 gesperrt. Die bisherigen Veröffentlichungen zeigen jedoch, dass schon mehrfach »ausnahmsweise« Genehmigungen zur Einsicht gegeben wurden. Diese Praxis ist im Stiftungsbeirat anscheinend heftig umstritten.

Ausstellungskataloge zu Gabriele Münter
Gabriele Münter 1877-1962, Ausstellung in der Städtischen Galerie im Lenbachhaus, 13.10.-2.12.1962. München: Eigendruck 1962
Gabriele Münter 1877-1962, Retrospektive 1992. München: Prestel-Verlag 1992

Literatur über Gabriele Münter
Johannes Eichner, Kandinsky und Gabriele Münter. Von Ursprüngen moderner Kunst. München: Bruckmann-Verlag 1957
Annegret Hoberg, Wassily Kandinsky und Gabriele Münter in Murnau und Kochel 1902-1914, Briefe und Erinnerungen. München: Prestel-Verlag 1994
Gisela Kleine, Gabriele Münter und Wassily Kandinsky, Biographie eines Paares. Frankfurt: Insel-Verlag 1994

Lili Boulanger

1 Leonie Rosenstiel, Lili Boulanger – Leben und Werk. Bremen: Verlag Zeichen und Spuren 1995, S. 223. Ohne dieses grundlegende Buch hätte dieses Porträt nicht geschrieben werden können.
2 Nadia Boulanger, Lili. In: Lili Boulanger zum 100. Geburtstag der Komponistin. Lili Boulanger-Tage 19.–22.8.1993 Bremen
3 Vom Schweigen befreit. 3. Internationales Komponistinnen-Festival Kassel, 12.–16. Mai 1993, Lili Boulanger 1893–1918, Kassel 1993, S. 89
4 Christopher Palmer, Lili Boulanger (1893–1918) – Die Boulanger-Schwestern. Begleitheft zur CD Lili Boulanger. Hyperion 1994, S. 19
5 Beatrix Borchard, Lili Boulanger. In: Lili Boulanger zum 100. Geburtstag, a.a. O., S. 29
6 ebd.
7 Vom Schweigen befreit, a.a.O., S. 142
8 Rosenstiel, a.a.O., S. 37
9 ebd., S. 121
10 Nadia Boulanger, a.a.O., S. 16
11 Rosenstiel, a.a.O., S. 66
12 ebd., S. 73
13 Vgl. Manuela Schwartz, Mehr als ein Gesellenstück: Faust et Hélène von Lili Boulanger. In: Vom Schweigen befreit, a.a.O., S. 66
14 Rosenstiel, a.a.O., S. 80/81
15 ebd., S. 82
16 ebd., S. 91
17 Zit. nach Ellen Thormann, Lili Boulanger: Anmerkungen zur Rezeption einer Komponistin. In: Lili Boulanger zum 100. Geburtstag, a.a.O., S. 20
18 ebd.
19 Eva Rieger, Nadia Boulanger – Eine Ausnahmepädagogin. In: Lili Boulanger zum 100. Geburtstag, a.a.O., S. 45
20 Vom Schweigen befreit, a.a.O., S. 158
21 Eduard Reeser, Lili Boulanger in der Erinnerung ihrer Schwester Nadia – Ein Brief. In: Vom Schweigen befreit, a.a.O., S. 91
22 Rieger, a.a.O., S. 42
23 Helmut Wolff in dem Begleitheft zur CD: Fanny Hensel, Oratorium – Lili Boulanger, Psalmen. Stuttgart: Carus-Verlag 1995, S. 7
24 Rosenstiel, a.a.O., S. 121
25 Annegret Fauser, Femme fragile – Zu Lili Boulangers Opernfragment »La Princesse Maleine«. In: Vom Schweigen befreit, a.a.O., S. 72 ff
26 Rosenstiel, a.a.O., S. 123
27 ebd., S. 124
28 Reeser, a.a.O., S. 91
29 Vom Schweigen befreit, a.a.O., S. 160
30 Rieger, a.a.O., S. 42
31 ebd., S. 44
32 Eva Weissweiler, Komponistinnen aus 500 Jahren. Frankfurt: Fischer-Verlag 1981, S. 325

33 Palmer, a.a.O., S. 1981
34 Reeser, a.a.O., S. 91
35 Cella Delarrancea, Lili Boulanger. In: Vom Schweigen befreit, a.a.O., S. 38
36 aus dem Begleitheft zur CD »In Memoriam Lili Boulanger«, S. 2 (Übers. der Verf.)
37 Editorial von Kathrin Mosler. In: Lili Boulanger zum 100. Geburtstag, a.a.O., S. 11

Literatur über Lili Boulanger

Kathrin Mosler (Red.), Lili Boulanger-Tage 1993 Bremen. Zum 100. Geburtstag der Komponistin. Bremen: Verlag Zeichen und Spuren 1993
Leonie Rosenstiel, Lili Boulanger – Leben und Werk. Herausgegeben, überarbeitet und mit einem Nachwort versehen von Kathrin Mosler. Bremen: Verlag Zeichen und Spuren 1995
Vom Schweigen befreit. 3. Internationalse Komponistinnen-Festival Kassel, 12.–16. Mai 1993. Lili Boulanger 1893–1918. Kassel 1993
Alle drei Bücher enthalten ein ausführliches Werkverzeichnis.

Discographie

Lili Boulanger, Lieder. Signum Sig X39-00
Lili Boulanger, Hyperion CDA66726
In Memoriam Lili and Nadia Boulanger. Works bei Lili and Nadia Boulanger and Emile Naoumoff. Marco Polo 8.223636
Lili Boulanger, Fanny Hensel, Clara Schumann, Chöre & Lieder. Bayer-Records LC 8498
Fanny Hensel, Oratorium – Lili Boulanger, Zwei Psalmen. Carus 83.135

*

Anna Achmatowa

1 Alexander Puschkin (1799–1837). Der Autor von »Eugen Onegin« und »Boris Godunow«. Seine Wertschätzung in Russland ist der von Goethe in Deutschland vergleichbar.
2 Jelena Kusmina, Anna Achmatowa. Reinbek: Rowohlt Verlag 1995, S. 44f
3 Erst vor kurzem wurden in einer privaten Sammlung in Paris weitere neun Zeichnungen Modiglianis entdeckt, die nach Meinung von Experten eindeutig Anna Achmatowa darstellen. Siehe auch Neue Züricher Zeitung (15.11.1995).
4 Anna Achmatowa, Werke. Bd. II. Amedeo Modigliani. Moskau: Verlag Chudoschestwennaja Literatura 1990, S. 225f
5 Diese Strophen kommen in der ursprünglichen Version von »Poem ohne Held« vor, sind allerdings nicht in dessen endgültige Fassung aufgenommen worden.
6 Kornej Tschukowski, zit. nach Kusmina, a.a.O., S. 54

7 Zu den wichtigsten Vertretern des russischen Symbolismus zählen Konstantin Balmont, Alexander Blok, Wjatscheslaw Iwanow, Andrej Bely, Valerij Brjusow, Fjodor Sologub.
8 vom lateinischen »akme«, d.h. höhere Entwicklung
9 Wladimir Pjast, zit. nach: Dmitri Chrenkov, Anna Achmatowa. Leningrad: Verlag Lenizdat 1989, S. 50
10 Nikolaj Nedobrovo, Anna Achmatowa. RMsl 1915, Nr. 7, S. 51
11 Es sei an dieser Stelle auf die bekannten Schwierigkeiten des Übersetzens von Lyrik hingewiesen. Eine lyrische Sprache folgt ihren eigenen Gesetzmäßigkeiten, hat eine eigene innere Bewegung. Was gewöhnlich in einer fremden Sprache vorliegt, ist keine wortwörtliche Übertragung, sondern eine Nachbildung oder sogar Neuschöpfung. Das macht es schwierig, Verse in Übersetzung zu zitieren. Üblicherweise versucht man, sich in der poetischen Nachbildung zumindest an die Form eines Gedichtes zu halten, was oft mit dem Verlust an poetischen Bildern, an Sinngehalt und an innerer Emotionalität erkauft wird. Dies alles würde auch auf die Werke Achmatowas zutreffen, die im Aufbau klassisch sind. Die Dichterin hält am traditionellen Vers fest, an Reim, Rhythmus und Metrik. Zusätzlich und erschwerend für die Übersetzung kommen bei ihr neue Wortschöpfungen hinzu, die in einer anderen Sprache keinen Sinn ergeben, sowie die für Achmatowa charakteristischen grammatikalischen Eigenarten, für die das Deutsche keinen vergleichbaren Ausdruck besitzt. Zum Glück war Achmatowa der Inhalt wichtiger als die Form. »Es ist nicht mehr die Musik, die den Vers [Achmatowas] bestimmt, sondern das Sachliche, der Sinn.« (Efim Etkind (Hrsg.), Die Melpomene des 20. Jahrhunderts. In: Anna Achmatow, Im Spiegelland. München: Piper Verlag 1988, S. 192). Dem Sinn kann man sich auch in einer Fremdsprache leichter nähern. Im Folgenden soll daher auf die Gedichtform zugunsten dieses »Sachlichen«, des »Sinns«, verzichtet und ihre Gedichte in Prosa wiedergegeben werden.
Alle nachfolgenden Übertragungen der Verse Anna Achmatowas ins Deutsche stammen von der Verfasserin des Beitrags.
13 Olga Kardowskaja, zit. nach: Kusmina, a.a.O., S. 66
14 Kusmina, a.a.O., S. 88
15 Georgi Adamowitsch, zit. nach: Kusmina, a.a.O., S. 71
16 Von «Bolschinstwo«, russ. »Mehrheit«. Die Sozialdemokratische Arbeiterpartei Russlands spaltetet sich 1903 in die sog. Bolschewiki (Mehrheit) unter Lenin, die für eine Revolution waren, und die Menschewiki (Minderheit), die Reformen wollten.
17 Gumiljow wird 1921 von den Bolschewiken verhaftet, der Teilnahme an einer konterrevolutionären Verschwörung angeklagt und erschossen.
18 Rodow, zit. nach: Kusmina, a.a.O., S. 142
19 Perzow, ebd., S. 142
20 Kusmina, a.a.O., S. 144
21 Anna Achmatowa, Werke. Notizbuch, a.a.O., S. 280
22 Seit 1922 heißt der Staat »Union der sozialistischen Sowjet-Republiken« (UdSSR, Sowjetunion).

23 »In jenen Jahren wurde ein Drittel der Bevölkerung von Leningrad, vorwiegend Adel und Akademiker, zu ›Volksfeinden‹ abgestempelt« (Kusmina, a. a. O., S. 151). »Es waren Allerweltsanschuldigungen, die jedem untergeschoben werden konnten« (Lew Gumiljow). Zit. nach: Kusmina, a. a. O., S. 155
24 Anna Achmatowa, Requiem. Berlin: Oberbaum Verlag 1987, S. 9
25 Aus dem Zyklus: Totenkranz 1938–1961
26 Ossip Mandelstam (1891–1938), einer der bedeutendsten russischen Lyriker dieses Jahrhunderts und ein enger Weggefährte Anna Achmatowas seit der gemeinsamen Akmeistenzeit. Er wird 1934 verhaftet und nach Woronesch verbannt. 1938 stirbt er in einem Strafgefangenenlager bei Wladiwostok.
27 Boris Pasternak (1890–1960), Schriftsteller, Übersetzer und Dichter, der Autor von »Doktor Schiwago«. Von Stalin persönlich protegiert entgeht er den üblichen Verfolgungen, denen die meisten Künstler damals ausgesetzt sind. 1958 wird ihm der Nobelpreis für Literatur verliehen, den er, in seiner Heimat politisch unter Druck gesetzt, ablehnt.
28 Petrograd wird nach dem Tod Lenins (1924) in Leningrad umbenannt.
29 Aus der Rede Andrej Schdanows vom 21. August 1946
30 Kusmina, a. a. O., S. 254
31 Lydia Tschukowskaja, zit. nach: Kusmina, a. a. O., S. 268
32 ebd., S. 291
33 ebd., S. 312
34 Ersteres (bzw. Teile davon) kommt 1960 in New York im Almanach »Vozduschnye Puti (I)« auf Russisch heraus. Das zweite publiziert 1963 die »Vereinigung russischer Schriftsteller im Ausland« in München, allerdings ohne Kenntnis und Einverständnis der Autorin. Erst 1989 darf »Requiem« in Russland erscheinen.
Obgleich als Russlands größte Dichterin verehrt und trotz der Liberalisierung im Zuge der Perestrojka gibt es bis heute in Russland keine Achmatowa-Gesamtausgabe, auch wenn inzwischen eine umfangreiche Sekundär-Literatur über ihr Werk und ihr Leben auf Russisch und in vielen anderen Sprachen existiert.

Bücher von Anna Achmatowa (Auswahl)

Sotschinenija w dwuch tomach. München: Inter-Language Literary Associates 1967
Poem ohne Held. Göttingen: Steidle Verlag 1989
Requiem. Berlin: Verlag europäische Ideen 1981
Requiem. Berlin: Oberbaum Verlag 1987
Briefe, Aufsätze, Fotos. Berlin: Oberbaum Verlag 1991
Im Spiegelland. Hrsg. von Efim Etkind. München: Piper Verlag 1988
Gedichte. Russ./Dt. Hrsg. von Ilma Rakusa. Frankfurt/M.: Suhrkamp Verlag 1990

Literatur über Anna Achmatowa

Dmitrij Chrenkov, Anna Achmatova v Peterburge. Leningrad: Lenizdat 1989

Boris Ejchenbaum, O proze, o poezii. Leningrad: Chudoschestvennaja Literatura 1986
Amanda Height, Anna Achmatowa. Eine Biographie. Berlin: Oberbaum Verlag 1994
Jelena Kusmina, Anna Achmatowa. Reinbek: Rowohlt Verlag 1995
Anatoli Naiman, Erzählungen über Anna Achmatowa. Frankfurt/M.: Fischer Verlag 1992
Aleksej Pavlovskij, Anna Achmatowa. Leningrad: Lenizdat 1982
Lydia Tschukowskaja, Aufzeichnungen über Anna Achmatowa. Tübingen: Gunter Narr Verlag 1987

*

Edith Piaf

1 Monique Lange, Edith Piaf. Frankfurt/M.: Insel Verlag 1985, S. 17 ff
2 ebd., S. 203
3 Edith Piaf, Mein Leben. Reinbek: Rowohlt Verlag 1966, S. 9
4 ebd., S. 16
5 ebd., S. 9
6 ebd., S. 50
7 Joëlle Monserrat, Edith Piaf, »Non, je ne regrette rien«. München: Heyne Verlag 1995, S. 313
8 Piaf, Mein Leben, a. a. O., S. 26
9 ebd., S. 22
10 ebd., S. 27
11 Lange, a. a. O., S. 78
12 Simone Berteaut, Edith Piaf – Der Spatz von Paris. München: Moewig Verlag 1981, S. 146
13 Lange, a. a. O., S. 84
14 Berteaut, a. a. O., S. 161
15 Lange, a. a. O., S. 77
16 Monserrat, a. a. O., S. 310
17 Richard Cannova/Henri Quiquere, Yves Montand. Stuttgart: Heyne Verlag 1985, S. 56
18 ebd., S. 197 ff
19 Rolf Thyssen, Eddie Constantine – Seine Filme, sein Leben. München: Heyne Verlag 1991, S. 38
20 Dominique Grimault/Patrick Mahe, Eine Hymne an die Liebe: Edith Piaf. Reinbek: Rowohlt Verlag 1984, S. 59
21 ebd., S. 39
22 ebd., S. 140
23 Piaf, a. a. O., S. 35
24 ebd., S. 42
25 ebd., S. 52

26 Piaf, a.a.O., S. 75
27 ebd., S. 86
28 Monserrat, a.a.O., S. 253
29 Piaf, a.a.O., S. 93
30 Monserrat, a.a.O., S. 130
31 Marlene Dietrich, Nehmt nur mein Leben. Reflexionen. Berlin: Henschelverlag 1985, S. 257ff
32 Charles Aznavour, Charles Aznavour über Aznavour. Erinnerungen. München: Deutscher Taschenbuch Verlag 1973, S. 117
33 ebd., S. 177
34 Monserrat, a.a.O., S. 29
35 Grimault, a.a.O., S. 149
36 Monserrat, a.a.O., S. 246
37 Lange, a.a.O., S. 173
38 Berteaut, a.a.O., S. 281
39 ebd., S. 91
40 ebd., S. 123
41 Kurt, Will, »Edith Piaf«. In: Stern Nr. 1, 1961
42 Lange, a.a.O., S. 158
43 Ursula Kardorff, »Die Piaf und die Liebe«. In: Abendzeitung, München, 11.10.1962
44 Cathrin Kahlweit, »Ich bereue nichts«. In: Süddeutsche Zeitung, München, 11.10.1993
45 Monserrat, a.a.O., S. 105

Bücher von und über Edith Piaf

Edith Piaf, Mein Leben. Reinbek: Rowohlt Verlag 1966
Simone Berteaut, Edith Piaf – Der Spatz von Paris. München: Moewig Verlag 1981
Margaret Crosland, Piaf – Biographie. Frankfurt/Berlin: Ullstein Verlag 1990
Dominique Grimault und Patrick Mahé. Eine Hymne an die Liebe – Edith Piaf und Marcel Cerdan. Reinbek: Rowohlt Verlag 1984
Monique Lange, Edith Piaf – Die Geschichte der Piaf. Ihr Leben in Texten und Bildern. Frankfurt: Insel Verlag 1985
Joëlle Monserrat, Edith Piaf. »Non, je ne regrette rien«. München: Heyne Verlag 1995

*

Leonora Carrington

1 Leonora Carrington, Ausstellungs-Katalog für Japan, Brewster Arts Ltd. 1997, o.P. Sämtliche Zitate aus dem Englischen wurden von der Autorin übersetzt.
2 Tilman Spengler, Biografische Nachstellung (I). In: Apropos Leonora Carrington. Frankfurt/M.: Verlag Neue Kritik 1995, S. 17
3 ebd., S. 17

4 Leonora Carrington, Die ovale Dame. Magische Erzählungen. Frankfurt/M., Berlin: Ullstein Verlag 1986, S. 13
5 Spengler, Biografische Nachstellung (I), a.a.O., S. 18
6 ebd., S. 19
7 Susan Rubin Suleiman, Leonora Carrington and Max Ernst. In: Significant Others. Creativity and Intimate Partnership. Hrsg. Whitney Chadwick and Isabelle de Courtivron. London: Thames and Hudson 1993, S. 104
8 Silvana Schmid, Loplops Geheimnis. Max Ernst und Leonora Carrington in Südfrankreich. Köln: Kiepenheuer & Witsch 1996, S. 36
9 André Breton, Leonora Carrington. In: Leonora Carrington, Die ovale Dame, a.a.O., S. 7
10 Suleiman, a.a.O., S. 112
11 Whitney Chadwick, Women Artists and the Surrealist Movement. London: Thames and Hudson 1985, S. 66
12 ebd., S. 67
13 Schmid, a.a.O., S. 49
14 Chadwick, a.a.O., S. 81
15 Leonora Carrington, Unten. Frankfurt/M.: Suhrkamp Verlag 1981, S. 10
16 ebd., S. 19
17 ebd., S. 54
18 ebd., S. 83
19 Verena Auffermann, Hier lebt die Sphinx. In: Apropos Leonora Carrington, a.a.O., S. 90
20 Suleiman, a.a.O., S. 115
21 Schmid, a.a.O., S. 122 ff
22 Suleiman, a.a.O., S. 115
23 Chadwick, a.a.O., S. 85
24 Luis Carlos Emerich, Leonora Carrington, ajenidad y pertenencia a México. In: Ausstellungs-Katalog, a.a.O., S. 137. Übersetzt von Elisabeth Ada Boehmert, wie auch das folgende spanische Zitat.
25 Masayo Nonaka, Einführung. Ausstellungskatalog, a.a.O., S. 132
26 Tilman Spengler, Kreativität und das Ei. In: Apropos Leonora Carrington, a.a.O., S. 36
27 Emerich, a.a.O., S. 140
28 Nonaka, a.a.O., S. 131
29 Spengler, Kreativität und das Ei, a.a.O., S. 37
30 Leonora Carrington, Ausstellungskatalog, Brewster Arts Ltd., November 21–December 23, 1997, o. P.
31 Poesie laut gelesen. In: Clare Kunny, Leonora Carrington's Mexican Vision. In: Museum Studies, Vol. 22, No. 2, 1996, S. 166–179
32 Leonora Carrington, Das Hörrohr. Frankfurt/M.: Suhrkamp Verlag 1986, S. 16 ff
33 Tilman Spengler, Indirekte Begegnung. In: Apropos Leonora Carrington, a.a.O., S. 16
34 ebd.
35 Leonora Carrington, Unten, a.a.O., S. 8

36 Marina Warner, Die Göttin erhebt sich. In: Apropos Leonora Carrington, a. a. O., S. 123

Bücher von Leonora Carrington
Die ovale Dame. Magische Erzählungen. Frankfurt/M., Berlin: Ullstein Verlag 1986
Unten. Frankfurt/M.: Suhrkamp Verlag 1981
Das Hörrohr. Frankfurt/M.: Suhrkamp Verlag 1986

Literatur über Leonora Carrington
Tilman Spengler, Apropos Leonora Carrington. Frankfurt/M.: Verlag Neue Kritik 1995
Silvana Schmid, Loplops Geheimnis. Max Ernst und Leonora Carrington in Südfrankreich. Köln: Kiepenheuer & Witsch 1996
Ausstellungskataloge: Leonora Carrington, Paintings, drawings and sculptures 1940–1990. Serpentine Gallery 1991, vergriffen
Leonora Carrington, Ausstellungskatalog für Japan von Oktober 1997–Mai 1998, Art Brewster Gallery 1997 (enthält japanische, englische und spanische Aufsätze)

*

Ingeborg Bachmann
1 Ingeborg Bachmann, Malina. Frankfurt/M.: Suhrkamp Verlag 1978, S. 21–22
2 Ingeborg Bachmann, Jugend in einer österreichischen Stadt. In: Sämtliche Erzählungen. München: Piper Verlag 1996, S. 85
3 Ingeborg Bachmann, Wir müssen wahre Sätze finden. Gespräche und Interviews. München: Piper Verlag 1983, S. 111
4 Bachmann, Jugend, a. a. O., S. 91
5 Ingeborg Bachmann, Briefe an Felician. München: Piper Verlag 1991, S. 17
6 Ingeborg Bachmann, Sämtliche Gedichte. München: Piper Verlag 1996, S. 11
7 Herman Hakel, Aus den Tagebüchern 1948. In: Vom Reich zu Österreich. Kriegsende und Nachkriegsende, erinnert von Augen- und Ohrenzeugen. Hrsg. v. Jochen Jung. Salzburg/Wien: Residenz Verlag 1983, S. 121
8 Bachmann, Gedichte, a. a. O., S. 23
9 Paul Celan an Ingeborg Bachmann in dem Gedicht »Chanson einer Dame im Schatten«
10 Gerda Marko, Schreibende Paare. Liebe, Freundschaft, Konkurrenz. Frankfurt/M.: Suhrkamp Verlag 1995, S. 122–128
11 Bachmann, Gedichte, a. a. O., S. 42
12 Bachmann, Wahre Sätze, a. a. O., S. 112
13 Bachmann, Malina, a. a. O., S. 275–276
14 Zit. nach Peter Beicken, Ingeborg Bachmann. München: Verlag C. H. Beck 1992, S. 71

15 Bachmann, Gedichte, a. a. O., S. 42
16 ebd., S. 44, 50–51, 62–63, 69–71
17 ebd., S. 130
18 Hans Werner Henze im Film von Peter Hamm, Der ich unter Menschen nicht sein kann. WDR 1980
19 Bachmann, Gedichte, a. a. O., S. 149
20 ebd., S. 47
21 Klaus Wagner in: Der Spiegel, Hamburg, Nr. 34, 18.8.1954, S. 26–29
22 Peter Conrady, Fragwürdige Lobrednerei. Anmerkungen zur Bachmann-Kritik. In: Text + Kritik 6. München: edition Text + Kritik 1971, S. 48–55
23 Joachim Kaiser in: Süddeutsche Zeitung, München, 15.7.1961
24 Conrady, a. a. O., S. 53
25 Bachmann, Wahre Sätze, a. a. O., S. 40
26 Dieses und alle weiteren Zitate von Toni Kienlechner stammen aus einem Gespräch mit der Autorin im März 1998
27 Ingeborg Bachmann, Römische Reportagen. München: Piper Verlag 1998
28 Bachmann, Gedichte, a. a. O., S. 54
29 Bachmann, Wahrheit, a. a. O., S. 76/77
30 Marko, a. a. O., S. 130
31 Reinhard Baumgart im Film von Peter Hamm, a. a. O., Fußnote 18
32 Bachmann, Gedichte, a. a. O., S. 146
33 Peter K. Wehrli, »Ingeborg Bachmann: Das Lächeln der Sphinx«. In: Du, Zürich 1994, Heft 9, S. 43
34 Ingeborg Bachmann, Der gute Gott von Manhattan. München: Deutscher Taschenbuch Verlag 1963, S. 73
35 ebd., S. 69
36 Max Frisch, Montauk. Eine Erzählung. Frankfurt/M.: Suhrkamp Verlag 1978, S. 90
37 ebd., S. 143
38 Marko, a. a. O., S. 136–137
39 ebd., S. 149
40 ebd., S. 105
41 ebd., S. 151
42 vgl. Fußnote 26
43 Bachmann, Wahre Sätze, a. a. O., S. 40
44 Ingeborg Bachmann, Sämtliche Erzählungen. München: Piper Verlag 1996, S. 114
45 Zit. nach Christa Dericum, Faszination des Feuers. Das Leben der Ingeborg Bachmann. Freiburg: Herder Verlag 1996, S. 104
46 Bachmann, Wahre Sätze, a. a. O., S. 99–100
47 Interview von Dieter Zilligen mit Ingeborg Bachmann. In: Ingeborg Bachmann, Wahre Sätze, a. a. O., S. 68, 70 f
48 Bachmann, Malina, a. a. O., S. 46
49 Alfred Grisel in: Börsenblatt des deutschen Buchhandels, Frankfurt/M. vom 2.9.1983, S. 1817 f
50 Bachmann, Malina, a. a. O., S. 218

Bücher von Ingeborg Bachmann (Auswahl)
Sämtliche Erzählungen. München: Piper Verlag 1996
Sämtliche Gedichte. München: Piper Verlag 1996
Malina. Frankfurt/M.: Suhrkamp Verlag 1978
Der gute Gott von Manhattan. Die Zikaden. 2 Hörspiele. München: Deutscher Taschenbuch Verlag 1963
Die Wahrheit ist dem Menschen zumutbar. Essays, Reden, Kleinere Schriften. München: Piper Verlag 1981
Wir müssen wahre Sätze finden. Gespräche und Interviews. München: Piper Verlag 1983

Literatur über Ingeborg Bachmann
Peter Beicken, Ingeborg Bachmann. München: Verlag C. H. Beck 1992
Christa Dericum, Faszination des Feuers. Das Leben der Ingeborg Bachmann. Freiburg: Herder Verlag 1996
Max Frisch, Montauk. Frankfurt/M.: Suhrkamp Verlag 1978
Andreas Hapkemeyer (Hrsg.), Ingeborg Bachmann. Bilder aus ihrem Leben. München: Piper Verlag 1997
Gerda Marko, Schreibende Paare. Liebe, Freundschaft, Konkurrenz. Frankfurt/M.: Suhrkamp Verlag 1995

*

Melina Mercouri
1 Gabriela Elias, Melina Mercouri. Vorwort von Jack Lang. Wien: Edition S. 1995, S. 7
2 ebd., S. 19
3 Melina Mercouri, Ich bin als Griechin geboren. Berlin: Blanvalet Verlag 1971, S. 12
4 ebd., S. 17
5 ebd., S. 28
6 ebd., S. 31
7 ebd., S. 30
8 ebd.
9 ebd., S. 10
10 Die Monarchie Griechenlands wurde 1924 Republik, die von den Royalisten aber stets bekämpft wurde. 1935 kam die Monarchie wieder an die Macht. Sie war jedoch so schwach, dass das Militär unter General Metaxas 1936 ein faschistisches Regime errichtete. Im 2. Weltkrieg wurde Griechenland von deutschen und italienischen Gruppen besetzt. Eine kommunistisch geführte Widerstandsbewegung kämpfte gegen die Besatzung. Nach Abzug der Deutschen 1944 gingen die Kämpfe weiter, es kam zum Bürgerkrieg zwischen Kommunisten und Monarchisten.
11 Mercouri, a. a. O., S. 88

12 Charlotte Kerr, »Keine zufällige Geschichte«. Melina Mercouri und Jules Dassin. Fernsehdokumentarfilm 1983/84
13 Mercouri, a. a. O., S. 136
14 Elias, a. a. O., S. 45, 75
15 Kerr, a. a. O.
16 Kerry Segrave und Linda Martin, The Continental Actress. Jefferson und London: Mc Farland Comp. 1990, S. 104
17 Elias, a. a. O., S. 44
18 siehe Filmographie
19 Elias, a. a. O., S. 79
20 Oriana Fallaci, »Griechin ohne Griechenland«. Interview. In: Die Weltwoche, 11.4.1968
21 Mercouri, a. a. O., S. 254
22 Oriana Fallaci, a. a. O.
23 Mercouri, a. a. O., S. 268
24 »Melina kann einfach alles spielen«. In: Der Spiegel, Nr. 44, 1981 und Mercouri, a. a. O., S. 283, 318
25 Paul L. Walser: »Schlechte Saison für die Obristen«. Interview. In: Die Weltwoche, 11.4.1968
26 Mercouri, a. a. O., S. 321
27 Kerr, a. a. O.
28 Elias, a. a. O., S. 102
29 Mario R. Dederichs, »Eine Frau für alle Fälle«, Reportage. In: Stern, Nr. 47, 1981
30 ebd.
31 Elias, a. a. O., S. 115
32 Gerd Höhler, »Wer würde die Volksheldin nach Erfolgen fragen?« In: Frankfurter Rundschau, 1.2.1988
33 »Nein, nein, Darling«. In: Der Spiegel, Nr. 32, 1982
34 ebd.
35 Segrave/Martin, a. a. O., S. 108
36 Michael Esser, Hommage für Melina Mercouri und Jules Dassin, Publikation des 34. Internationalen Filmfests, Berlin 1984, S. 58
37 ebd.
38 Mercouri, a. a. O., S. 221
39 ebd., S. 7
40 ebd.
41 Elias, a. a. O., S. 18

Filmographie

1955, Stella (Stella), Michael Cacoyannis, Griechenland
1956/57, Der Mann, der sterben muß (Celui qui doit mourir/Colui che deve morire), Jules Dassin, Frankreich/Italien
1958, Wo der heiße Wind weht (La Loi/La Legge), Jules Dassin, Frankreich/Italien
1959/60, Sonntags … nie (Pote tin Kyriaki/Never on Sunday), Jules Dassin, Griechenland/USA

1960, Das Bett des Königs (Vive Henri IV, Vive l'Amour/I celebri amori di Enrico IV), Claude Autant-Lara, Frankreich/Italien

1961, Das jüngste Gericht findet nicht statt (Il guidizio universale/Le jugement dernier), Vittorio de Sica, Italien/Frankreich

1962, Phaedra (Phaedra), Jules Dassin, Griechenland/USA

1962/63, Die Sieger (The Victors), Carl Foreman, USA

1963, Topkapi (Topkapi), Jules Dassin, USA

1965/66, Halb Elf in einer Sommernacht (10:30 p.m. Summer), Jules Dassin, USA/Spanien

1969, Gaily, Gaily (Gaily, Gaily), Norman Jewison, USA

1970, Versprechen in der Dämmerung (Promise at Dawn/La promesse de l'aube), Jules Dassin, USA/Frankreich

1974, Die Probe (The Rehearsal), Jules Dassin, USA

1977, Traum einer Leidenschaft (Kravyi ynekon), Jules Dassin, Griechenland/Schweiz

Bücher von und über Melina Mercouri

Ich bin als Griechin geboren. Berlin: Blanvalet Verlag 1971

Gabriele Elias, Melina Mercouri. Wien: Edition S 1995

Michael Esse, Hommage für Melina Mercouri und Jules Dassin. Publikation des 34. Internationalen Filmfests. Berlin 1984

Oriana Fallaci, Griechin ohne Griechenland. Interview in: Die Weltwoche, 11.4.1968

Charlotte Kerr, Keine zufällige Geschichte. Melina Mercouri – Jules Dassin. Fernsehdokumentarfilm, Deutschland, 1983/84

Kerry Segrave, Linda Martin, The Continental Actress. Jefferson und London: McFarland & Comp. 1986

Bildnachweis

Elisabet Ney S. 23 u. 56: Elisabet Ney Museum, Austin/Texas; S. 27: Niedersächsisches Landesmuseum Hannover

Gabriele Münter S. 67: Gabriele Münter- und Johannes Eichner-Stiftung, S. 83: VG Bild-Kunst, Bonn 1999, S. 101: Gabriele Gräfin von Arnim

Lili Boulanger S. 118 u. 123: Cécile Armagnac, Fondation Nadia et Lili Boulanger, Paris

Anna Achmatowa S. 147, 156 u. 165: Oberbaum Verlag, Berlin 1991

Edith Piaf S. 187 u. 205: Keystone Pressedienst

Leonora Carrington S. 225: Serpentine Gallery; S. 229: Lee Miller Archives; S. 224: Kati Horna

Ingeborg Bachmann S. 281 u. 286: Piper Verlag GmbH, München 1983

Melina Mercouri S. 306 u. 312: Megaloconomos, S. 326: Melina Mercouri-Stiftung / Diamantopoulos

Autorinnenverzeichnis

Eleonora Bourmistrov, Dr. phil., geboren in Moskau, studierte Philosophie, Wissenschaftstheorie und Logik. Zweites Studium der Malerei in Florenz und Kunstgeschichte in München, wo sie seit 1991 als freischaffende Malerin tätig ist. Zahlreiche Ausstellungen. Daneben schreibt sie und hält Vorträge über Künstler.

Maren Gottschalk, Dr. phil., studierte Geschichte und Politik in München. Promotion in mittelalterlicher Geschichte. Sie lebt heute als freie Autorin in Leverkusen, hat drei Kinder und schreibt am liebsten über Frauen, Geschichte, Soziales, Wissenschaft und Kultur, hauptsächlich für den WDR und den NDR (Hörfunk).

Charlotte Kerner studierte Volkswirtschaft und Soziologie. Sie lebt und arbeitet als Autorin in Lübeck, wobei Frauenleben sie besonders interessieren. Im Programm Beltz & Gelberg veröffentlichte sie u.a. die Lebensgeschichten von Lise Meitner, Maria Sybilla Merian und Hildegard von Bingen. 1997 wurde sie mit dem Literaturpreis der GEDOK Schleswig-Holstein ausgezeichnet.

Christine von dem Knesebeck. Sie hat drei Kinder, studierte Germanistik und Geschichte und lebt als freie Autorin in München. Sie schreibt Bücher und Libretti für Kinder und Jugendliche und arbeitet im Kulturmanagement.

Heide Platen lebt als Redakteurin, Reporterin und Autorin in Frankfurt und hat zwei Kinder. Sie schreibt Gerichts- und Sozialreportagen und arbeitet seit mehr als 15 Jahren bei der »taz«. Unter anderem hat sie »Das Rattenbuch« veröffentlicht.

Christine Wolfrum studierte Anglistik und Ernährungswissenschaft, danach amerikanische Literatur- und Kulturgeschichte. Sie lebt mit Mann und zwei Kindern in München, arbeitet als Zeitschriftenredakteurin und Autorin bzw. Herausgeberin von Sachbüchern für Jugendliche und Erwachsene.